세계교육론 총서 제4권

교육의
위대한 지침

세계교육론 세부 각론

세계교육론 총서 제4권

교육의
위대한 지침

세계교육론 세부 각론

염기식 지음

"무엇이 교육인가"라고 했을 때 선현들은 이상적인 목적을 제시하였다. 하지만 "그것이 정말 교육인가"라고 했을 때는 본래의 교육 목적을 다시 돌아보게 한다. 현대 교육은 정말 주어진 본래의 목적대로 실행하고 있고, 설정한 목표를 향해 나가고 있는가를 따질진대, 크게 어긋나 있는 것이 사실이다.

　　교육 목적을 인성에 근간을 두어야 하는 이유는 인간 자체가 본질적인 존재이고, 본질에 바탕을 두고 본성이 형성되었기 때문이다. 그런데도 적용하고 있는 교육 지침과 실상과는 동떨어져 있다. 자연법칙과 질서를 배우는 것은 존재한 삶을 이끌고 환경적으로 뒷받침하기 위한 수단일 뿐인데, 거기에 주안을 둠으로써 본말이 전도된 상황이다.

　　교육이 지향한 목적이 인간 본성에 있다면, 정말 그 본성을 변화시킬 수 있는 교육 지침을 제시하고 시스템을 구축해서 적용해야 하는데, 그렇지 못하니까 톱니바퀴가 어긋나 의도한 목적을 달성할 수 없다. 인간의 도덕성이 오히려 타락하였다. 무엇을 가르치고 어떻게 가르치는가에 따라 교육 결과가 판이하다.

　　바꿀 수 있어야 하므로, 그러기 위해서는 교육의 시스템, 그리고 문명 전체의 패러다임을 전환해야 한다.

인류 구원에 공헌할 교육의 보편적 목적

교육은 하늘의 준엄한 명령이다. 왜 명령인지 이유를 알아야 우리는 교육을 통해 인류를 구원할 위대한 사명을 일깨울 수 있다. 『중용』에서 말하길, "교육의 첫걸음은 天命, 즉 하늘의 명령이다(天命之謂性)"[1]라고 하였다. 우리는 어떤 교육에 관한 논의와 실천을 하기 이전에 하늘로부터 뜻을 구하고, 부여된 命을 알고, 받드는 것이 중요하다. 그렇지 못하면 인간을 가르치고자 한 모든 교육 행위가 天命과 어긋나 인류의 영혼을 선도할 수 없다.[2]

본 교육론, 아니 현대 교육론은 지금까지 교육이 지닌 문제점으로부터 출발해야 하는 만큼, 그 요지는 과연 무엇인가? 오늘날 교육이 인간 죄악과 인간성의 황폐화를 저지하지 못하고, 세계의 심판과 종말을 촉발한 것은 하늘의 뜻을 알지 못해서이다. 하나님이 인간을 어떻게 창조하고, 命한 것인지를 알아야 했다. 교육과 天命은 밀접하게 연관되어 있고, 주체는 天命에 있어, 天命을 받드는데 **"교육의 위대한 지침"**이 있다. 교육은 하나님

---

1) 『실패한 교육과 거짓말』, 놈 촘스키 저, 강주헌 역, 아침이슬, 2001, p.5.
2) 『중용』은 그러나 선천의 교육관인 만큼, 왜 교육이 하늘의 명령인지에 대해서는 밝히지 못했다. 명령의 주체와 목적을 알아야 함에, 절대적 이유는 오직 한 가지, 하나님이 천지를 창조해서이며, 그래서 교육의 궁극적 목적은 창조 목적(뜻=命)을 밝히고, 구현하는 데 초점을 두어야 한다. 그리해야 인간이 본연의 길을 갈 수 있고, 이루게 됨.

의 대명령이나니, 고래로부터 교육에는 준엄한 天命이 숨어 있다. 이것을 동서양의 지성들이 줄기차게 사상으로 피력하고 천명(闡明)하였다. 그 뜻이 무엇이든 뜻을 이루는 데 있어 이상적인 수단은 교육이었다. 먼저 하늘의 뜻을 어떻게 알 것인가에 학문하는 목적과 배움의 가치를 두었고, 뜻을 어떻게 전달하는가에 교육자적 사명과 원리의 적용이 있으며, 뜻을 어떻게 구현하는가에 구도자적 실천과 방법이 있었다. 돌이킬 수 없게 된 인간성과 문명 역사를 어떻게 회복할 것인가? 여기에 **"인류 구원에 공헌할 교육의 보편적 목적"**이 있다.

하나님은 종국에 교육을 통한 가르침과 일깨움 역사를 통해 만백성을 구원하고 그 나라를 건설하길 원하였다. 하나님은 일찍이 모세를 앞세워 이스라엘 백성을 바로의 압제로부터 구원하여 젖과 꿀이 흐르는 가나안 땅으로 인도하였듯, 오늘날은 피폐한 인류를 치유와 화평의 땅으로 인도하리라. 정비공은 고장 난 차를 수리하여 새 차처럼 만들 수도 있듯, 하나님은 능히 창조 권능을 교육력으로 승화시켜 인간성을 회복하리라. 알고 보면 **교육은 인류를 구원할 수 있는 가장 객관적인 방법이고, 가장 확실한 결과를 기대할 수 있는 구원 수단이다.** 나아가 현실적인 제도 안에서 인류를 빠짐없이 구원할 수 있는 사도(使徒=스승) 육성이 가능한 길이다. 위대한 메시지와 가르침과 인격 도야를 병행해야 하나니, 가르침과 깨달음으로 만 영혼 위에 미칠 교육의 보편적 구원 역사를 기대할 수 있다. 교육을 통한 가치 일굼과 목적 설정과 방법의 모색으로 인간성을 회복하는 것이 현실적으로 인류를 구원하는 길이다. 이전에는 교역자들이 하나님을 믿고 신앙하게 하는 것이 인류를 하나님에게로 인도하는 주된 방법이었지만, 그렇게 해서 거둔 성과로서는 인류 영혼을 1/3도 구원하지 못했다. 그래서 지금은 방법적인 면에서 만인을 빠짐없이 구원할 수 있는 새로운 길을 마련해야 했는데, 그것이 바로 인류사에서 보편적, 객관적, 합리적으로 확대된 교육이란 제도와 방법을 통해서이다. 교육은 실로 인류를 하나님에게로 인도하고, 하나님과 함께해서 교감할 수 있게 하는 최고의 방법이고, 이런 뜻과 목적을 자각해서 구체화하는 것이 **"교육의 위대한 지침"**이다. 교직은 천직임에, 하나님의 보편적인 구원 뜻을 자각한다면 교직은 그야말로 天命으로서, 하늘의 명령을 따르는 온전한 직업이라고 할 수 있다. 장차 만 인류를 구원하고, 이 땅에서 하나님과 함께하는 이상적인 나라를 건설하기 위해서는(지상 천국) 특정 종교들이 표방한 교리의 이념화 실현을 통해서가 아니다. 교육을 통해야 하고, 교역자가 아닌 교육자가 구원 역사의 전면에 나서 하늘의 명령을 충실히 수행하는 사역자 역할을 담당해야 한다.

하나님이 창조한 인간성의 성장과 변화와 개화 과정을 낱낱이 살피고 판단해서 올바른 방향으로 이끌 자란 이 대지 위에 부모도 그 무엇도 아닌, 가르침의 자격을 지닌 선생님밖에 없다. 이분들이 天命을 자각하고 교육적 사명을 수행하는 스승의 역할을 다할진대, 그 직분은 온전히 부름을 입은 "구원의 사도"로서 승화되리라.[3] 지구상에는 곳곳에서 무지하고 차별받고 소외된 하나님의 백성이 있다. 이들이 한 영혼도 빠짐없이 구원되어야 하는 것은 하나님이 이들 백성을 사랑으로 창조했기 때문이고, 그들이 마저 구원되어야 그들과 함께하는 나라를 건설할 수 있다. 그러기 위해서는 먼저 인류가 하나님을 바르게 알고, 창조된 본의를 깨달아야 하며, 참된 가치관으로 삶을 헌신할 수 있도록 이끌어야 한다. 그리해야 하나님

---

3) 교육의 위대한 사명은 하늘의 명령, 곧 하나님이 인류를 구원하고자 한 보편적 목적을 수행하는 데 있고, 명령의 소리를 자각하고 직분을 수행하는 자가 교사이다. 그래서 교육은 하늘의 명령(天命)이고, 교직은 천직이며, 교사는 사도(使徒)를 넘어선 천도(天徒)임.

의 품 안에 안기는 위대한 가르침의 역사, 위대한 교육의 역사, 위대한 구원의 역사가 보편화할 수 있다. 인류가 일군 존재의 역사와 전통과 문화를 한결같이 길이길이 보전하고 계승해야 하는 창조 목적이고, 만개한 꽃으로서 가치 있는 결정체란 사실을 일깨워야 한다. 이 땅과 하늘과 山下와 인간성은 장차 하나님이 건설할 지상 천국의 밑거름이다. 이런 의식의 자각과 지킴과 선도 역할을 무엇이 담당할 것인가? 교육이다. 죄악과 타락을 막고, 환경오염과 자연의 파괴를 막고, 멸망의 자초 요인을 제거하는 데 교육이 앞장서야 한다. 구원의 진리적 불씨를 지피는데 **"교육의 위대한 지침"**이 있다.

그래서 이 연구는 과거에 시도한 구원적 방법을 일소하고, 밝힌 본의와 말씀의 역사를 통해 인류의 영혼을 깨우치리라. 교육을 통해 만백성을 하나님의 품 안으로 인도할 대구원 프로젝트를 마련하리라. 이를 위해 이 연구는 "세계교육론"을 공통된 주제로 하고, 제1권 제호를 『교육의 위대한 사명』-세계교육론 서론, 제2권을 『교육의 위대한 원리』-세계교육론 본론, 제3권을 『교육의 위대한 실행』-세계교육론 각론, 제4권을 『교육의 위대한 지침』-세계교육론 세부 각론, 제5, 6, 7, 8권을 『교육의 위대한 말씀』-세계교육론 결론(전편 1, 2)·(후편 1, 2), 제9권을 『길을 가며 가르치며 생각하며』-세계교육론 부록(교육수상집)으로 구성하였다.

일찍이 동서양의 선현들이 한결같이 이루고자 한 인류의 이상은 언제 어떻게 실현될 것인가? 지난날은 어떤 방법으로도 목적의 달성이 요원했다는 사실을 지적하면서, 기대하건대 교육이 바로 인류가 품은 그 이상적인 꿈을 종합적으로 이룰 실질적인 길이라는 것을 거듭 확인하고자 한다. 이 연구는 "세계교육론"을 통해 인류를 하나님에게로 인도할 수 있도록 최선을 다해 완성된 길을 펼치고자 한다. 이 교육적인 사명을 과연 누가 부여하고, 누가 알리고, 누가 수행할 것인가? 하나님이 부여하고, 이 연구가 뜻을 받들며, 사명을 자각한 우리가 모두 실행해야 하리라. 『중용』에서는 "대덕자 필수명",[4] 곧 대덕(大德)을 구현하는 자는 반드시 命을 받는다고 하였다. 그 대덕이 지금은 모든 면에서 종말을 맞이한 인류를 구원할 보편적인 목적이 되어야 함에, 교육 위에 하나님이 命한 창조 목적과 합치된 인류를 빠짐없이 구원할 진리력이 내포되어 있다는 사실을 알고, 천직 사명을 중점적으로 수행하는 이 땅의 교직자들은 자나 깨나 하늘이 命한 명령의 소리를 귀담아듣고 새겨, 교육으로 이상 세계 건설과 인류 구원 역사에 동참해야 하리라. 지대한 교육적 명령을 행동으로 실천할 수 있길 바라면서…… 천직 수행, 그것이 곧 하나님의 명령 수행 과정이자, 자신과 만 인류를 구원하는 길이라는 사실을 확신하길 바라면서……

2023년 6월
경남 진주에서
염기식

---

4) 『중용』, 제17장.

차 례

제3편 배움론

제4편 가르침론

제1편

지침 개설

배움론, 가르침론, 스승론은 교육 활동을 대변하는 주체적인 3대 요소이다. 이 요소가 빠진다면, "세계교육론"으로서 완성된 모습을 갖출 수 없다. 그렇게 해서 논거를 두고자 하는 핵심은 주체적인 요소를 포함하여 교육의 전체적인 방향을 어디에 근거해서 무엇을 지침할 것인가 하는 데 있다. 배움과 가르침이 있는 행동 간에 있어 그들이 정말 무엇을 배우고 또 가르칠 것인가에 대한 근거와 목표를 통일적으로 제시하고자 한다. 어떤 문제에 부딪히더라도 관통시킬 대주제가 곧 지침(指針)이다. 시곗바늘과 계량기 따위의 지시 장치에 붙어 있는 바늘처럼, 지구의 어디서도 남북 방향을 가리키는 나침판처럼, 교육의 목적과 방향과 방법을 정확하게 가리켜 방황하는 인류 영혼을 이끌고자 한다. 그 지침 대상은 땅끝으로부터 하늘 끝까지이고, 근거 또한 그러하다. 이를 위해 세상사에 가로놓인 일체 장애를 극복하고, 지금까지 선현들이 이룬 사상적 지혜를 총동원하리라.

제1장 개관

　무엇을 배우고, 어떻게 가르치며, 교육에 임하는 스승의 자세가 어떠해야 하는가 하는 것은 교육 활동을 대변하는 주체적인 3대 요소이다. 교육 목표와 교육 원리, 교육 방법, 교육 구성, 교육 제도, 제반 교육관도 중요하지만, 이것은 3대 요소를 뒷받침하는 역할이다. 그래서 이 연구도 **배움론, 가르침론, 스승론**이란 3대 교육론을 중심으로 배움의 방향과 가르침의 근거와 스승의 행동을 어디에다 초점을 둘 것인가를 밝히고자 한다. "세계교육론" 중 4번째 주제에 해당하는데 배움론, 가르침론, 스승론이 빠진다면 "세계교육론"으로서 완성된 모습을 갖출 수 없다. 실질적인 주제를 논거로 해야 하는 만큼, 첫 장을 여는 순간부터 엄중한 마음이다. 통상 제도권 안의 학교에서는 3대 요소를 공부, 교수(敎授),[1] 교사, 선생님으로 부르지만, 이 연구는 배움과 가르침의 도장이 학교와 대학의 영역을 넘어 삶과 생활의 전반에 걸쳐 있고, 만인의 스승화를 지향하므로, 이런 의도를 포괄한 단어를 요소화했다. 그렇게 해서 논거를 두고자 하는 핵심은 주체적인 요소를 포함하여 교육의 전체적인 방향을 어디에 근거해서 무엇을 지침할 것인가 하는 데 있다. 배움과 가르침이 있는 행동 간에 있어 그들이 정말 무엇을 배우고 또 가르칠 것인가에 대한 근거와 목표를 통일적으로 제시하고자 한다. 어떤 문제에 부딪히더라도 관통시킬 대주제가 곧 **'지침**

---

1)　교수(敎授) : 학문이나 기예를 가르침.-다음 사전, 교수.

(指針)'이다. 시곗바늘과 계량기 따위의 지시 장치에 붙어 있는 바늘처럼, 지구의 어디서도 남북 방향을 가리키는 나침판처럼, 교육의 목적과 방향과 방법을 정확하게 가리켜 방황하는 인류 영혼을 이끌고자 한다.[2] 그 지침 대상은 땅끝으로부터 하늘 끝까지이고, 근거 또한 그러하다. 이를 위해 세상사에 가로놓인 일체 장애를 극복하고, 지금까지 선현들이 이룬 사상적 지혜를 총동원하리라. 비장한 각오로 저술 역량을 결집하리라. 배움이든 가르침이든, 그것은 예외 없이 근거를 가져야 하고, 거기에 바탕을 두어 교육할 방향인 추구 목표와 가르침의 목표를 결정한다. 나아가서는 뭇 삶과 인류 역사의 추진 방향까지 지침해야 한다. 그런 근거와 방향을 과연 어디에 두어야 인류가 그것을 디딤돌로 삼아 지침한 방향대로 나아갈 수 있겠는가? 이 연구가 밝힌 바 天 · 地 · 人 공통의 출생처인 창조 본체이고, 종국에 도달해야 할 귀의처인 天이다. 이 궁극적인 근원처를 찾고 지침하기 위해 성현은 하늘의 소명을 받들었고, 선천 인류의 교육적 노력이 투입되었다. 인류 역사는 결국 천지를 있게 한 창조주 하나님과 가까워지고자 한 연면한 섭리 역사 일환이다. 그렇게 감추어진 의도를 밝혀 역사의 추진 방향을 결집하는데 **"교육의 위대한 지침"** 역할이 있다. 왜 그것이 위대한 역할인가 하면, 하나님의 창조 목적이 교육적인 지침을 통해서 인류를 보편적으로 구원하고, 만 영혼을 하나님에게로 인도할 수 있기 때문이다.

이에, 이 연구는 깊은 통찰로서 독립된 저술 주제를 지침에 근거해서 연결해야 하고, 이를 위해 세상에 가로놓인 이치와 존재와 법칙도 함께 연관 지어 꿰뚫어야 한다. 주제를 하나하나 숙고해서 실마리를 풀고, 저술 맥락을 통괄해야 한다. 시종일관 집중하여 하나님을 위해 성심을 바치는 저술

---

2) 다음 사전, 지침.

역정이 되어야 한다. 이 연구의 저술 방향이 하나님이 천지를 창조한 본의에 근거한 만큼, 교육적인 지침 역시 하나님을 향하고, 하나님에게로 이른다는 사실을 논거로 펼치리라. 오늘날의 **인류는 교육을 세계적 사명으로 삼아야 하고, 가르침을 하나님의 명령으로 받들어야 한다.**

그 이유를 밝히기 위해 총 6편에 걸쳐 "세계교육론"의 세부 각론을 요약하면, 제1편 **"지침 개설"**에서는 그야말로 삶과 교육과 역사 방향을 가리킬 진리 근원을 하나님이 밝힌 창조 본의에 근거해 지난날에는 듣지도 보지도 못한 "본의 창조"설을 펼치리라. 압축적이기는 하지만, 지난날 해결하지 못한 진리적 실마리를 풀고, 앞으로 추진할 진리적 과제도 이를 근거로 제시하고자 한다.

제2편 **"패러다임 전환론"**에서는 지금까지 실행한 교육의 패러다임이 전환되어야 하는 이유는 물론이고, 그를 통해 인류 전체의 문명적 패러다임을 전환해야 하는 이유까지 밝히고자 한다. 관점의 중심된 목표는 대인류를 향해 본체 문명의 대두와 필요성을 관철하는 데 있다. 왜 미래 역사에서는 본체 문명을 건설해야 하고, 그것이 유일한 대안인지에 대해 논거를 펼치리라.

제3편 **"배움론"**에서는 인류가 추구한 배움 노력이 예외 없이 하나님의 창조 목적을 실현하는 방향으로 나아갔고, 하나님에게로 나아가고자 한 행위였다는 사실을 밝히고자 한다. 서양인이 탐구한 학문 영역이 자연 세계에 초점을 두었던 것, 유교인이 추구한 학문 영역이 인격을 지향한 성인에 있었던 것, 불교도가 불철주야 정진한 수행이 내면의 自性을 깨달아 성불을 이루고자 했던 것 등이 지난날은 창조된 본의를 몰라 제각각 추구한 길이었지만, 이제는 하나인 방향으로 지침할 수 있다.

제4편 **"가르침론"**에서는 인간 교육에서 가르침이란 교육적 작용이 무엇에 근거하고, 무엇을 목표로 삼았을 때 위대한 사명으로 승화될 수 있는 것인지 밝히고자 한다. 지식, 언어, 사색, 이성, 경험, 수행, 인격, 지혜를 막론하고, 교육적인 전달 수단을 극대화하는 것은 바로 가르침의 지침 방향이 거룩한 곳을 향했을 때이다. 그리해야 가르친 것 일체가 거룩한 진리로 승화된다. 그것이 무엇인가? 교육은 가르침의 올바른 지침 역할로 만 인류를 하나님에게로 이끌 책임과 의무와 사명이 있다는 사실을 각성해야 한다.

제5편 **"스승론"**에서는 스승이 인류 문화를 창달했고, 인류 문명을 건설한 추진 동력이자 주축 기둥이었다는 사실을 확인하고자 한다. 스승의 가르침이 있어 인류 문화가 선도되었고, 인류 역사가 지침한 대로 추진되었다. 그 가르침의 근거가 무엇이었고, 그 방향이 어디를 향했는가? 하늘에 있고, 하늘의 뜻을 따르고자 한 데 있다. 인류의 위대한 스승인 성인의 가르침이 그것이다.

제6편 **"신인 관계론"**에서는 논거를 둔 교육의 지침 방향을 한 분 하나님에 이르러 통합하고자 한다. 천문통(天門通), 곧 "하늘 문을 여는 길"을 통해서는 그동안 차원의 벽에 가로막힌 하늘 문을 열기 위해 인류가 쌓아올린 가능한 길들을 통하여 지상의 디딤돌을 마련하고 천도통(天道通), 즉 "하나님에게 이르는 길"을 통해서는 지난날 넘어서지 못한 일체의 제약 조건을 극복하고 가능한 이치, 법칙, 원리를 통해서 하늘을 향한 길을 트고자 한다. 天 · 地 · 人 사이를 걸림 없이 소통시키고, 하나님과 인간관계를 정상화해 **교육의 위대한 지침** 방향을 확정 짓고자 한다.

이 교육론 지침서가 가정마다 비치되고 개개인의 책상 위에 놓여[3] 만 인류의 인생적 삶과 교육, 그리고 역사 추진 방향이 하나님에게로 지침 될 수 있길 기대하면서……

---

3) 『존 로크 교육론』, 존 로크 저, 박혜원 역, 비봉출판사, 2011, p.10.

제2장 본의 창조

1. 본의 창조 기준

　세계관(世界觀)은 세계와 인간의 관계 및 인생의 가치나 의의에 대한 통일적인 관점이고,[1] 우주론(宇宙論)은 우주의 기원, 구조, 진화, 종말 따위를 연구하는 분야이며,[2] 본체론(本體論)은 존재나 그것이 지닌 공통적이며, 근본적인 규정에 관해 고찰하는 학문이다(존재론, 실체론 등).[3] 한결같이 세계와 우주와 존재에 관한 통일적 관점과 기원, 구조, 종말, 공통, 근본에 관여한 규정, 논거들이라 사상적으로도 제일 상위 자리를 차지하고, 역사와 문화와 진리, 인간의 정신적인 영역에 걸쳐서도 정도에 따라서는 절대적인 영향을 끼친다. 그런데 문제는 그렇게 절대적이라고 확신한 주장이 한둘이 아니라는데, 서로가 절대성을 고집하면 할수록 상대성이 첨예하여져 분열과 대립이 불가피하다. 이런 문제를 풀기 위해 기독교가 천지 창조설을 내세웠다. 세상의 물질과 생명체를 無의 상태에서 하나님이 창조하였다는 주장이 그것이다. 과연 얼마나 대립된 문제를 풀었는가를 묻는다면, 지극히 회의적이라고 할 수밖에 없다. 이렇듯 가로놓인 근본

---

1)　기계론적 세계관, 물리학적 세계관 등.

2)　우주론적 증명 : 神의 존재를 증명하려는 방법의 하나, 정상우주론, 양자우주론 등.

3)　다음 사전, 세계관, 우주론, 본체론.

적인 문제를 풀기 위해 세계관, 우주론, 본체론을 포괄해서 정립하고자 하는 것이 천지 창조설이 아닌 **"본의 창조"**설이다. 이 설의 기본적인 입장은 기독교 창조설을 포함해서 세계 자체가 분열을 완료하지 못한 탓에 확보한 세계관적 관점이 한계성을 지녔다는 판단이고, 그런데도 하나님이 천지를 창조한 것만큼은 사실인 탓에 창조, 그것이 존재와 진리와 우주론을 뒷받침하는 근간이 되어야 한다는 생각이다. 창조, 그것이 절대적인 역사인 탓에 본의 창조설은 제반 우주론을 포괄할 수 있다. 창조를 통하면 제반 진리 영역을 가닥 지을 수 있다. 지난날은 이런 역사성을 간과한 탓에 우주의 기원과 종말성을 포함한 근원적인 문제를 세계관적으로 해결하지 못한 것이 당연하다. 창조 역사는 하나님이 주관한 권능 발휘 역사이듯, 천지가 어떻게 창조되었는가에 대한 본의, 곧 창조 뜻과 창조 원리와 창조 메커니즘을 밝히는 것도 하나님이 지닌 고유 권한이다. 인간이 거론할 수 있는 진리 영역이 아니다. 창조 역사를 주관한 하나님만이 세세한 창조 내력을 알아 만상의 시원과 귀의처를 밝힐 수 있다. 그렇게 역사해서 준비하는데 선천 세월을 보냈다. 때가 이르기까지는 누구도 본의를 알지 못했다는 뜻이다. 성경에 진리 일체가 계시되어 있지 않느냐고 반문할 수 있겠지만, 하나님이 태초에 행한 창조 역사의 '대략'이라,[4] 상세함이 없다 보니까 자칫 곡해되어 "無로부터의 창조"가 기독교 창조설을 대변한 지경이 되고 말았다.

　그렇다면 이 연구는 어떻게 해서 본의 창조 관점을 확보할 수 있게 되었는가? 밝힌 바 "진리 통합의 완수 위에 드러난 보혜사 성령의 실체"를 증

---

4)　"여호와 하나님이 천지를 창조하신 때에 천지의 창조된 대략(大略)이 이러하니라."-창세기, 제2장 4절.

거한 길의 역사를 통해서이고, 하나님이 유사 이래 본체를 드러낸 "지상 강림 역사"를 완수함으로써이다. 그렇게 역사해서 완수한 길의 과정 위에서 하나님이 창조 역사에 관한 '본의'를 수놓아 준 것이나니, 이 모든 사실은 오직 **"본의 창조"**설이란 논거를 통해 증거할 뿐이다. 세상 진리의 근원 뿌리가 창조에 있다는 판단이고, '지침'의 근거 역시 창조가 기준이다. 알고 보면, 학문을 통한 배움의 목적과 수행을 통한 깨달음의 목적과 성현들이 강조하여 교설한 가르침의 목적이 모두 궁극적인 "창조 본의"를 알고 구해서 알리고자 한 데 있다. 인류가 진리를 추구해서 밝히고자 했고, 성현들이 애써 가르치고자 한 주제가 창조된 본의라, 이것이 배움과 가르침의 바탕이 된 진리이다. 본원적인 지침에 근거해서 바야흐로 인류를 구원할 가르침의 역사를 펼쳐야 할 것이므로, 이것을 총 일곱 가지 주제로 나누어 논거를 두고자 한다. 첫째, 본의란 곧 본질이므로, 창조가 무엇인지를 알면 지금까지 모호한 일체 현상에 대한 인식 기준이 확고해진다. 그 첫 기준이 곧 현재의 시공간보다 앞선 선재 인식이다. 둘째, 천지 창조를 있게 한 근원 된 바탕 본체의 조건 규정이다. 창조 역사가 무엇에 근거한 것인가 하는 것은 세상 존립의 필수 조건이다. 셋째, 근원 본체로부터 생긴 만법의 출생처 추적 문제 넷째, 그렇게 해서 다변화된 이유 다섯째, 그런데도 현상 즉 본체로 결론 지어진 이유. 이 단계까지는 선현들이 깨달음과 지혜와 관념적 통찰로 추리해서 엿볼 수 있다. 하지만 세계가 분열하는 본질상 본체가 드러나지 못한 관계로 세계관으로서 한계성을 면할 수 없다. 그것은 불가피한 선천의 진리 추구 역사이다. 이런 조건이 오늘날 길의 완수 역사로 전환점을 맞게 되었는데, 그것이 곧 여섯째, 분열할 대로 분열한 세계를 규합할 후천의 진리 통합 역사 발흥, 그리고 일곱째, 궁극적인 귀의처 밝힘 역사이다. 구분은 하였지만, 본의로 꿰뚫고자 한다. 본의 영역 뿐만이겠는가? 진리, 존재, 현상, 세계 판단의 기준인 동시에 지침이 가능한 해석적 관점이다. **"본의 창조"**설의 첫 하늘 문을 여는 데 있어 동서양의 본체론을 대표한 것이 바로 이데아와 理의 선재 인식이다.

알다시피 서양의 플라톤은 세계를 현상계와 이데아계로 구분한 이원론의 선구자이다. 오감으로 감지할 수 없는 이데아계가 더 근원적, 본질적인 세계이며, 심지어 현상계는 한낱 그림자에 불과하다고까지 하였다. 주자학을 집대성한 동양의 주자도 理의 선재설을 주창하였는데, 비단 주자뿐만 아니라 노자를 비롯한 동양의 많은 선현도 인식을 같이했다. 하지만 아직은 개념상 모호함을 면치 못하였고, 이설이 난무한 상태이다. 그 이유는 오직 한 가지, 창조가 무엇인지 본의를 알지 못해서이다. 그것이 과연 무엇인가? 넌센스 퀴즈처럼, 알고 보면 쉬운 데 알기 전까지는 어렵다. 창조란 다름 아닌 새로운 것을 처음 만들어내는 것이다. 이 상식적인 기준을 충실히 따를진대, 어떻게 창조하였느냐는 문제는 차치하고, 창조가 바로 삼라만상 일체의 있음과 없음을 구분 짓는다. 그런 의미라면 기독교의 "無로부터의 창조"도 일리는 있다. 존재함과 존재하지 않음에 있어 너와 나, 삼라만상은 그 무엇도 예외가 없다. 이런 이유 탓에 창조의 첫 본의 기준은 창조가 있기 이전에는 너와 나, 삼라만상 그 무엇도 존재할 수 없었다는 데 있다. 하지만 이 같은 개념 정의로 창조설이 완성되는 것은 아니다. 이런 상태에서 정말 중요한 것은 창조 이전에 존재하지 않은 삼라만상이 어떤 역사 과정을 거쳐 존재할 수 있게 되었는가? 이 물음에 대해 기독교는 하나님이 전지전능한 창조주인 탓에 아무런 근거가 없는(無로부터) 상태에서도 천지 창조를 실현했다고 한 절대 권능에 귀속시켜 버렸다. 여타 우주론도 조건을 갖추지 못한 것은 마찬가지이다. 그런데도 가볍게 본 탓에 억지 창조설이 되었고, 창조 문제와는 무관하게 절대적인 권능만 앞세운 종교들이 역사 위에 등단하였다. 진정 창조된 본의를 알았다면 절대적인 神이 갖추어야 할 자격 조건이 얼마나 심원한 것인지도 알았으리라. 다시 말해, 알라든 야훼든 한울님이든 본의, 그것이 참된 神인 여부를 가늠하는 기준이 된다는 뜻이다. 그 절대적인 기준 근거가 바로 천지 만물이 창조되기 이전에 존재한 선재성에 있다. 창조 역사가 단행되기 이전이므로 창조주라고도 할 수 없는 하나님이 홀로 존재하였다. 당연히 이런 하나님의 존재 위치와 근거를 현재의 주어진 조건으로서는 자리매김할 수 없다. 그런데도 그렇게 선재한 위치에서 형태와 특성을 가진 하나님이 천지 창조 역사를 실현하였다는 것이 이 연구가 밝히고자 하는 **"본의 창조"**설의 요지이다. 본의 밝힘 탓에 창조 역사가 비로소 창조 이전과 창조 이후란 구분 조건을 성립시킨다. 이 구분 기준의 중차대한 의미를 가늠하기는 쉽지 않지만, 실로 콜럼버스가 1492년, 70일의 항해 끝에 신대륙을 발견한 것과도 비교할 수 없다. 파악할 수 있는 분열 질서만 전부가 아니다. 절대적인 진리 판단 대상이 될 수 없다는 사실에 지난날에는 누구도 규명하지 못한 창조 이전의 세계가 따로 존재했는데, 그것이 곧 플라톤과 동양의 선현들이 엿본 이데아와 理의 선재성 인식이다. 단지, 판단 관점을 인식할 수 있는 만물 쪽에다 두다 보니 이데아와 理가 지닌 본체적인 근거와 정체가 모호하였고, 어떤 방법으로서도 근원을 추적하기 어려웠다. 이런 상황은 지금도 달라진 것이 없다. 오감으로서는 구분할 수 없는 기준선인 탓에 간과, 무시하였고, 결과로서 창조된 만상이 바탕이 된 본체로부터 단절되어 버렸다. 애써 주장했지만 진리로서 인준되지 못했다. "이데아와 理가 현상 세계와 만물보다 선재해 있고, 삼라만상을 생성시킨 근원"[5]이라고 했지만, 아무리 궁구해도 현 질서를 기준으로 선재한 이데아와 理의 근원을 가늠한다는 것은 불가능했다. 그렇게 해서 손을 놓아 버린 것이 지금까지이다. 하지만 창조가 지닌 본의를 기준으로 삼으면 불가능한 문제를 일시에 해결할 수 있다. 선재했을 때만 만물의 근원 된 바탕 본체로서 자격을 지닌다. 창조 이전이지만, 이데아와 理도 하나님처럼 존재하고 있고, 존재한 형태도 창조 이전이라 무형이다. 존재한 사실만큼은 확실할진대, 정체는 미처 파악할 수 없더라도 창조 이전에 존재한 분은 하나님이 유일하므로, 미상의 본체성을 이데아, 혹은 理로서 파악했다. 이 같은 궁극적 실재를 일컬어 이 연구가 하나님의 몸 된 창조 본체라고 지칭하였다. 하나님이 창조주로서 모습을 완성하기까지는 세상 어디서도 본체적인 실체 형태로서 추적함이 가능했다.

이런 관점에서 보면, 일찍이 노자가 말한 道의 정체도 파악할 수 있다. "형체도 없고 이름할 수 없는 道가 천지의 시작"[6]이라고 한 것이다. 그것이 창조 이후의 세계 질서를 기준으로 이해한 道의 정체를 다시 본의를 기준으로 해서 추적하면, 곧바로 해석된다. 굳이 설명을 덧붙일 것도 없다. 형체도 이름도 없는 것이 道라고 한 것은 창조되기 이전인 탓이다. 그런 道가 어떻게 천지의 시작점이 될 수 있는가 하면 무형, 無名인 본체성을 바탕으로 창조해서이다. 오히려 무형, 無名이 천지의 근원이자 출발점이 될 수 있는 합당한 자격을 갖추었다. 이런 기준이 창조 이전의 바탕 본체성과 창조 이후의 존재 결정성 곧 실체성, 원인성, 有無성, 시공간성을 판

---

5) 「플라톤과 주자의 기초교육론 비교 연구」, 장예 저, 연세대학교 대학원, 교육학, 석사, 2016, p.Ⅴ.
6) "無名天地之始."-『노자 도덕경』, 제1장.

가름한다.

다시 확인할진대, 道를 더한 이데아 · 理가 왜 만물보다 선재할 수 있는가 하면, 창조란 원인 발흥 역사가 없는 상태에서도 존재할 수 있어서이고, 자체가 존재한 근본 뿌리란 뜻이다. 자존체인 탓에 창조 역사로 존재한 만물보다 선재할 수밖에 없다. 만물을 낳은 창조 본체로서 자격을 갖춘 道 · 이데아 · 理의 정확한 좌표는 창조 역사 이후로 생긴 시공간 전이다. 그것이 본의에 근거한 道 · 이데아 · 理의 선재 특성이다. 시공의 엄밀한 생성 질서를 판단 잣대로 들이댈 수 없는 초월적 본체이다. 그런데 만물이 존재한 방식과 근거로 접근했으므로 어떻게 이해할 수 있었겠는가?

> "사리자여! 모든 법은 空하여 나지도 멸하지도 않으며, 더럽지도 깨끗하지도 않으며, 늘지도 줄지도 않느니라(『반야심경』)."

覺者는 그나마 직시하여 엿보았지만, 표현할 인식 기준이 세상 안에서는 없다 보니 밝히고자 하는 이도 근거가 없어 답답한 것은 마찬가지이고, 法을 들은 이도 가늠할 수 있는 인식 기준이 없어 이해하지 못했다. 수많은 수행자가 수없는 세월을 두고 『반야심경』을 독송하고 염불로 되뇌었지만, 본의까지는 간파하지 못했다. 하지만 전제한 바대로 본의를 깨치면 파악하지 못할 팔만사천법문이 하나도 없다. 한 의식으로 관통할 수 있다. 왜 일체 法이 空하고, 불생불멸(不生不滅), 불구부정(不垢不淨), 부증불감(不生不滅)한 것인지 즉각 가늠한다. 창조 이전의 창조를 있게 한 바탕 본체인 탓에 존재하면서도 형태가 무형인 空이고, 일체 法이 생성되기 이전이라 空한 실체이다. 空은 창조로 인해 생성된 세상 법칙의 지배를 받지 않아 차원을 달리한다. 창조와 연관되지 않은 佛法은 없나니, 佛法 역시 다른 진리 세계와 마찬가지로 본의가 밝혀질 때를 기다려야 했다. 선재 인식은 성경에서도 곳곳에 기록되어 있다.

> "그(主 예수)는 보이지 아니하시는 하나님의 형상이요, 모든 창조물보다 먼저 나신 자니……(골, 1: 15)" "또한 그가 만물보다 먼저 계시고, 만물이 그 안에 함께 섰느니라(골, 1: 17)."

하나님의 실존 형태는 영이고 무형이라 눈에 보일 리 만무하다. 차원을 달리한 곳에 거해 있다. 그러면서도 우리와 함께함은 우리를 창조한 근원이 하나님의 몸 된 본체로부터 말미암은 탓이다. 하지만 성경도 판단 기준을 창조물로부터 잡은 것은 여전한 상태라, 본의로 만물의 근원을 지침할 기준선으로 구분하기까지는 세월과 본의 메커니즘을 밝힐 성업 역사를 기다려야 했다. 이 연구는 때와 조건을 갖춘 탓에 **"본의 창조"**설을 논거할 수 있게 되었다.

2. 바탕 본체 조건

있을 유(有) 자는 있다는 뜻이고, 없을 무(無) 자는 없다는 뜻이다. 개념이 명확한 관계로 有無에 대한 존재적 상황을 구분하지 못하고 이해하지 못할 사람은 없다. 현재의 실존 상황은 그렇다면 有無 상황을 구분하는 우선 조건인 존재, 실체가 어떻게 존재하게 되었는가를 물으면 有와 無와의 관계 설정이 묘연하다. 원인과 결과 관계로 돌변한다. 그래서 불거지는 문제가 **"바탕 본체 조건"**이다. 존재는 단순히 有無를 개념으로 구분하듯 갈라져 나온 것이 아니다. 다양한 원인과 작용이 있었다고 보는데, 가장 어려운 추적이 곧 無로부터 有한 상황이다. 자연의 상태를 살펴보아도 아무 것도 없는 것으로부터 새로운 종이 생겨날 수는 없다. 다양한 요소를 고려한다고 해도 처음부터 아무것도 없는데 생명체가 진화할 수는 없다. 그렇게 불가능하다고 여긴 판단 기준이 바탕이 된 본체 조건에 해당한다. 어떤 경우에도 有한 것 일체는 또 다른 有에 근거했다. 이런 有한 바탕성 문제를 해결하고자 기독교가 하나님의 천지 창조설을 내세웠다. 기독교가 주장한 것은 하나님이 천지 만물을 지은 권능자라서기보다는 세계가 필요로 하는 바탕 본체 조건을 해결하기 위해 앞세운 것인지도 모른다. 사실상은 그렇게 해서도 근본적으로 해결된 것은 없지만, 권능에 의존해서 일체의 원인성을 불식시킬 절대 권능으로 얼버무릴 수는 있기 때문이다. 논리적, 원리적, 메커니즘적으로 시원과 바탕성 문제를 창조 권능에 내맡겨버린 상황이다. 내막도 모른 채 하나님의 권능만으로 천지 만물이 창조되었다고 믿은 것이 기독교 창조론이다. 창조 역사는 하나님의 고유한 권능 행사이다. 일체 의문을 금지한 조처가 바로 성 아우구스티누스가 세운 "無로부터의 창조"설이다. 이것은 하나님이 직접 실행한 창조 역사가 아니다. 기독교가 수용한 창조 가설이다. 그 요지는 정말 세계적인 조건으로서는 불가능한 "無로부터의 창조" 역사를 하나님이 실현했다고 하는 주장이다. 필연적인 **"바탕 본체 조건"**을 허물었다. 하나님이 태초에 어떤 바탕 재료도 없이 命한 말씀만으로 거대하고 다양한 천지 우주를 창조하였다는 말이다. 아무리 유능한 목수라도 자재 없이 집을 지을 수 없는데, 세상 조건은 그렇게 결정해 놓고 정작 하나님은 그런 바탕 조건을 무시했다는 말인가? 하나님이 그렇게 정한 것이 아니고, 인간이 그렇게 억측하였다. 창조

법칙은 어떻게 실행된 것이든 창조된 결과인 존재의 결정 법칙과 같다. 창조 역사에 예외는 없다. 밝혀야 할 문제이지 의탁해서 될 일이 아니다. 하나님이 그처럼 가로놓인 바탕 조건 문제를 해결해 주었다고 믿은 탓에 기독교는 "無로부터의 창조"를 대수롭지 않게 받아들였다. 아무것도 없는 無로부터는 아무것도 생겨날 수 없는데도 하나님이 단행한 역사인 탓에 문제 삼지 않았다. "無로부터의 창조" 이해가 거의 맹탕에 가깝다. 하나님을 믿으면서도 창조를 몰라 진리성을 대변하지 못한 결과를 초래했다. 모순된 진리 상황인데도 눈감아 버렸다.

하지만 믿을 만한 구석조차 없는 동양인은 무엇으로도 피할 수 없는 **"바탕 본체 조건"** 문제를 해결하고자 하는 과정에서 無에 관한 인식을 심화시켰다. 즉, "동양 종교에서는 '없다'라고 말한다고 해서 실제로 사물이 없는 상태가 아니다. 현재 존재하지 않는 '비존재'의 형태로 드러나지 않은 것일 뿐, 실은 이미 존재하고 있다. 이것은 無 속에 有가 존재하고, 有 속에 無가 존재하는 원리를 말한다."[7] "노자는 "천하 만물은 有에서 나왔고(天下萬物生於有), 有는 無에서 나왔다(有生於無)"[8]라고 하였다. 이것도 드러난 개념만으로는 이해하기 어렵다. 실로 천하 만물→有→無로 이어진 근원성 추적은 거대한 창조 메커니즘으로 뒷받침해야 했다. 창조, 그것이 곧 보이지 않는 비밀의 문을 여는 열쇠를 지녔다. 無에서 有로의 전환에 보이지 않는 창조문이 가로놓여 있고, 無에서 有로 전환된 경계 지점에 보이지 않는 창조선이 그어져 있다. 역사가 본래부터 有한 절대 有와

---

7) 「동양 종교와 기독교의 하나 신관에 대한 목회신학적 연구」, 조춘호 저, 삼육대학교 신학전문대학원, 목회학, 석사, 2010, p.72.

8) 『노자 도덕경』, 제40장.

창조로 인해 有하게 된 존재 有를 갈라놓았다. **"바탕 본체 조건"** 문제가 이렇게 해서 해결된다. "중국 철학의 근본이 되는 易의 形而上學에서도 무체(無體)를 강조하였다."[9] 無體면 無인데, 군이 無體라고 한 것인가? 현실적인 조건으로서는 성립할 수 없지만, 존재하지 않으면서도 존재하는 것이 있다는 사실을 인정한 것이다. 그것이 바로 창조이다. 창조가 구분 지었고 가늠할 수 있게 하였다. 존재하지 않지만, 아니 창조되지 않았지만 존재한 것이 있었나니, 그것이 곧 천지 만물을 있게 한 하나님의 몸 된 창조 본체이다. 이것을 이 연구는 無가 아닌 有를 기준으로 無有와 有로서 구분하였거니와, 有로부터의 창조, 즉 창조된 세계의 본질은 有함 자체이다. 세계에서 없는 것은 있을 수 없다는 인식이 그것이다.

이런 본체적 조건을 갖춘 道란 창조선을 기준으로 하면, 道가 사물과 다른 초월적인 특성을 지닐 수밖에 없어 장자는 道를 설명하기 위해 상징과 비유를 사용하였고, 사물은 논증할 수 있지만 道는 그렇게 할 수 없다고 하였다.[10] 사상사에서 칸트란 철학자가 물 자체를 인식할 수 없다고 한 선언은 후세에 큰 영향을 끼쳤다. 하지만 장자의 道의 논증 불가 주장은 그럴 수밖에 없는 심오한 이유를 설명한 것인데도 간과하였다. 칸트는 지극히 관념적이고 장자는 지극히 본체적인데도, 관념은 사고적이고 본체는 체득적인 탓에 더욱 그러하였다. 장자는 "道를 無라고 했는데, 그 無는 단순한 無가 아니다. 無 안에 우주 만물이 존재하고 있어, 無란 有를 포함한 無이다. 이것을 장자는 無有라고 지칭하여 無로써 표현하였다. 즉, 만물은

---

9) 「노자의 도에 대한 본체론적 이해 비판」, 이갑성 저, 성균관대학교 대학원, 동양철학, 박사, 2009, p.iv.

10) 「장자 사상의 도덕과 교육에의 함의」, 박옥영 저, 이화여자대학교 교육대학원, 도덕·윤리, 석사, 2011, p.6.

無有로부터 나온다. 有는 有로부터 생겨나 바탕이 된 원인 有가 될 수 없으므로 반드시 無有로부터 나온다. 이것은 세계 안에서 소가 소를 낳고 개가 개를 낳는다는 말이 아니다. 차원이 다른 창조 바탕 조건 추적 문제이다. 창조란 유한한 有에서 만물을 있게 한 것이 아니다. 有無 전체를 초월한, 혹은 有無를 포괄한 무한한 無에서 생겨났다."[11] 서양의 기독교에서만 창조론을 말한 것이 아니다. 장자의 道의 본체론적 해명이 더욱 심오한 창조론이다. 창조가 아니면 이해할 수 없다. 그런데도 장자에게 창조란 개념이 없는 것은 道의 본체성을 창조 본체화하지 못한 한계 인식 탓이다. 無有를 창조 이전인 바탕 본체로 보아야 선천의 주어진 세계관적 한계성을 극복할 수 있다. "無한 道는 순수한 자기 원인으로 인해 세상에 갖가지 有, 즉 현상으로 드러날 수 있나니",[12] 바탕 본체인 無有 道는 창조와 무관하게 자기 원인적인 조건만으로 존재할 수 있지만, 창조 본체로부터 말미암은 삼라만상마저 그런 것은 아니라는 사실을 분별할 수 있다. 창조된 우주 만물은 자체 원인으로 생겨나거나 절로 운행될 수 없다. 결정되어 있고 시스템화되어 있다.

그런데 정말 바탕 된 본체가 창조를 실현한 조건으로써 갖추어야 할 것은 창조선을 기준으로 실체성을 확인하고 구분하는 데 있지 않다. 그것은 이미 앞에서도 논거를 둔 주제이다. 정말 갖추어야 할 바탕 본체로서의 특성 조건은 근원적인 본체로서의 '낳음' 역할이다. 낳음 문제를 풀기 위해서는 초월적인 본체의 있고 없음을 넘어 본체가 지닌 특성인 '질'을 갖추고 있다는 사실을 알아야 한다. 개념적으로 無體, 無有를 구분한 것으로서

---

11) 『동양 윤리 사상의 이해』, 조현규 저, 새문사, 2006, p.164.

12) 위의 책, p.165.

는 창조 문제를 해결할 수 없다. 장자가 언급했듯, 無有란 바탕 본체는 어떤 특성이 있기에 그로부터 천지 만물이 생겨날 수 있게 된 것인지 밝혀야 한다. 만물을 낳은, 혹은 존재할 수 있게 한 근원 본체다운 특성을 확인해야 한다. 그것이 다름 아닌, 바탕 본체로서 지닌 본질체의 통합적 특성이다. 구체적인 실체 개념이 아니다. 모든 것을 갖추고 있지만, 창조 이전이므로 아직 발현되지 못한 상태이다. 존재, 생성, 현상이 드러나지 않고 구분되지 않아 오직 '하나'로 인식되는 묘체이다. 儒 · 佛 · 道 삼교가 3개의 발로 솥의 몸통을 떠받친 형태로 본체 문명을 이루었듯…… 자기 역할에 있어 유교는 논리적이고, 도가는 생성적이며, 불교는 본체적인 특성이 있다. 상호보완적이다. 그래서 유교의 태극론과 이기론, 도가의 道論은 궁극적인 바탕 본체를 지향하였고, 불교의 空論은 통합적인 본체 특성을 나타내었다.

즉, "空은 진리의 본체를 뜻하고, 空에 따른 연기법에 근거해 비 실체를 말한 바",[13] 모든 것을 갖춘 본질체인데도 창조 이전인 탓에 空으로 인식한 것이 無로서 인식한 것과는 양상이 달랐다. 空은 결코 無한 것이 아니다. 본질적인 특성이 있는 그 무엇이다. 인식할 수 없는 실체인 탓에 진리의 본체인 비실체적 실체이다. 바탕 본체라 형상 지을 수 없다. 그런데도 空이 창조 본체란 사실을 확인할 수 있는 것은 연후의 창조된 결과인 연기적 실상을 통해서이다. 현상화된 뭇 연기의 본체 뿌리가 空인, 空은 바로 무형인 본질적 바탕체이다. 부처가 깨달음을 통해 구한 法도, 그를 통해 구축된 空 사상도 연기법으로써 압축된 바, "현존하는 세계에 있어서

---

13) 「불교의 공관이 현대 교육에 주는 시사점」, 정혜성 저, 숙명여자대학교 대학원, 교육학 · 교육철학 · 교육사, 석사, 1993, p.6.

변화하지 않고 고정적으로 영속하는 것은 아무것도 없다. 물질적인 것이든 정신적인 것이든 스스로 독립해 존재하는 실체가 없다"[14]라는 것이 그것이다. 전적으로 창조 이전의 본체 空의 통합적인 특성에 근거한 판단이다. 생겨나게 한 근원 바탕은 空한 것이고, 그로써 운행되는 현상 세계는 지극히 인과적이다. 창조된 탓에 현상은 변화를 본질로 하고, 세상 어디를 둘러보고, 혹은 추적해도 고정적, 독립적으로 존재하는 실체는 없다. 한 마디로 自性이 없다. 그러니까 아무리 覺者라고 해도 현상의 본질만 보아서는 창조된 본의를 알지 못했다. 空의 창조적 진상을 알았을 리 만무하다. 창조 역사 이전의 본체적인 특성을 각성한 것인데도 본의 구분 기준선을 넘지 못해 세계 자체가 본래 空한 것으로 오인했다. 보고 확인할 수 있는 것을 전부로 여겼다. 불교 교리가 허무주의적인 이유가 여기에 있다. 覺者로서 통합적인 본체를 엿볼 법도 하지만, 창조 본체에 근거하지 못한 탓에 더는 진척되지 못한 공염불에 그쳤다. 현상적인 특성으로 空의 특성을 설명하니까 세인들이 이해할 리 만무하다. "현상 세계 안에서는 하나라도 항구적인 것이 없고, 成·住·壞·空의 과정을 밟아 결국 空으로 돌아가는데, 이면에는 空無 아닌 것이 있다. 그것은 신묘불가사의(神妙不可思議)한 힘의 원천적인 존재로서 제반 행위를 일으킨 원동력이다. 현상적인 것의 바탕으로서 끊임없는 작용을 일으킨 것인데, 그것이 무엇인가? 진공묘유(眞空妙有)이다. 현상 세계의 특성을 근거로 空의 실상을 유추한 상태라, 空의 본체적 특성까지는 접근하지 못했다. 그런데도 無인 동시에 有이라(非有非無), 초월적인 논리로서는 제반 현상을 일으킨 궁극적 본질로서 佛性, 法性, 法身, 眞如, 本性 등으로 지칭한 것은 인식의 한계성을 절감한

---

14) 위의 논문, p.6.

조건적 실상이다."[15) 왜 空이 眞空妙有하고 非有非無인 것인지 본체적으로 접근해야 하며, 한 중심에 바로 본체로서 만물을 낳은 역할이 자리 잡고 있다. 살아 생동하는 본체가 일으킨 작용 배경도 없이 묘체로만 표현하였고, 연기법도 일체가 自性이 없다고 한 것은 선천 불교로써 극복해야 할 진리적 과제이다. 진실로 부처가 설법한 이래의 佛法은 완성된 것이 아니다. 부처는 法의 텃밭을 초륜 법륜으로 터 닦은 상태이고, 法의 완성은 후일의 창조법에 따라 조건이 갖추어질 때를 기다려야 했다. 有 이전인 無한 본체 위에 서야 창조 본체로서의 절대 진리 경지를 엿볼 수 있고, 창조된 존재로서 지닌 특성을 파악해야 선현들이 말한 道의 광대무변한 운용 실상을 파악할 수 있다. 그 본체계에 영구불변한 道, 空, 태극, 梵, 창조 본체가 속해 있으니 이름만 다를 뿐, 바탕 본질은 통합체로서, 유현(幽玄)하지만 如如하리로다.[16)

3. 만상의 근원처 추적

시원(始原)은 사물이나 현상 따위가 비롯되는 처음이고, 근원(根源)은 사물이나 현상 등이 비롯되는 본바탕이며, 출생처(出生處)는 어떤 사람이 태어난 장소이다.[17) 단어 앞에 어떤 주어를 붙이는가에 따라 관심과 논거를 둘 방향이 달라지기는 하지만, 그것이 무엇이든 시원과 근원과 출생처

---

15) 위의 논문, p.7.

16) 『동양 교육고전의 이해』, 김효선 외 2인 공저, 이화여자대학교 출판부, 1988, p.88.

17) 다음 사전, 시원, 근원, 출생지.

는 인류 앞에 가로놓인 항구적인 진리 탐구 목표이고, 해결해야 할 정신적 과제이다. 우주의 시원, 만물의 근원, 만법의 출생처 등등. 그중 근원은 바탕체란 뜻과 함께 본바탕을 두고 시작한다는 뜻도 지녔다. '종의 기원'이라고 했을 때의 기원(起源)은 사물이 발생한 근원을 뜻한다. 살핀 바대로, '근원'은 첫 출발을 있게 한 시작점인 동시에 원인 바탕이란 의미를 지녔다. 만상의 근원처를 추적한다고 하면, 첫 시작을 있게 한 바탕체를 찾는다는 뜻이 된다. 우주의 시원, 혹은 종의 기원을 밝힌다고 했을 때, 그것은 역사적인 추적과 함께 종국에 인식이 머물 곳은 바탕이 된 본체이다. 종이전, 사물 이전, 현상 이전, 세계 이전, 우주가 생성되기 이전이다. 거듭 말해, 근원은 근원으로부터 시작된 것 일체와는 차원을 달리한다. 무슨 말인가 하면, 종의 기원을 종을 통해 찾는 탐구 방법은 어떤 노력과 세월을 통해서도 불가능하다는 뜻이다.

또 한 가지 공통된 것은, 시원이든 기원이든 근원이든 어떤 시작점을 불문하고, 정말 아무것도 없는 無로부터는 무엇도 출발 자격을 가질 수 없다는 사실이다. 반드시 근원적인 본바탕과 함께해야 하며, 그것이 정말 무엇인가 하는 것은 **"만상의 근원성 추적"**과 함께 밝혀야 할 과제이다. 우리의 생명적 출생처는 부모님인 것처럼, 종의 기원은? 만법과 우주의 시원은? 역사적인 첫 출발점 추적이 아닌, 모든 것을 있게 한 원동력과 조건을 갖춘 바탕체가 무엇인가에 관한 물음이다. 여기에 인류의 지성들이 깨어 있지 못해 집단으로 착각한 사실의 한 가지로, 시작은 근원으로서의 조건이 미약하지만, 무수한 세월 동안 하나하나 갖추게 되어 오늘날 완비하게 되었다는 생각이다. 이것은 한 마디로 "無로부터의 창조"설을 코웃음으로 비판한 과학자가 정작 자신은 아무것도 없는 無로부터 복잡한 원리, 법칙, 조직 기관이 생겼다고 주장하는 것과 같다. 없는 가지를 새로 늘리고, 없는 잎을 새로 돋게 하는 것은 뿌리가 있어서이지 가지와 잎 자체에 있지 않다. 강물의 세찬 흐름을 보라. 한꺼번에 큰비가 오면 홍수가 나지만, 근원지가 고갈된다면 결국 메말라 버린다. 그런데도 변하고 변해 새로운 종이 되었다고 한 진화론은 종 자체가 근원적인 창조 능력을 지녔다는 말이다. 이 같은 착각을 어떻게 해야 바로잡을 수 있는가? 근원을 추적해서 근원이 갖추어야 할 조건을 확실히 밝히는 것이다. 그리해야 만 영혼을 하나님에게로 이끌 역사 추진 방향을 지침할 수 있다. 사전에 조건을 완비하고 있어야 한다는 사실을 알아야 온갖 이설을 잠재운다.

만상의 근원처를 찾기 위해서 첫 출발 상태를 현재 존재하고 있는 만물로부터 추적하면 한계성의 절벽에 도달하고 만다. 고대 그리스의 자연 철학자들이 추적한 방법과 현재의 과학자들이 이 같은 방법 범위 안을 벗어나지 못하고 있다. 원인에 대한 원인 추적 방식은 세계의 본질을 한정적으로 본 탓이다. 그것은 앞에 보이는 언덕이 세상의 끝인 줄 알고 힘껏 올랐는데, 오르고 보니 또 다른 언덕이 펼쳐져 있는 것과 같다. 방법을 달리해야 하므로, 선결 조건은 무엇보다도 세계의 본질적인 구조와 함께, 천지만상이 어떻게 창조되었는지를 아는 것이다. 누가 이런 사실을 애써 알고자 했는가? 무지했던 것이 지난날의 역사 상황이다. 그렇다면 천지는 정말 어떻게 창조된 것인가? 무엇에 근거해서 우주와 만상이 존재했는가? 지성들이 미처 알지 못한 것일 뿐, 창조주인 하나님은 진리의 성령으로서 계시한 발자취를 남겼다. 그것이 동양의 성리학자들이 주장한 태극 창조론이다. 동양 우주론의 주축인 태극론은 우주론인 동시에 창조론인데, 본의를 알기 전까지는 창조론다운 창조론으로서 자리매김하지 못했다. 창세기에서처럼 하나님이 말씀으로 첫째 날은 빛을 창조하고, 둘째 날은 궁창, 셋째 날은 바다, 땅, 식물을 창조하고…… 일곱째 날은 안식하였다는 식의 주장이 아니다. 수학의 공식처럼 도식화하여 상징 의미를 함축해 창조 과정과 창조된 본의를 소상히 밝혔다.

송나라 성리학자인 주돈이는 우주 생성론을 그림으로 나타내고 설명을 곁들인 『태극도설』을 지었다. 그는 여기서 무극이태극(無極而太極)이란 의미심장한 말을 적었다. 그 의미를 각성할진대, 실로 역사상 어떤 문화권에서도 지혜를 구하지 못한 천지 창조의 첫 시작점을 초점 잡은 인식이다. 상징적인 말인 만큼, 무극의 진의를 해석하는데 후인들이 풀어야 하는 의무가 도사렸다. 무극, 그곳에 천지 우주가 생겨난 실마리인 본체 근원과 하나님이 성령으로서 계시한 창조 원리가 함축해 있다. 그것이 무엇인가? 성경에서 "하나님이 태초에 천지를 창조하시니라"라고 선언하기 이전의 사전 창조 역사 내력을 태극론을 통해 밝힌 상태이다. 무극은 말 그대로 태극화되기 이전 단계의 본체 상태이고 창조 이전, 하나님이 천지를 창조하고자 한 뜻조차 품지 않은 단계이다(무극 본체). 그런데 이런 본체 상태로부터 태극화된 것은 하나님이 이루고자 한 뜻 탓이다. 하나님이 자체를 닮은 자녀를 두고자 하였고, 그를 위해 천지 우주를 함께 창조하기로 작정한 것은 진정으로 원한 사랑하는 마음의 발동이다. 그런 마음을 가짐과 함께 뜻한 의지대로 몸 된 본체가 무극 본체 상태에서 태극 본체 상태로 극대화되었는데, 이것이 바로 창조 본체(태극 본체, 통합 본체)이다. 이런 본체 상태를 주자는 "극진하고 지극하여 이름을 붙일 수 없다고 하였다."[18] 주자가 태극을 이렇게 말한 의도는 태극을 理로 본 탓이다. 즉, 태극은 천

---

18) 『주자대전』, 권36, 答陸子靜.

지 만물 본연의 理이다. 본연의 理란 창조 理란 뜻이다. 무극의 極을 극대화함으로써 천지 만물을 창조할 수 있는 바탕 본체를 이루었다. 천지 만물을 창조할 이치, 원리, 법칙, 운행 메커니즘을 구축한(소프트웨어) 완비 체제인 탓에, 그것은 창조 理로서 대변되는 통합 본체 상태이기도 하다. 천지 우주를 있게 한 에너지와 시스템과 질료 바탕을 두루 갖춘 상징적인 도식이 곧 無極而太極이다. 태극은 『주역』의 「계사전」에 나오는 말이다. "태극은 양의[음양]를 낳고, 양의는 사상(四象)을 낳고, 사상은 팔괘(八卦)를 낳고, 팔괘에서 만물이 생겨난다"[19]라고 함으로써, 태극이 만물의 본질이고 삼라만상 우주의 근본인 사실을 천명하였다. 이런 태극론에서 주목할 것은 다른 사상과 문화 영역에서는 언급하지 못한 창조 이전의 출발점과 이행된 창조 과정을 無極而太極을 통해 적시한 사실이다. 그 사상사적 의미를 지성들은 실인해야 한다. 무극과 태극이 본체로서 이행될 수 있는 것은 창조 역사가 단행되기 이전에 이미 모든 준비가 완료된 스탠바이 상태이기 때문이며, 사전에 준비된 절차를 거쳐 말씀으로 命한 바 "하나님이 가라사대, 빛이 있으라 하시매 빛이 있었고……" 창조의 가시적인 출발 역사가 있게 되었다. 命한 즉시 감아 놓은 스프링이 풀리듯, 천지 만상이 한꺼번에, 순식간에 창조되었고, 구축 시스템이 일사불란하게 작동하였다. 천지 우주의 첫 시작은 결코 無로부터가 아니다. 이미 모든 것이 마련된 有한 시스템의 작동으로부터 출발하였다. 그러므로 태초의 창조 역사는 하나님의 命함과 함께 모두 완료되었다. 그것이 태극론이 밝힌 태극→양의→사상→팔괘→만물로 이행된 일련의 창조 역사 과정이다. 태극으

---

19) 「주자의 교육사상에 관한 고찰」, 최도형 저, 공주대학교 교육대학원, 중국어교육, 석사, 2014, p.30.

로부터 양의 된 음양은 만상의 생성 운행을 상징한 시스템 체제로서, 영원히 有한 지혜 메커니즘을 대변한다. 하나님이 지혜를 다해 구안한 창조 역사 실현 원리이다. 완벽하게 구축한 시스템을 통해 하나님의 항구적인 본질성을 세계 안에서 재현하였다. 영원히 有한 창조 본성을 영원한 생성 체제로 구조화했다. 그래서 천지 창조 역사이다. 그 역사적인 실현의 진리적 근거가 우주 법칙이고, 결정 원리이며, 세상 이치이다. 창조로 결정된 원리, 그것이 바로 理이다. 이런 이유로 태극론은 천지 창조의 근원 된 출발과 과정과 절차를 빠짐없이 적시한 위대한 동양식 창조론이다. 세상 어디서도 이것 이외는 구할 것이 없는 계시 지혜이다. 누가 계시한 것인가? 창조 이래 한순간도 놓침 없이 역사하여 강림한 보혜사 진리의 성령이다. 그 정체성을 확인하는 순간, 인류는 **"본의 창조"**설의 진의를 깨닫게 되리라.

이렇듯 만상의 근원처를 추적하기 위해서는 첫 출발을 있게 한 진상부터 파악해야 한다. 세계는 현재 존재한 세계 이외에도 세계를 있게 한 바탕 세계가 있다는 사실을 알고, 이것을 구분해야 한다. 그리해야 세계 안에서 만상의 시원을 찾고자 한 노력을 중단하고, 첫 시점을 창조 이전의 세계에 맞출 수 있다. 이것이 근원처 추적의 전환 조건이다. 그리해야 이전까지는 보아도 보지 못한 시원 세계가 비로소 눈에 들어온다. 선각은 말하길, "道의 큰 근원이 하늘에서 나왔다."[20] "만법은 眞如로 말미암아 존재하고, 모든 부처가 眞如로 말미암아 귀결되어 믿음의 근본이 眞如에 있다고 하였다."[21] 하늘과 眞如가 참으로 천지 만상과 만법을 있게 한 근원이

---

20) 『동양 교육고전의 이해』, 앞의 책, p.189.

21) 「대승기신론의 인간 이해와 교육학적 의의」, 허종희 저, 전남대학교 교육대학원, 교육학, 석사, 2017, p.72.

다. 그런데도 그렇게 깨달은 사실을 통해 알 수 있는 것은 무엇인가? 숱한 각성과 선언에도 불구하고 天과 眞如와 道가 만물의 시작이고 근원이라고 말한 것 이외는 진척이 없었다. 이 연구도 창조 본체가 천지 만물의 근원이고 바탕이라고는 하였지만, 역시 단언한 것만으로는 부족하다. 저 멀리 우뚝 솟은 지리산 천왕봉은 어디서도 바라볼 수 있지만, 직접 땅을 밟고 올라가 보기 전에는 정상의 모습을 알기 어렵다. 보는 것만이 전부가 아니란 뜻이다. 만상의 근원처 추적도 창조된 과정과, 그렇게 해서 결정된 세계 구조와 시스템까지 알아야 한다.

천지 운행은 하나님이 창조를 命함과 함께 하나인 통합 본체가 양의 됨으로써 생성을 시작한 것인데, 정작 구조 속인 생성 시스템 안에서는 창조된 시작점이 있는데도 영원히 순환하고 있는 궤도 속에 파묻혀 버린다(無始無終). 음이 동하여 극에 달하면 양이 되고, 양이 극에 달하면 음이 된다고 한 운동 방식이다. 창조 본체의 有함 본질성을 지속하기 위해 존재 본체로 이행한 생성 시스템 구축이다. 시스템 전체가 생성하는 과정이다 보니 어디서도 세계 안에서는 궁극적인 근원처를 찾을 수 없었다. 근원 된 본체가 따로 있어서이다. 생성하는 시스템 안에서 출생처를 찾는 것이 불가능하다. 근원처는 창조 이전에 있어 창조된 결과 세계 안에 있지 않다. 그런데도 진화론은 무수한 세월을 담보로 세계 안에서 종의 기원을 추적하였다. 그렇다면? 창조 역사보다도 더 앞선 무극 본체를 근원으로 삼아야 했다. 근원 된 본체 상태는 아예 창조 역사가 진행되지 않은 단계, 아예 나지 않아 滅함이 있을 리 없고, 아예 生하지 않아 죽음이 있을 리 없다(『반야심경』). 생멸 현상과 생사가 존재한 세상 안에서는 그 어디서도 만상이 출생한 첫 실마리가 없다. 이런 창조의 실가닥을 휘어잡아야 만변·만화한 작용 현상의 숲을 헤치고, 궁극적인 본원처를 찾아낼 수 있다.

기본적인 판단 지침은 원인 면이든 작용 면이든 원동력 면이든, 창조된 세계 자체는 궁극적인 근원처, 곧 창조 因을 가지지 못했다는 사실이다. 이런 사실이 천지 만상과 작용 현상을 피동성과 능동성으로 구분시켰다. 중국의 성리학자 정이(程頤)는 말하길, "한번 음이 되고 한번 양이 되는 것은 그렇게 하게 시킨 것이 있다. 즉, 그렇게 되게 한 것이 道이고, 氣와 대비된 理이다"[22]라고 하였다. 아무리 살펴도 천지는 피동성뿐이라, 뭇 존재가 있고 질서가 있고 정연한 법칙이 있는 것은 스스로 그렇게 갖출 수 없는, 그렇게 되도록 한 또 다른 주동 의지가 요청된다. 이런 필연적 조건이 창조를 이룬 본체 道와 창조된 존재 理를 구분 짓게 한다. 창조 역사로 인해 창조 본체(본체 理)가 존재 본체로 이행된 것이 氣일진대, 그 추적이 氣→본체 理(태극)→무극이다. 이런 근원을 향한 창조 과정 탓에 현상 질서 안에서는 자체의 근원처를 찾지 못했다. 결정(창조)된 세계와 결정한 본체는 차원적으로 구분된다. 지난날 창조된 세계 안에서 만상의 근원처를 찾은 것이 명확한 잘못이다. 확인한 세계적 특성을 근거로 근원처를 유추할 수는 있지만, 직접 찾아내지는 못했다. 현재 지닌 질서 조건으로 궁극적인 근원처를 추적하다 보면, 어느 시점에서는 길이 사라져 버리는 한계성의 절벽 앞에 이르고 만다.

그것은 운동의 제1 원인을 찾아 나선 서양의 지성들이 도달한 결론과도 같다. 운동을 일으킨 최초 원인을 찾고, 그 원인의 원인을 찾아 나섰지만, 결국 "물질은 운동을 받아들이고 전달하나 운동을 일으키지는 않는다.

---

22) 「주자의 교육사상에 관한 고찰」, 앞의 논문, p.31.

운동의 제1 원인이 물질 안에는 없다."[23] 곧, 창조 因을 찾을 수 없다. 그러면 어디에 있는가? 동양인이 말한 道에 있다. "道는 만물의 근원이면서 자연법칙으로 시공을 초월해 존재하고, 만물 생성에 무차별적으로 작용하는 궁극적 실재로서, 혹은 일정하고 연속적인 법칙으로 운동·변화하는 원인으로 천지 만물의 변화를 전개한다."[24] 주목할 것은 道의 근원 된 자격 조건에 해당한 초월성이다. 본의를 모를진대, 차원이 다른 근원처를 추적하기 어렵다. 자연법칙과 시공을 초월한 道가 어떻게 말미암은 천지 만물과 구분되는지를 알아야 한다. 노자는 有가 모두 無로부터 시작되었다고 했지만, 有와 無를 구분 짓는 보이지 않는 창조선이 가로놓인 것을 볼 수 있어야 한다. 출생처는 출생한 바탕과 질서 형태가 다르다. 이런 근원처로서의 창조 바탕, 창조 본체, 창조 본성을 표현할 방도가 없으니까 道를 만물의 시원이자 근원으로서 자기 원인이며, 원인 자체란 말로서 표현하였다.

근세 철학의 아버지로 알려진 프랑스의 데카르트(1596~1650)는 『철학의 원리』에서 실체에 대해 정의하길, "우리는 실체를 오로지 존재하기 위해 어떤 타자에도 의존하지 않으면서 존재하는 어떤 것으로 이해한다고 하였다. 스피노자(1632~1677)도 『에티카』에서 자기 원인 개념을 통해, 그것의 본질이 존재를 포함하는 것, 또는 그것의 본성이 존재한다고 생각할 수밖에 없는 것으로 정의하였다. 실체에 대한 개념 역시 실체란 자신 안에 있으며, 자신에 의해 생각되는 것, 그것의 개념을 형성하기 위해 다

---

23) 『루소의 교육론 에밀』, 안인희 저, 서원, 1993, p.206.
24) 「노자에서 본 무위자연의 교육 사상」, 박상욱 저, 강릉원주대학교 교육대학원, 윤리교육, 석사, 2009, p.8.

른 것의 개념이 있어야 하지 않는 것이라고 하였다."[25] 과연 이들이 말한 조건을 만족시키는 궁극적 실재(ultimate reality)란? 창조 역사를 실현한 유일 절대적인 자존체인 하나님이 아닌가? 애써 필연적인 인과 고리를 끊기 위한 노력이며, 그런 방법으로 궁극적인 근원처를 창조된 결과 세계와 구분 짓고자 하였다. 한마디로 세계는 창조된 탓에 원인 없이 존재할 수 없고, 하나님은 창조주인 탓에 조건 없이도 존재할 수 있다. 그것이 곧 자체로서 원인자인 하나님이다. 노자가 道는 스스로 그러함을 본받는다(道法自然)[26]라고 한 것은 천지 만물을 낳은 창조 道의 자족 시스템으로 인한 만상의 생성 시스템과의 차별화를 선언한 것이다. 현상적인 질서를 근거로 근원처를 찾으면 막다른 골목에 다다라 추적할 가닥이 끊겨버린다. 세상 질서와 온갖 변화를 일으킨 바탕으로써 현상 질서의 근거가 되고, 그런데도 인식할 수 없는 실체가 곧 몸 된 하나님의 창조 본체이다.[27] 그런 원인 충족체란 천상천하를 통틀어 유일하다. 세계는 오직 하나일 수밖에 없고, 하나로 존재할 수밖에 없는 몸 된 하나님의 본체로부터 천지 만물이 창조된 탓에, 지성들이 그토록 찾아 헤맨 만상의 근원처, 만법의 출생처, 대우주의 생성 시원이 오직 한 지점, 한 시점, 한 근원으로 모였다. 유일한 처소인 외통수 길로서, 하나뿐인 본원이다. 세상에는 하나님 한 분과 하나님으로부터 말미암은 천지 만상이 존재할 뿐이다. 이것이 **"만상의 근원처 추적"**에 대해 이 연구가 도달한 최종 결론이다. 하나님은 나의 아버지요 만유의 어버이이다. 오늘날 강림한 보혜사 하나님이 진리의 성령으로

---

25) 「노자의 도에 대한 본체론적 이해 비판」, 앞의 논문, p.28.

26) 『노자 도덕경』, 제25장.

27) 위의 논문, p. i .

서 밝힌 계시 지혜이나니, 이 같은 본의 뜻을 만 인류를 보편적으로 구원할 **"교육의 위대한 지침"** 근거로 삼아야 하리라.

4. 일심의 만변 · 만화

기독교인은 하나님이 유일신으로서 태초에 천지 만물을 지은 창조주란 사실을 굳게 믿고 있다. 근거로서 성경에서는 하나님이 이룬 낱낱의 창조 과정을 기록하고 있다. 그렇다면 그것이 알 수 있는 창조 역사의 전부이고, 그것으로 끝인가? 그런데 정말 그것만으로 끝이었다. 성경 기록을 사실의 역사로 알고, 하나님을 창조주로서 신앙한 것 이외에 창조론을 구체적으로 진척시키거나 원리적으로 접근한 노력은 없었다. 창조 사실에 있어서 가장 궁금한 문제인, 어떻게 유일한 하나님이 끝없는 우주와 헤아릴 수 없는 별과 삼라만상을 창조했는가 하는 것이다. 요약하면, 어떻게 一이 多를 있게 하였는가? 혹은 一로부터 多가 나왔는가? 철학 영역에서는 이런 문제에 대해 다각적인 설을 제기하였지만, 기독교에서는 전혀 관심이 없었다. 이유는 오직 한 가지 一과 多, 즉 하나님과 만물을 이격시킨 탓이다. 하나님이 천지를 창조하였더라도 그것은 전적으로 주권적으로 발휘한 권능 역사로서, 하나님의 창조 권능이 작용한 것일 뿐, 하나님 자체는 피조물과의 관계에 있어 독립적이라는 생각이다. 성 아우구스티누스가 내세운 "無로부터의 창조"가 그러하다. 이것을 교리로써 수용한 기독교 창조론은 기본적으로 해결해야 할 一이 어떻게 해서 다변 · 다화되었는가에 관한 창조 원리의 진리적 해명을 진척시키지 못했다. 그야말로 하나님이 뒷

짐을 진 채 말씀의 권능만으로 창조 역사를 실현한 것이란 설을 굳게 믿고 따르는 것 이외는 다른 방도가 없었다. 창조 역사를 실현한 바탕 근거를 제거한 이상, 세상의 근거를 통해서는 인식적, 원리적 추적이 불가능했다. 창조에 관한 일체 정보가 차단되어 버렸다. 이 중차대한 사실을 깨닫지 못하는 한 기독교가 언젠가는 신앙적으로도 한계성에 처할 것이 기정사실이었다. 이 문제를 어떻게 할 것인가? 권능 의탁이 아닌, 어떻게 해서 一로부터 多가 나왔는가? 하나님이 하나인 본체에 근거해서 천지 만물을 창조하였는가를 밝혀야 했다.

신플라톤주의 철학 학파의 창시자인 플로티노스(205~270)가 바로 이 문제에 대해 접근한 바 있다(流出說). 최고의 一者(초월적인 절대자=神)로부터 샘에서 물이 흘러넘치고, 태양이 빛을 방사하는 것처럼 만물이 유출되었다는 설로서, 기독교 창조론과는 차이가 있다. 하지만 그도 하나인 본체 바탕(一者)으로부터 어떻게 다양한 만물이 나왔는가에 대한 메커니즘은 제시하지 못했다. 一者로부터 유출되었다는 단언만으로서는 안 된다. 세상을 통해 알 수 있는 것은 유출된 결과 모습이고, 一者가 만물을 유출하기 이전에 어떤 창조 과정을 거친 것인지에 관한 것은 오리무중이다. 一者의 권능 작용에 의존한 것은 기독교 창조론과도 다를 바 없다. 또한, 유한한 세계에 神이 내재한다고 보지 않은 점은 범신론과도 관점상 차이가 있다. 서양 사상은 전체 관점이 현상(가지) 세계에 머문 탓에, 만물을 유출한 뿌리 본체의 작용 메커니즘을 엿보는 데까지는 한계가 있었다. 판단컨대, 한계성에 직면한 이유는 세계 구성이 현상계만으로 되어 있지 않기 때문이다. 창조론도 조건은 마찬가지이다. 현상적 질서에만 근거해서는 창조 방정식을 풀 수 없다. 진리, 세계관, 역사 등등. 일체 영역이 모두 그러하다. 이런 사실을 알고 동양인이 일군 본체 문명에 주목해야 한다.

　기대한 대로 본체 영역을 담당한 동양 문명의 진리 전통 안에서는 一로부터 어떻게 천지 만물이 나왔는지, 만변·만화로 일으킨 궁금한 작용 실마리를 본체 논리로 찾을 수 있다. 동양의 三敎는 한결같이 이런 문제에 대해 치열하게 숙고한 지적 발자취를 남겼다. 앞서 밝힌 『주역』에서는 태극→양의(兩儀)→사상(四象)→팔괘(八卦)를 말했고(계사 상전), 『노자 도덕경』 제42장에서는 "道生一 一生二 二生三 三生萬物"이라고 하였으며, 원효는 一心을 통해 "천차만별의 생멸 기복하는 만유 제법이 다 一心 중의 현상에 불과하고, 一心 중에 포섭되지 않는 것이 없어 세계 전체가 곧 心이고, 心이 곧 세계 전체라고 한 만법 유일심론(萬法 唯一心論)을 역설하였다."[28] 일련의 절차로 만물을 생성시킨 태극, 道, 一心이란 정체는 도대체 무엇인가? 지난날은 이런 본체 특성을 밝힐 수 있는 근거가 세상 안에서는 없었다는 데 있다. 그래서 보아도 볼 수 없는 묘체라, 보려고 해도 보이지 않는 夷(이)요, 들으려 해도 들리지 않는 希(희)이며, 찾으려 해도 체험을 얻을 수가 없는 微(미)라고 표현하였다(『노자 도덕경』, 제14장). 칸트는 아예 인식할 수 없다고 하여(물 자체), 접근 가능성을 부인하기까지 하였다. 이것은 본체 바탕인 一의 차원적인 특성을 간파하지 못한 탓이다. 창조 역사를 기준선으로 했을 때, 창조 이전에 있는 것이 태극이고, 道이고, 一心이란 사실은 깨달은 자들도 알지 못했다. 그것을 본의에 근거해서 밝힐진대, 창조 역사를 실현하기 위해 일체를 갖춘 통합성 본체 상태이다. 생성하는 측면에서 다시 말하면, 일체를 갖추고 있으면서도 말씀의 命이 있기 이전이라 생성 역사가 시작되지 못하고, 가시화되지 못한

---

28)　「기신론 일심 사상의 성립사적 연구」, 노권용 저, 동국대학교, 석사, 1977, pp. 58~61.

상태이다. 이런 통합성 상태는 다양한 측면에서 유추할 수 있는데, 존재적으로는 존재하면서도 현상적으로는 존재하지 않은 상태이고, 인식적으로는 존재하고 있는 데도 인식할 근거가 발현되지 못한 상태이다. 말 그대로 묘체인 탓에 空, 眞如 등으로 불렀다. 생성과 분열을 첫 출발선으로 잡은 진화론, 유물론 등이 왜 한계성을 지닌 관점인지 이해할 수 있다. 그렇게 판단한 것이 전부가 아니었다는 것, 오히려 그렇게 제한성이 두드러진 탓에 창조 이전, 생성 이전의 본체 상태를 통틀어 하나로 본 것은 타당하다.

지성들은 오랜 세월 동안 일원론과 이원론 문제를 해결하고자 논란을 벌였다. 첫 근원은 하나이고, 단원인 것이 맞다. 그리고 이원론은 판단 관점을 생성 이후에 맞춘 상태이므로 창조론으로서 지녀야 하는 기본적인 조건을 상실하였다. 어떡하든 창조론은 일원론을 근거로 어떻게 다원화를 실현한 것인지에 관한 메커니즘 문제를 밝혀야 했다. 그런 요구 조건을 동양의 태극, 道, 一心이 갖추었다. 유일한 한 분 하나님이 어떻게 몸 된 본체를 근거로 천지 만물을 창조하였는가 하는 문제와 다르지 않다. 태극의 창조 원리는 하나님의 창조 원리와 상통한다.

우리는 흔히 하나님이 태초에 하늘과 땅과 빛과 태양, 물질, 생물 등을 지금 보고 있는 것처럼 완성된 모습으로 창조한 걸로 알지만, 전혀 그렇지 않다. 창조 이후로 무한한 생성 세월을 거친 만큼, 처음 모습이 지금과 같을 수 없다는 점은 분명하다. 그렇다면? 첫 우주는 겨자씨보다도 작은 점 하나로부터 생성 역사가 시작되었다. 그로부터 우주를 구성한 시공간이 거대해진 것은 그만큼 생성 역사의 무궁함을 시사한다. 一로부터 多化된 메커니즘 문제를 풀기 위해서는 중요한 두 가지 문제, 곧 어떻게 하나인 一이 공간적으로, 수적으로 확장, 확대되었는가이고, 또 한 가지는 어떻게 다양한 가지와 모양과 종으로 분화하였는가이다. 확장성과 다양성은 잠재력을 갖춘 통합성 본질이 창조와 함께 생성의 첫 발걸음을 떼고 이미 완비한 본체가 분열을 시작함으로써 이루어졌다. 이런 작용 현상은 감각기관을 통해서도 확인할 수 있다. 인체는 일체 정보를 담은 단세포가 나뉘고 갈라져 수백억 개의 세포로 분열한 것이다. 생성으로 인해 만변·만화한 근거이다. 하지만 인간과 나무는 질이 다르고, 금속 중에서도 금과 은은 특성이 구분되는데, 이런 현상은 어떤 메커니즘이 일으킨 작용 결과인가? 역시 이미 갖춘 통합성 본체로부터의 분화 작용이 주효했다. 서양은 이런 통합성이 갖춘 본체 존재를 보지 못해 세계관을 구축하는 데 있어 결정적인 오판이 있었다. 그렇다고 통합성 본체가 창조 역사와 함께 모든 것을 완성했다는 것은 아니다. 구조적으로 생성할 수 있는 소프트웨어를 구축해서 삼라만상이 존재할 수 있는 본질적 바탕을 마련한 것이다. 본체 차원에서의 통합적인 시스템 완비 체제가 생성하는 현상 세계 안에서는 성립할 수 없는 一心이고 一者 상태란 뜻이다. 그 一은 이교도들이 내세운 우상을 물리치고, 여호와 하나님만 유일한 神이란 뜻이 아니다. 창조의 유일무이한 바탕 본체로서의 하나님이다. 그런 측면에서 통합적인 조건을 갖춘 一心, 一者, 一元論, 道, 태극, 하나님은 분명 세상 조건으로서는 존립할 수 없다. 초월적이다. 그래서 세상 안에서 존재할 수 있도록 조건화하기 위해 절대 본체를 생성 시스템으로 구조화시키고 다변화시킨 것이 만물, 만상, 만생이다. 一心, 一者 상태로서는 현현할 수 없으므로 절대적인 본체를 화현시킨 것이 천지 만물이다. 드러날 수 없는 一을 드러날 수 있게 창조 본체를 이행시켰다. 그것이 覺者가 깨치기는 했지만 설명하지는 못한 色卽是空, 空卽是色 상태, 즉 원인과 결과, 닭과 달걀을 동시에 창조한 존재 본체 상태이다. 그래서 우리는 나뉘고 구조화되어서야 존재할 수 있지만, 하나님은 우주의 생성 과정을 관장한, 처음의 알파와 종말의 오메가를 함께 본유한 창조주이다. 나눈 탓에 一의 多化 곧, 만변·만화가 가능하게 되었다.

그런데도 천차만별하고 무궁무진한 세계의 변화 현상은 궁금한 것이다. 一心의 통합적 특성을 모른 탓에, 진화론이 일체의 바탕 작용을 무시하고, 가지치기식으로 종의 다변 현상을 관철한 것은 짚고 넘어가야 할 문제이다. 하나인 一, 곧 창조 본체가 어떻게 천차만별한 천지 만물로 多化할 수 있었는가? 요술 주머니라서인가? 본체는 유일하지만, 하나님이 뜻한 창조 뜻과 목적이 몸 된 본체를 다양하게 하였다. 창조 역사를 단행하기 이전의 본체 바탕이 그러하다. 그런 본체에 근거해 성경 기록에서처럼 새는 새로서, 사슴은 사슴으로서 종이 결정되었다. 뜻의 결정과 목적에 따라 뭇 종이 창조된 것이나니, 그것이 창조 본체의 존재 본체화 과정이고, 일련의 절차를 거쳐 존재의 기질들이 결정되었다. 존재화된 바탕 기질이 국한된 것이다. 그러면서도 본질인 탓에 전체 본질과는 상통한다. 유교가 인성의 차이를 설명하고자 기질의 청탁(淸濁) 운운한 것이 이런 이유 탓이다.

또한, 창조 본체의 이행으로 뭇 존재는 하나님의 목적 因을 제각각 본유하게 되었다. 이것을 유교에서는 理一分殊論으로 표현하였다. 태극 본체가 統體一太極을 가짐과 동시에 개개 존재 역시 各具一太極을 갖추었다고 본 초월성 논리이다. 이 말은 하나님의 몸 된 바탕 본체가 창조 역사를 통해 각각의 사물로 빠짐없이 이행되었다는 뜻이다. 이런 태극성을 모든 존재가 본유한 탓에 하나님의 창조 뜻이 놓침 없이 전달되고, 만인의 인생 삶을 빠짐없이 주관할 수 있다. 곧 만변·만화를 일으킨 메커니즘의 차별성 적용 근거이다. 목격할 수 있는 만변·만화된 현상적 모습에도 불구하고, 그 變과 化의 폭은 분명하다. 결정된 창조 因의 생성된 모습일 뿐, 본질적인 모습이 아니다. 그런데도 본질 작용 메커니즘을 꿰뚫지 못한 진화론은 밑도 끝도 없는 진화의 진행 방향을 가정해, 창조로 결정된 법칙과 거리가 멀었다. 하지만 적어도 태극과 道와 一心을 근원으로 본 동양에서는 易(변화)의 규칙성과 법칙성을 확실하게 구분했다. 만상은 창조와 생성을 본질로 한 탓에 多化, 다변할 수밖에 없지만, 그렇게 드러난 변화는 有한 창조 본성을 지속하기 위한 시스템적인 생성 과정일 뿐, 사물과 종 자체가 그렇게 결정한 법칙성과 원리성과 목적성을 뒤엎을 만한 창조 요인은 갖추지 못했다. 피조체의 한계성이 역력하다. 하늘 아래 새로운 것은 없다. 모든 것은 이미 창조되었다. 새롭다고 여긴 것은 잠재된 것이 생성한 탓이고, 생성의 바탕 뿌리를 간과한 탓이다. 품종을 개량하고 돌연변이도 일어나지만, 그런 변화는 한정적이다. 창조 역사를 실현한 메커니즘은 거대하다. 작용 법칙을 발견해서 이용할 수는 있지만, "無로부터의 창조"는 불가능하다. 만변·만화의 본질은 창조된 결정성을 유지, 전달, 지속하기 위한 체제이다. 본래 有한 창조 본질을 구조화시킨 화현 시스템이다. 바탕이 된 본체가 있는 탓에 생성으로 만물이 변화되지만, 본체 자체는 불변하다. 본체가 만물을 변화시키는 것인데, 화현된 뭇 현상이 어떻게 바탕이 된 본체를 변화시킬 수 있겠는가?

이에 장재는 말하길, "太虛는 형상이 없으나, 氣의 본체이다. 그것이 모이고 흩어지는 것이 변화하는 사물들의 일시적 형상이다(『正蒙』)"[29]라고 하였다. 장재는 太虛의 본체 작용에까지 인식이 미친 탓에 만상의 변화가

---

29) 『동양 윤리 사상의 이해』, 앞의 책, p.230.

50 교육의 위대한 지침

일시적인 형상이라고 간파할 수 있었지만, 진화론자는 사물 현상의 겉모습만 본 탓에, 그곳에다 창조 작용을 억지로 갖다 붙였다. 세상 무엇도 세계를 구성하는 요소로서 창조 因은 필수 조건이다. 太虛는 창조 본질이고, 氣는 化한 존재 본질이며, 이런 氣가 변화하는 것은 생성한 탓이다. 太虛는 空이란 형태로 존재하지만, 만물을 낳기 이전으로서 통합 본체인 탓에 비어 있는 본질로서 인식하였다. 氣가 모여서 만물이 되고, 만물이 흩어져 太虛가 된다고 한 것은 사물의 현상이 아닌, 본질의 작용 메커니즘을 설명한 것이다. 온갖 변화를 일으킨 "太虛는 담담하고 순수하고 무형이지만, 실제로 존재하는 것이므로, 無가 아니다. 그런 존재인 탓에 氣가 모이고 흩어지는 변화에도 일정한 질서가 있고, 생성과 소멸을 규칙적으로 반복한다. 氣로부터 생성한 탓에 만물이 형형색색이고, 사람과 사물 간, 聖人과 凡人 간 차이는 오직 氣의 오르고 내리고, 뜨고 가라앉은 정도의 차이에 있다."[30]

동양의 선현들이 관심을 가진 본체론은 우주론인 동시에 천지의 생겨남에 관한 문제를 진리적으로 해결하고자 한 창조론적 논거였다는 사실을 주지해야 한다. 원효가 말한 一心도 알고 보면 하나님이 창조 이전에 가진 뜻과 의지를 담은 본체이고, 하나님의 마음이 한뜻이란 말이다. "기신론에서는 衆生心, 如來藏, 自性清淨心, 眞如, 本覺 등으로 불렀지만, 그렇게 부른 이름이 중요한 것이 아니다. 통틀어 一心이라고 함에, 의미는 염정(染淨)의 모든 法이 본성이 둘이 없으며, 진망의 二門도 다름이 있을 수 없어 一이다. 둘이 없는 그곳이 모든 法 중의 실체라, 허공과 같지 않아 본성이

30) 위의 책, pp. 320~321.

스스로 신해(神解)하므로, 心이라고 이름한다고 하였다."[31] 지극한 일원론이다. 一心으로 개념과 法과 본성을 통합했다. 一心은 생성된 제 法의 실체로서 제 法을 초월하고, 창조 이전의 眞如門으로 창조 이후의 生滅門을 관장한다. 이런 특성 탓에 우리는 삶과 세계 어디에서도 生滅門의 문고리를 찾을 수 없다. 眞如門이 지녔다. 생성은 창조된 결과 시스템인 탓에 문고리는 생성 바깥에 있다. 피동체란 뜻이다. 인간이 나고 죽는 것은 운명적이다. 하늘의 뜻에 달렸다. 만사와 역사와 우주의 종말 현상이 모두 그러하다. 무궁할 것 같은 우주 역사에도 종말은 있다. 오직 一心만 영원하고, 창조 본체만 불변하다. 만변·만화는 근원 본체의 화현일 뿐이다. 하늘 아래서는 더 이상 새로운 창조가 없나니, 이것을 알아야 온갖 변화 위에 펼쳐진 창조 역사의 파노라마 실상을 엿보게 되리라.

5. 현상 즉 본체

부처가 수행으로 도달한 깨달음과 가르침을 추종한 수많은 覺者들이 남긴 법설을 보면, 현상 세계와는 차원이 다른 본체 세계를 직시, 관통하였고, 애써 전달하고자 한 것이 분명하다. 그런데도 그 법설의 시발에 해당한 연기법은 현상계의 본질을 꿰뚫은 것이라, 본체계 앞에 가로놓인 차원 관문을 통과하지 못한 상태이다. 물론 12연기는 부처도 다른 여래도 만들어낸 것이 아니고, 법계에 항상 존재한 법칙이라고 한 겸손함은 보였지만,

---

31) 「대승기신론소 별기에 나타난 원효의 교육 사상」, 이효령 저, 건국대학교 대학원, 논문집, 40집, 1995, p.132.

연기법의 현상적인 특성을 알아야 그것을 디딤돌로 해서 본체 세계도 볼 수 있다는 역설이 있다. **"현상 즉 본체"**란 창조 등식이 그것이다. 정각 이후로 후인들이 풀어야 할 과제를 안긴 것인데, 정말 이후 과정에서는 다양한 연기설이 출현하였다. 부파 불교의 업감연기(業感緣起), 중관파의 공사상(空思想), 유식 유가행파의 아뢰야연기(阿賴耶緣起),『대승기신론』의 진여연기(眞如緣起) 또는 여래장연기(如來藏緣起), 화엄종의 법계연기(法界緣起), 진언종의 6대연기(六大緣起)[32] 등등. 그중 대승 불교를 대표한 반야 계통 경전에서 말한 주요 사상은 空이다. 제 法은 自性 없이 空하고, 이것이 제 法의 실상이라고 한 관점을 취했다. 어쩌면 부처가 말한 연기적 실상을 한 치도 어긋나지 않게 수용해서 법맥을 계승했다는 자부심은 품겠지만, 한편으로 **"현상 즉 본체"**란 등식을 성립시켜야 하는 法적 과제는 간과하였다. 이것을 후세의 누가 풀었는가? 부처가 초륜 법륜으로 굴린 대법을 누가 완성했는가? 용수인가? 달마인가? 원효인가? 성철인가? 아니라면 佛法은 언제 어떻게 완성될 것인가? 覺者 또는 지성들이 한계성을 극복하지 못한 결정적 이유가 곧 현상계와 본체계 사이에 그어진 차원적인 창조선을 보지 못한 데 있다. 안목 여부가 선천의 진리관, 우주관, 본체관, 세계관을 결정했다. 이 선을 기준으로 삼아야 그들이 어떤 단계에 머물러 한계성에 직면한 것인지 이유를 안다. 연기법과 空사상 역시 그러하다.

연기법은 알다시피 "연(緣 : 인과 연의 통칭으로서의 원인)해서 생겨나 있다. 혹은 他와의 관계에서 생겨나 현상계의 존재 형태와 법칙을 말하는 것으로서, 세상에서 존재는 반드시 그것이 생겨날 원인[因]과 조건[緣]에서 연기적인 법칙에 따라서 생겨난다는 것을 말한다. 이런 법칙(緣起法)

---

32) 위키 백과, 연기.

을 원인과 결과의 법칙, 혹은 줄여서 인과법칙(因果法則), 인과법(因果法), 인연법(因緣法)이라고 한다."[33] 다시 말해, 연기법은 세상 가운데서 무엇도, 누구도 피할 수 없는 인과법칙으로서 현상계의 존재 형태와 법칙을 말한다. 이런 연기법을 空사상을 통해 체계적으로 정리한 중관파의 용수 등은 앞에서 말한 본체 개념과는 전혀 다른 해석을 가했다. "空이란 인연 따라 나타났다가 사라지는 과정으로서 불변한 경계와 실체가 없다. "空하다는 것은 모든 존재가 스스로 독립적으로 존재하는 것이 아니고, 상호 의존하여 존재한다. 어느 것도 홀로 생겨나지 않고, 서로 조건이 되어 생겨나며, 상호 의존적으로 존재한 탓에 개체성, 각자성, 혹은 실체적인 본성을 가지고 있지 않다"[34]란 입장이다.

만약 하나님이 지은 피조물을 정의하라고 한다면 어떻게 될까? 하나님을 기준으로 조물주에 의해 만들어진 것이라고 하리라. 하나님이 천지를 어떻게 창조한 것인지에 대한 정보를 알지 못하니까 지음 받은 피조물이 지닌 존재자적 조건과 특성도 규정할 수 없다. 용수의 해석은 그 같은 피조체적 특성을 갈파한 상태이다. 그것은 본체계로 나아갈 단계적인 디딤돌은 되지만, 그로써 法을 완성한 것은 아니다. 覺者라고 해도 창조된 본의는 몰랐고, 法과 道와 天과 진리를 창조 역사와 연관 짓지 못했다. 연기법과 용수의 空사상도 현상계가 지닌 피조체적 특성을 꿰뚫은 것이므로 화현시킨 연기, 空, 法의 창조 뿌리까지는 인식하지 못했다. 진정한 의미의 본의, 곧 창조 본체를 알지 못했다. 불교가 法을 기반으로 이 땅에 이상적인 불국토를 건설하지 못한 이유이다. 기독교의 "無로부터의 창조"교리

---

33) 위의 백과, 연기.
34) 「종밀의 인간론 연구」, 김미라 저, 이화여자대학교 대학원, 철학, 석사, 1996, p.10.

탓에 하나님의 나라 건설이 담보된 것처럼, 佛法도 결국은 가로놓인 차원의 강을 건너야 法의 세계를 완성할 수 있는데, 곧 본체 세계로의 진입 여부이다. 하나님은 믿음 있는 자에게 영생을 약속하였는데, 생자필멸인 세계에서 어떻게 역사가 가능한가? 의문을 가지게 되는 것은 우리가 가늠하는 것 일체가 현상적인 질서 안인 탓이다. 그것은 당연하다. 영생 문제는 현상계적 질서 안에서는 누구도 이해하기 어렵다. 본체계가 지닌 질서를 기준으로 삼아야 했나니, 본체는 본래부터 영원하였다. 그렇게 말할 것조차도 없다. 가늠하고 있는 시간 자체가 아예 없다. 생성이 없다.

언급했듯, 플라톤의 이데아론도 예외가 없다. 알다시피 "이데아론은 플라톤 철학 사상의 핵심 내용이다. 우주에는 특수적인 것과 보편적인 것이 있는데, 보편적인 것은 절대, 불변, 영원하다. 이렇게 보편적인 것을 이데아로 지칭했다. 그는 이데아가 참 존재이고 사물, 사람의 인식과 독립하여 존재한다고 하였다. 감각기관으로 접촉할 수 있는 구체적이고 변동하는 진실의 세계가 아니며, 영상의 세계이다. 따라서 세상을 두 부분으로 나누었다. 이데아계와 현상계가 그것이다. 현상계는 감각기관으로 접촉할 수 있는 세계인 탓에 가시계(可視界)라 하였고, 이데아계는 감각으로 인지할 수 없고, 오직 지성에 의해서만 알 수 있는 진리 세계라 가지계(可知界)라고 하였다."[35] 플라톤의 정의에 따른다면, 이데아는 본체계인 것이 맞다. 이데아가 참 존재이고 현상계는 그림자라고 한 것이 그것이다. 본체계가 지닌 특성인 천지를 낳은 바탕체 역할도 하는데, 이데아를 모든 존재 사물의 원인이라고 한 것이 그것이다. 일련의 조건 제시로 볼 때, 이데아는 정말 보편적인 것이 맞다.

---

35) 「플라톤과 주자의 기초교육론 비교 연구」, 앞의 논문, p.5.

서양의 중세 시대에는 보편 논쟁으로 일컬어진 실재론과 유명론이 맞붙었던 바, 결국은 보편적인 것은 이름뿐이라는 유명론이 득세하고 말았지만, 그것은 전적으로 현상계에 기준에 둔 결과론이다. 본체계에 기준을 두면 양상이 달라진다. 왜 이데아는 보편적, 절대적, 불변적이고 영원한가? 삼라만상 우주는 사실상 그 같은 본체 바탕을 모두 간직했다. 존재하는 것 일체가 이데아를 간직했다. 본질적인 바탕을 가졌지만, 현상계는 제각각 특수적이다. 창조 뜻과 목적대로 결정된 탓에 개물은 그 개물만 가진 특성이 있다. 또한, 현상계는 감각기관으로 접촉할 수 있지만, 왜 이데아계는 인지할 수 없고, 지성만으로 유추할 수 있는가? 현상계는 창조로 존재하고 생성하고 구조화된 탓에 결과지어진 근거를 감각기관으로 판단할 수 있지만, 이데아계는 정반대인 탓이다. 그런데도 세인은 지금도 이데아설에 대해 긴가민가한 상태이다. 본체계를 보고 실인하지 못한 탓이다. 세계의 실상을 거꾸로 보았다. 현상적인 질서 차원을 벗어나지 못했다. 플라톤에게도 문제는 있다. 세계를 이원화시켰지만, 관계를 밝히지 못했다. 왜 현상 질서에 반한 이데아계가 참실재이고 보편적이고 불변한 것인지, 현상계는 그림자인지, 현상과 본체를 창조 등식으로 연결하지 못했다. 창조를 매개로 메커니즘을 밝혀야 했지만, 시기상조였다. 그러니까 이데아계와 현상계가 이원화된 그대로 독립되고 말았다. 이데아의 본체 작용과 바탕 역할을 보지 못한 전형적인 한계 인식 결과이다. 뿌리에 해당한 본체와 단절된 오판이다. 하나인 창조 원칙에서 볼 때, 천지를 있게 한 근원은 유일하다. 따라서 현상계와 이데아계는 독립할 수 없고 양의[음양], 양립, 상대화될 수 없다. 일원, 하나인 통합성 본질 바탕으로부터 창조된 생성 세계, 곧 현상계 안에서 발현된 창조 역사의 결과 특성일 뿐이다. 이데아계와 현상계는 같은 차원 안에서 두드러진 대비 상태가 아니다. 부모와 자식은 같은 항렬이 아니다. 다시 구분하면, 이데아계는 바탕이 된 본체계이고, 현상계는 지은 바가 된 결정 세계이다. 본래는 본체계인 이데아계만 절대적으로 존재했지만, 그로부터 현상계가 드러나고 따로 구분된 것은 현상계가 본체계로부터 이행된 창조 과정을 거쳤다는 말이다. 없었던 세계가 나타나 이데아계와 구분된 것은 이데아계와 현상계가 본래부터 독립해서 존재해서도, 이데아계로부터 나뉘어서도 아니다. 세계는 정확하게 직시해야 한다. 천지가 어떻게 창조되었는가에 관한 메커니즘과 본질을 꿰뚫을 안목이 필요하다. 그것이 무엇인가? 하나님의 몸 된 본체로부터 이행해서 현상계가 드러났다. 그래서 **"본의 창조"**설은 그대로 "이행 창조설"이다. 이행(移行)은 본질은 변함없이 다른 상태로 옮기는 것이다. 이사를 하면 집의 구조와 크기, 가구 배치 등, 환경은 바뀌어도 가족은 달라지는 것이 없다. 나무를 이식하면 생태 조건은 달라도, 소나무가 느티나무로 변하지는 않는다. 본체로부터의 창조 역사도 그와 같다. 이데아계로부터 현상계가 구분된 것도 역시 이행되어서이다. 창조 본체 자체가 달라진 것은 없으며, 존재 방식과 조건과 형태만 달라진 것인데, 이런 변화 상태를 일컬어 이연구는 화현(化現)이란 말을 썼다.

하나님의 위대한 창조 본의는 다름 아닌, 化的 시스템 구축이자 완성이며 모든 가능성의 실현이다. 하나님이 몸 된 절대 본체를 무극→태극→양의 과정을 거쳐 완벽하게 이행시켰다. 다시 말해, 하나님의 몸 된 본질을 창조 역사를 통해 고스란히 옮겨 놓았다. 단지, 화현시킨 방식이다 보니 세인이 분간하지 못했다. 변장하고 나서면 다른 사람인 것으로 알듯이…… 세계는 神적 본질의 구현체라, 스피노자의 "神卽自然"이란 범신론 명제는 결코 헛말이 아니다. 창조된 메커니즘을 밝히지 못해서일 뿐……
하나님의 절대 본성과 권능인 본래의 有함성, 불변성, 항구성……을 존재
적으로 화현시켰다. 그것이 창조 역사의 결과 경위이다. 바탕 본질이 연면
한 탓에 창조 역사의 대결론은 결국 **"현상 즉 본체(이데아)"**이다. 단지, 본
체는 창조 역사를 주관한 능동적인 창조 因을 가졌지만, 현상은 그렇지 못
한 차이가 있을 뿐이다. 하지만 무엇이 가지이고 뿌리이든 나무란 사실에
는 변함이 없다. 현상으로 화현했다고 해서 하나님의 본체가 아닐 수는 없
다. 화현된 현상계가 분열을 다 해 멸한다고 해서 걱정할 필요도 없다. 바
탕이 된 본체가 존재하고 있다. 설사 지구에 종말이 온다 해도, 태양계가
대폭발로 사라진다 해도, 우주적인 측면에서는 세계의 영원성을 지속하기
위한 생성 과정일 따름이다. 지금까지 수없는 별과 종과 생명체가 명멸했
지만, 대우주의 본체 뿌리는 살아 있다. 그 대서사적 이행 창조 역사를 플
라톤은 善의 이데아→이데아→현상계로서 구분한 바, 하나님의 절대 본
체(무극, 절대 理, 절대 道)→창조 본체(태극, 통합성)→존재 본체(氣적 본
체)로의 이행 절차와 같다.

　이런 창조 역사의 이행 과정은 유교가 논거를 둔 理氣적 본체론을 통해
더욱 상세하게 파악할 수 있다. "11세기의 아시아에서는 선불교와 도교적
자연주의자들 사이에 나타난 충돌과 대립에 대하여 주자는 정신적 본체인
理와 氣를 결합한 새로운 이원론적 세계관을 수립했다. 즉, 세계는 理와
氣 가운데 어느 하나로만 되어 있는 것이 아니다. 양자의 결합으로 이루어
진다. 사물이 이루어진 뒤, 보편적인 하나의 理는 그 사물의 특수한 본성
적 원리로 변형되어 사물에 내재한다고 본, 자연 만물은 佛性의 일시적 환
영이 아니고, 특수한 원리와 본성을 가진 실재로 간주해 개별적 사물에 대

한 格物과 지식의 획득이 가능하게 되는, 理는 하나이지만 나뉜 것은 다르다"[36]란 이론을 제시하였다. 이데아론과 달리 理와 氣의 결합을 통해서 연결과 관련성 문제를 풀려고 한 것은 진일보한 인식이다. 하지만 그것은 결코 결합도 이원론도 아니다. 이행된 관점 위에 서야 한다. 창조된 세계 안에서는 理와 氣의 동시 결합이 맞지만, 理와 氣와의 본질적 관계로서는 독립적인 존재 요소가 아니고, 理로부터의 이행, 곧 창조 본체(理)로부터 존재 본체(氣)로의 이행이다. 理가 창조 역사를 통해 뭇 존재를 이룬 바탕체로 氣化되었다.

이행 특성을 잘 포착한 것은 율곡 이이의 이통기국(理通氣局)론이다. 理는 통하고 氣는 국한된다. 즉, 理는 바탕 본체로서 온갖 형질을 결정한 것이므로 유현한 것이고, 氣는 창조 목적을 이루기 위해 개물의 특성이 결정된 본질체이므로 국한되었다. 흔히, 유물론자는 理의 形而上學적인 본질성을 무시하고 氣를 물질적인 것으로 보아 대비하길 선호하였지만, 氣는 단연코 물질이 아니다. 뭇 존재의 바탕을 이룬 理의 化된 본질로서, 어디까지나 본질 영역 안에 속해 있다. 보편적인 하나의 理는 창조 이후 사물 안에서 그 사물의 특수한 본성 원리로 변형되어 내재한다. 그 변형이 곧 理가 이행한 氣이다. 理는 하나인데, 이행으로 형태는 달라졌지만, 화현된 탓으로 달라졌다고 본 것은 이행된 본체 뿌리를 보지 못해서이다. 이것이 선천 세계관의 한계이다. 이런 문제 탓에 성리학적 본체관은 理氣의 불상잡(不相雜)과 理氣의 불상리(不相離) 주장을 두고 치열한 논쟁을 벌였다. 理氣不相離란 말 그대로 理와 氣가 절대로 나뉘거나 떨어질 수 없다는 것이고, 理氣不相雜은 理와 氣가 절대로 섞일 수 없다는 것이다. 무엇

---

36) 「주자의 교육사상에 관한 고찰」, 앞의 논문, p.9.

이 옳고 틀린 것인가? 여전히 판단할 기준이 서지 못한 탓에 제각각의 주장으로 남아 있다. 정확한 판단 기준은 무엇인가? 이행 창조 본의이다. 본체적 관점에서는 理氣不相雜한 것이 맞다. 기독교인의 믿음처럼 창조주 하나님과 피조체인 인간이 감히 같을 수 있는가? 바탕이 된 절대 理와 화현 된 존재 氣와의 관계 역시 그렇다. 하지만 절대 理는 창조 역사가 실현되기 전까지만 그렇다. 절대성은 어떤 창조 역사의 화현에도 불구하고 불변한 사실에는 변함이 없다. 하지만 창조된 결과 관점에서 본다면 理氣不相離한 것이 맞다(현상 즉 본체). 절대 理의 이행으로 氣化된 탓에 뭇 존재는 어김없이 하나님의 창조 본체인 各具太極을 갖추었다. 이것이 현상계 안에서 理氣가 不相離한 당위 근거이다. 이런 기준에 근거한 심판관은 과연 누구의 손을 들어줄 것인가? 어느 쪽도 상처 입지 않고 원원할 수 있는 자상한 설명이 필요할 뿐이다. 이런 경우에는 절대적인 기준을 고집할 수 없다. 본체계를 기준으로 삼으면 理氣不相離가 부정되고, 현상계를 기준으로 삼으면, 理氣不相雜이 부정된다. 그것보다는 기준을 바꾸어 理氣不相離의 경우는 현상 질서를 기준으로 맞는다고 하고, 理氣不相雜의 경우는 본체 질서를 기준으로 옳다고 하여 양쪽 다 손을 높이 들어줌이 마땅하다.[37] 그 자상한 설명이란 무엇인가? **"본체 즉 현상"**이 정답이다. 空과 色, 이데아와 현상, 理와 氣는 다르지 않다. 본체가 그대로 창조 역사로 이행되어 현상화된 것일 따름이다. 중요한 것은 理의 절대성, 초월성, 불변성을 본체 차원 안에 가두어 두면 안 된다는 사실이다. 가두어 둔 것이 선천 창

---

37) 서양의 아리스토텔레스도 세계의 궁극적인 구성 요소를 형상과 질료로 나누고, "형상은 질료 없이도 존재할 수 있지만(神의 절대성), 형상 없는 질료는 있을 수 없다(『교육 철학』, George R. Knight 저, 김병길 역, 교육 과학사, 1993, p.65)"라고 했는데, 이것은 理氣不相離적 입장 관점임.

조론의 한계이다. 기독교가 지금까지 절대적인 신관을 벗어나지 못한 이유이기도 하다.

하나님은 태초에 천지를 지은 이행 창조 역사를 통해 가로막힌 절대 차원 벽을 모두 허물었다. 몸 된 본체를 화현시켜 삼라만상 존재와 인간의 본성 속에 이식했다. 그래서 하나님만큼은 손수 창조한 세계 안에서 초월 됨과 동시에 내재함이 가능했다. 전혀 다른 세계이고 타인의 몸이 아닌, 모두가 하나님의 품 안이다. 理氣不相雜이 아닌 理氣不相離하다. 하나님은 불가분리하며, 우리 역시 그러하다. 결코 떨어지려야 떨어질 수 없고, 본래부터 일체이다. 함께했고, 함께할 수 있다. 그런데도 인류는 그동안 얼마나 하나님과 동떨어졌고, 몸과 마음의 거리가 멀었는가? 몸 된 본체 바탕이 우리를 구성한 一 자체인데, 무슨 틈새가 있겠는가? 이것을 만인은 알아야 한다. 곧, 진리의 대지침 근거이다. 차이가 있다면, 하나님은 창조주로서 초월적인 동시에 내재하지만, 피조체인 우리는 이행과 화현으로 내재한 하나님과 일체가 됨을 통해 함께하고, 끝내 본체계로 귀속된다. 합일, 일체 세계를 뉴턴이 말한 물리적인 시공간 개념으로서는 접근할 수 없다. 본체계와 현상계를 넘나들며, 내재함과 동시에 초월할 수 있다고 했을 때, 모든 가능성을 시간 개념이 살아 있는 현상적 질서 안에서는 구분할 수 있지만, 본체계 안에서는 아예 그런 개념 자체가 없다. 그래서 하나님의 실존성을 인간적인 관점에서는 파악할 수 없다고 단정하는 것은 어리석다. "하나님은 하나이시니, 곧 만유의 아버지시라. 만유 위에 계시고, 만유를 통일하시고, 만유 가운데 계시도다(엡, 4: 6)." 성경도 본의를 따랐을 때 정당하게 해석할 수 있다. 하나님은 세계를 초월한 절대적 본체자로서 창조된 세계 밖에 거하면서도 몸 된 본체를 아낌없이 내어 미물에 이르기까지 존재의 밑바닥을 떠받친 탓에 만물과 만 역사를 주재하고 통일하고 함께할 수 있다. 하나님과 교감하고 일체 되고 하나님처럼 동질로써 聖化할 수 있다. 믿음의 다리는 하나님을 하늘에 둔 理氣不相雜한 조건 탓에 궁여지책으로 걸쳐 놓은 한시적인 연결 수단이다. 그리고 강림한 지금은 모든 한계 조건을 허문 탓에(理氣不相離) 직접 교감할 수 있다. 그것이 바로 지상 강림 역사 시대의 도래이다.

그리고 또 한 가지 성리학이 해결하지 못한 문제인 理氣의 선후 문제에 있어서, 理와 氣는 분명 창조되는 과정에서는 理에서 氣로 이행된 절차를 거친 것이라 理先氣後라고 할 수 있지만, 본질적인 측면에서는 이행된 탓에 理卽氣이다. 창조 이전의 理는 숨겨진 상태이다. 그리고 드러난 것은 결국 화현 된 氣的 본질뿐이라 인간, 자연, 사물 등 모든 존재가 氣로 되어 있다고 본 기일원론(氣一元論)이 왜 관점을 氣 중심으로 고착화시킨 것인지 이해하지만(장재, 서경덕, 최한기 등), 서양이 벗어나지 못한 현상계적 문명과 함께 선천 지성이 지닌 관점상의 한계를 대표한 것이기도 하다. 무엇을 잘못 본 것인가? 세계를 이룬 본체 뿌리, 곧 창조 理를 보지 못했다. 장횡거(장재)는 太虛와 氣와의 관계를 통해, 太虛卽氣란 창조 등식을 세워 본의에 근접했던 선각이지만, 귀결처를 氣에 둔 점은 잘못이다. 이유로서 太虛는 빈 본체인 탓에 인식할 수 없었던 것일 수도 있지만, 결국은 현상적인 질서 안에서 "太虛와 氣를 차원이 다른 질적인 것으로 설정하지 않은 상태로 太虛가 결국은 氣라고 결론지었다. 장횡거는 우주의 본체를 두 개의 층 차로 나누어 太虛氣와 客形氣라고 하였고, 太虛를 氣의 본체로 보고, 客形은 氣가 모이고 흩어지는 작용과, 그런 작용으로 이루어진 만물을 말했다. 이 두 가지는 근본적으로는 하나의 氣일 뿐인데, 양태를 달리

했다고 함으로써 이행 창조 입장을 견지했다."[38] 단지, 전제한 조건은 맞는다고 해도 결론이 다른 것은 존재한 현상계의 연유를 설명하기 위해 본체계의 太虛 역할을 수단으로 삼아서이다. 그렇게 연유한 결과로 하나의 氣뿐인 것은 맞지만, 太虛를 창조 역사의 주재자로 했을 때와의 차이는, 太虛의 창조 본체로서의 메커니즘을 추출할 수 없다는 점과, 太虛 역시 氣적 관점에서 본질 형태를 묘사했다는 데 있다. 그런데도 太虛卽氣란 하나님의 창조 본체를 만물 가운데 이행시킨 등식이다. 이 창조 등식에 인간 본성을 대입시키면 동양의 선각들이 내세운 인성론의 본질도 이해할 수 있다. 곧, 天命之謂性이다. 天地之性과 氣質之性이 지닌 차이에도 불구하고, 결국 天人合一할 길을 텄다. 『서명』에서 장횡거는 "하늘과 땅의 가득찬 것은 나의 몸이고, 하늘과 땅을 이끌고 가는 것은 나의 본성이다"[39]라고 하였다. 인간은 천성, 즉 神적 본질로 구성되어 있고, 하나님의 창조 본체를 이행시킨 존재자란 뜻이다. 인간은 하늘이 지닌 완전성의 이념을 본성으로 지닌 존재란 결론이다.[40]

> "하늘이 곧 사람이고, 사람이 곧 하늘이다. 사람으로 태어남을 하늘에서 얻었으니, 이미 사람으로 태어난 즉, 완전한 하늘의 性이 사람에게 있는 것이다(주자)."[41]

성경에서 하나님이 인간을 창조할 때 하나님의 형상대로 지었다고 함

---

38) 「주자의 공부론 연구」, 황금중 저, 연세대학교 대학원, 교육학, 박사, 2000, p.32.

39) 위의 논문, p.32.

40) 「주자의 교육사상에 관한 고찰」, 앞의 논문, p.48.

41) 『주자어류』, 권17, 혹문 상.

에, 그 연유를 밝히라고 한다면 위와 같은 논거를 둬야 할 것이다. 神적 본성, 곧 본연지성은 인간이 생득적으로 지닌 창조 본성이다. 천부 본성을 天理로써 자각해 주어진 삶을 통해 구현해야 하는 것이 인간의 길이란 것이 성현의 가르침이다. 성현과 覺者의 가르침은 일관된다. 불교의 가르침도 그러하다. 대승空을 반야空이라고 한 용수의 현상계적 해석 입장, 곧 연기적이 아니라 본의적인 관점에서 일체 차별적 집착을 타파하고 보면, "현상[色]이 空[본체]과 다르지 않고, 空이 현상과 다르지 않다. 현상이 곧 空이고, 空이 곧 현상이다."[42] 거듭 말해 현상 즉 본체, "본체 즉 현상",[43] 有卽無 無卽有이고, 有卽空 空卽有이다.[44] 이행 본의가 일체의 창조 등식을 관통한다. 그런데도 이해하기 어려운가? "일중일체다중일(一中一切多中一) 일즉일체다즉일(一卽一切多卽一)이다. 하나 중에 일체 있고, 일체 중에 하나 있어, 하나 또한 곧 일체요, 일체 또한 곧 하나이다(의상조사 법성게). 줄여서 一卽多이다. 하나는 모든 것을 갖춘 통합 본체인 동시에 창조 본체로서 **一이 생성한 것이 세계이고, 一이 화현한 것이 만물이며, 一이 시스템화된 것이 질서이다. 통틀어 一의 多化이다.** 일체의 생성과 변화와 시스템을 제하고 보면, 그 즉시 多卽一이다. 대우주의 진상을 한눈에 꿰뚫는다. 안목이 부처가 깨달은 아뇩다라삼먁삼보리(阿耨多羅三藐三菩提)이니, 무상정등정각(無上正等正覺)을 얻은 것과 진배없다. 삼라만상 우주와 제 法과 창조된 본의를 꿰뚫게 되리라.

---

42) "色不異空 空不異色 色卽是空 空卽是色."-『반야심경』.

43) 『불교의 교육 사상』, 박선영 저, 동화출판공사, 1981, p.42.

44) 위의 책, p.111.

6. 대통합 원리

세계는 창조 역사 이래 생성을 거듭하여 거대한 우주와 선천 역사를 이루었다. 모든 것이 창조 이전에 마련한 하나님의 몸 된 본체, 곧 통합성 본질체로부터 말미암은 것이라고 할진대 창조 본체, 모든 것을 갖춘 태극 본체, 통합 본체가 말씀의 命으로 분열하기 전에는 본체상, 생성상, 인식상으로 하나(一)인 상태로 있었다는 것을 밝힌 바 있다. 한 본체, 한 바탕, 한 원리, 한 뜻 이외에 이물(異物)·이법(異法)·이심(異心)은 없었다. 현재 존재하고 있고, 나뉘어 있고, 구분된 것 일체가 하나인 상태로 존재했다. 창조 이전이라, 존재하면서도 세상 가운데서는 존재하지 않았는데, 창조 역사와 함께 생성으로 분열하기 시작했고, 분열함으로써 온갖 것이 발현되었다. 분열은 주기적이고 규칙적이라, 그렇게 결정된 질서를 일컬어 법칙이라고 했다. 이것이 오감으로 확인하고 가늠하고 있는 제 현상의 실상이다. 이런 판단으로 이 연구가 지성들에게 묻고 대답을 얻고자 하노니, 그렇게 보고 확인한 제 현상은 과연 참 실상인가? 우리는 자신이 직접 삶을 주관하는데도 왜 자기 인생의 본질을 모르는가? 삶을 끝까지 살아 보지 않았기 때문이다. 그 말은 인생 본질이 전체적으로 분열을 다 하지 못했다는 뜻이다. 흔히 잠재력을 지녔다고 하는데, 그것은 지니고 있지만 완전하게 발현시키지 못한 가능한 능력이다. 현상계도 그와 같다. 우리는 지금 통합성 본질로부터 분열되어 나타난 극히 부분적인 모습을 보고 있을 뿐이다. 그런데도 대부분은 현재 드러난 실상이 전모인 것으로 단정하였다. 이것이 인류 사회를 끝없이 대립하는 상황으로 몰아넣은 세계관의 한계 원인이다. 본체는 입체적인데, 그것을 바라본 안목은 지극히 평면적이다. 기차를 타고 가면 놓인 선로에 따라 바깥 풍경이 결정되듯, 우리가 판단하는 것도 분열 중인 현상계의 규칙적인 질서에 따라 한정되었다. 결코 전부가 아니다. 통합성 본질이 분열하면서 한순간에 드러난 찰나적인 모습이고, 부분적인 정보 조각일 뿐이다.

그만큼 본체와 현상 간의 관계를 파악하면 실상을 입체적으로 간파할 수 있는 안목이 생긴다. 같은 조건인 비유로서는 땅 밑의 뿌리와 땅 위의 나무가 그러하며, 빙산의 일각이란 말도 있다. 전체를 보아야 한다는 뜻이다. 판단 조건이 동일하면 평면적이 된다. 코끼리 다리 만지기식이라면 판단한 결론이 엉뚱해진다. 각성할진대, 본체와 현상 간은 질서 조건이 다르다. 차원적인 관점을 반드시 확보해야 하는 이유이다. 순차적, 결정적인 시공간 질서를 초월해야 한다. 무슨 말인가 하면, 하나로 인식되는 통합성 본질은 다름 아닌 시공간의 압축 상태임과 동시에 늘어남과도 같아, 창조 이전에는 시공간이 통합성 상태로, 창조 이후로는 생성함으로써 가시적인 역사가 있게 되었다. 그래서 시간과 공간과의 관계는 생성과 분열 역사 자체이다. 생성한 탓에 시간이 생겼고, 분열한 탓에 시간이 걸린 만큼, 우주 공간의 팽창이 시간과 비례해서 확대되었다. 당연히 생성 역사를 제하면 도돌이표가 된다. 시간과 공간이 일축되어 하나가 된다. 없어지는 것은 없다. 죽음도 그와 같다. 바탕이 된 본질이 분열을 다 하면 시간이 다하고, 시간이 다하면 존재가 다한다. 그런데도 완전한 소멸은 없다. 본래 상태인 하나로 돌아갈 뿐이다. 천지 만물은 본래 有함인 본질로부터 창조되었다.

통합성 상태인 하나, 一이 전체일진대, 시공간 안에서 드러난 현상은 분열하는 과정에서 나타난 한순간의 모습이다. 왜 한정된 모습을 드러낼 수밖에 없는가? 주전자에 가득 담은 물을 컵에 따를 때는 주둥이 탓에 한꺼번에 쏟아낼 수 없는 것처럼, 시공간의 엄밀한 분열 질서가 그러하다. 분열하는 시공간 안에서는 A 지점에 있음과 동시에 B 지점에 있을 수 없다. "세계교육론"에 관한 일체 구상은 한 의식에 담고 있지만, 논거를 두기 위해서는 소정의 저술 과정을 거쳐야 한다. 사고를 통한 논리 구성과 수적 인식은 우주의 분열 질서를 따른 것이다. 한 순간, 한 의식, 한 시공간 안에서는 하나의 시간, 하나의 생각, 하나의 현상만 존재한다. 그것이 생성으로 인한 결정 법칙이다. 그렇다면 잠재된 본질은 어디에 존재하는가? 시공간은 현재의 분열된 모습만 나타내 보일 뿐이다. 시공간 자체에서는 찾을 수 없다. 감추어져 있어 직시해야 한다. 시공간 밖 본체에서 초월적으로 존재했다. 실체를 추적하기 위해서는 현 시공간의 질서 특성을 넘어선 선재 개념을 사용해야 한다. 여기서 '선재'란 이미 존재하지만 분열하지 않아 순차적으로 대기 중인 상태로서, 경험하지도 맞이하지도 못한 미래라고 할 수 있다.

그래서 하나님이 천지 만물을 창조한 태초의 첫 순간도 통합성 본질 상태인 탓에, 먼 과거의 역사가 아니라 현재 이 순간의 역사이고, 도래하지 않은 먼 미래의 역사이기도 하다. 통합성 본질은 과거 · 현재 · 미래를 통괄한다. 설일체유부가 주장한 삼세실유 법체항유(三世實有 法體恒有)설이 그러하다. 현상적으로 드러난 것은 현재뿐이므로, 그것을 기준으로 삼세 간을 나누어서 구분하지만, 그것은 인식상의 구분일 뿐이고, 바탕이 된 본질은 한 통속이다. 지나간 날이라고 해서 없어진 것이 아니고, 미래세라고 해서 존재하지 않는 것이 아니다.[45] 법체는 시공간의 현상적인 분열 질서와 무관하게 항유한다. 삼세 간의 뿌리 본체는 어떤 구분도 없이 시공간

---

45) 새로운 창조는 없다. 삼세 간은 이미 창조됨.

에 걸쳐 있다. 진주에서 서울로 가는 데는 시간이 걸리고, 진주에 있으면서 동시에 서울에 있을 수 없지만(현상적 조건), 대한민국이란 땅덩어리 자체(본체적 조건)까지 그런 것은 아니다. 하나인 탓에 시간과 장소(공간)를 초월한다. 하나님은 우리의 기도를 듣고 항상 우리보다 앞서 길을 예비해 주고, 선견된 지혜를 밝히나니, 성령의 역사로 선재해서 임재한 은혜를 감득게 한다. "거룩하다 거룩하다. 주 하나님, 곧 전능하신 이여, 전에도 계셨고 이제도 계시고 장차 오실 자라(계, 4: 8)." 왜 하나님은 전지전능한가? "나는 알파와 오메가요, 처음과 나중이요, 시작과 끝이라(계, 22: 13)." 창조된 因과 果를 한꺼번에, 그리고 동시에 본유했다. 하나인 통합성 본체가 因과 果로 나뉘어 생성되었다(늘어뜨림). 그래서 우리로서는 因의 본질이 분열해야 果를 얻고 알 수 있지만, 하나님은 因과 果를 이미 가졌고, 이미 알고 있다. 왜 라이프니츠는 예정 조화설로 "單子에 대하여 만유는 비공간적, 비물질적인 무수한 단자로 되어 있고, 하나하나가 전 우주를 표상하며, 단자의 조화는 神의 예정에 의한다"[46]라고 하였는가? 무수한 단자를 조화시켜 우주를 구성한 보이지 않는 손과 힘은 무엇인가? 단자의 비공간적, 비물질적 특성은 우주를 표상한 본체이고, 무수한 단자는 통합성의 분열로 존재한 탓에, 분열을 일으킨 바탕체가 일사불란하게 우주 질서를 조화시킨다. 창조 뜻과 의지와 바탕 본체가 삼세 간에 걸쳐 있어, 질서 있는 우주 운행과 섭리 역사와 만 영혼을 관장할 수 있다. 왜 因果가 법칙적인가? 본래는 하나인데, 구조적으로 나뉘다 보니 원래대로 돌아감이 필연적이다. 그래서 우주가 무한히 생성할 수 있다. 因이 果를 이루기 위해서는 분열하지 않을 수 없다. 이것이 분열된 것 일체를 하나 되게 하고,

---

46) 『남명 철학과 교학 사상』, 최해갑 저, 교육출판사, 1986, p.270.

관장하는 보이지 않는 지배력, 곧 神의 예정 조화력이다. 하나인 창조 본체로부터 생성된 만법, 만상, 만 역사가 그러하다. 하나인 본체로부터 천지가 창조되고 만상으로 분열한 탓에 그렇게 해서 펼쳐진 가치, 진리, 법, 사상, 존재, 문화, 종교, 학문, 역사가 한 본체, 한 뜻, 한 목적 안에서 통합될 수 있나니, 그것이 창조주 하나님이 선천의 분열 역사를 마감하고 주재할 우주의 대통합 역사이고, 오늘날 발현된 세계의 **"대통합 원리"**이다.

세계 안에서 우리는 사물과 역사를 다르게 보고 구분해서 판단하지만, 하나님은 초월적인 실존성을 천명하였다. 알파인 동시에 오메가, 처음인 동시에 나중, 시작과 끝을 한 몸 안에서 본유한 분으로서 세계 전체를 몸된 구성 요소로 하였다. 그래서 세계적 본질이 분열을 완료하기까지는 하나님이 역사 위에서 완전한 모습을 나타낼 수 없었다. 세계는 과정 자체이고(화이트헤드), 유기체적이라고 함에, 그렇게 갖춘 모든 것이 발현되었을 때 하나님의 모습도 완성된다. 그때가 언제인가? 하나님이 진리의 성령으로서 본체를 드러내고, 지상 강림 역사를 완수한 이때이다. 하나님은 태초로부터 통합 본체를 생성시킨 분열의 역사와 함께, 그렇게 분열된 역사를 다시 통합할 역사 기반을 섭리적으로 동시에 예비하였다. 때가 되면 발휘할 통합 권능을 만세 전부터 준비하였다. 단행할 통합 역사를 위해 만상, 만법, 만 역사를 다양한 모습으로 분열시켰다. 통합 본체가 분열을 통해 현상화되는 과정에서는 法과 진리와 만물로서 다양화되었지만, 분열시킨 본체까지 그런 것은 아니다. 통속, 통체, 통합적인 탓에 다양화되었다고 해서 본체 자체가 변하거나 소멸한 것은 없다. 낱낱으로 분열한 것은 오히려 새롭게 통합할 수 있는 기반이다. 통합성(一)은 생성 운동 탓에 多(만물)로 분열되고, 多의 분열이 극하면 그것을 기반으로 다시 통합된다(一).

무슨 말인가 하면, 一은 통합된 힘으로 세계를 분열시키고, 분열된 세계는 분열하는 과정에서 생성된 본질을 축적해 분열된 것 일체를 다시 통합한다. 세계의 본질이 극에 달해 현상과 진리와 역사가 만개, 만발, 만법화하여 갈등과 대립과 모순이 극대화된 종말을 맞이한 것은 분열 운동 국면을 벗어나지 못한 한계 상황이다. 바탕이 된 통합성 본체를 간과한 탓이다. 분열로서 드러난 현상적, 진리적, 역사적 요소가 더 이상 지속될 수 없는 생성의 종말 상황에 직면하지만, 본질적인 측면에서는 반대로 萬化된 것 일체가 통합을 위한 발현 요소로써 작용한다. 결국, 분열된 선천 역사도 알고 보면 통합을 이루기 위해 분열한 역사였다. 드러난 역사만 전부가 아니다. 이면에는 하나님이 의도한 역사 목적이 작용하였다. 그것이 현대 인류가 직면한 문명의 대전환 시점인 하나님의 본체를 맞이한 지상 강림 역사 시대의 도래이다. 사상 간, 종 간, 진리 간, 문명 간 대립이 극할수록 현상적으로는 해결책이 없는 상황이지만, 본체적으로는 통합을 위한 전환 기반이다. 지난날은 무엇으로도 맞닥뜨린 종말 상황을 극복할 방책이 없었지만, 하나님은 이때를 대비해 길을 예비하였다. 만 역사는 통합된 힘으로 분열하고 분열한 힘으로 통합되나니, 운동이 끝이 없다. 종말이 도래함과 동시에 새로운 생성 운동이 시작된다. 形而上學적인 본체 바탕이 **"대통합 원리"**를 주관한다. 제 法, 제 존재, 제 역사가 분열하는 것은 한결같이 통합을 전제한다. 차원이 다른 새로운 一로 돌아간다. 삶이 生의 의지를 다하면 육신은 죽음을 맞이하지만, 生을 분열시킨 본질적 의지는 축적되어 새로운 삶을 탄생시킬 통합력을 발휘한다. 통합성은 一인 탓에 세상적으로는 존재할 수 없는 조건이지만, 一은 無가 아니다. 無한 有이다. 본체 차원으로 진입한다. 거룩한 신적 본질로 승화된다. 하나님의 품 안에 안기면, 다시 生하는 생성력을 부여받는다. **영생은 형태를 달리해 차원을 넘나든 삶이 본질이다.** 지난날은 세계가 분열성을 본질로 하는 가운데서도 통합성을 지향하였고, 한계적인 조건 가운데서도 때가 되면 단행할 통합의 길을 예비했다고 할 수 있다.

　교육학자 코메니우스는 기독교적 신앙관에 근거해, "하나님은 모든 사물 곧 하늘과 땅, 천사와 사람, 백성들, 종들을 소유하고, 그것을 영원성에서 통합한다"[47]란 굳센 믿음을 가졌다. 하나님은 창조주라, 통합적인 권능을 지녔다. 하지만 그렇다고 믿는 행위만으로는 통합 역사가 이루어질 수 없다. 하나님이 주관한다고 해도 통합 원리만큼은 가시적으로 건재해야 했다. 언급했듯, 플로티노스는 유출설을 통해 一者의 초월적인 본체성을 규정했고, 그로부터 생성된 一者와 多者와의 관계에 있어서 一者의 충만함이 多者를 흘러넘치게 해서 생겨나게 한다고 하였다.[48] 하지만 무엇이 문제인가? 一者로부터 흘러넘친 多者를 다시 一者로 불러 모을 수 있는 대책을 원리화하지 못했다. 유출된 불완전한 것들이 다시 완전한 一者로 돌아가길 소원한다고는 했지만, 그것은 원리가 아니다. 이런 원리성의 부재 조건은 노자의 절대 道와 유교의 태극을 통한 생성론도 마찬가지이다. 선천이 지닌 거대한 분열의 조류 탓에 밝히지 못한 본의 비밀이다.

　하지만 감추어진 비밀을 밝히고 선천에서 후천으로, 분열에서 통합으로 운행 본질이 전환된 때를 맞이한 오늘날은 현실적으로 산적한 세계관적 대립과 종교 분열과 가치성의 상대화 문제를 어떻게 할 것인가? 종말 상

---

47) 「코메니우스와 율곡의 교육론에 관한 비교 연구」, 윤기종 저, 강남대학교 대학원, 신학, 박사, 2007, p.24.

48) 「토마스 아퀴나스의 분유 개념을 통해 바라본 신의 속성」, 정현덕 저, 서강대학교 신학대학원, 철학, 석사, 2017, p.13.

황으로 몰아넣은 근본적인 원인을 밝혀서 통합할 수 있는 본의 관점에 입각하는 것이다. 종말이란 결과를 초래한 원인은 바로 세계 생성의 겉모습을 보고 바탕이 된 본질 뿌리를 보지 못한 데 있다. 지적했는데도 불구하고 실상을 회피한다면 분열된 실상들이 뿔뿔이 흩어져 버리리라. 단자는 독립적이고 뿌리는 통합적인데, 뿌리를 보지 못하면(선천 인식) 단자는 그것으로 끝나버린다(종말). 세계의 상대성과 다원성은 통합성 본질을 보지 못하고, 현상적인 특성만으로 본 대표적 사례이다. 유물론과 관념론 간 대립은 왜 끝이 없는가? 물질과 정신 모두 세계를 있게 한 근원 본체가 아니다. 현상화된 결과체이다. 정신과 물질을 있게 한 제3의 근원체, 곧 통합 본체가 따로 존재한다. 세계 분쟁의 원인이 종교에 있다고 할 정도로 각자의 신관이 다르고, 신념과 가치와 추구 목표가 이질적인가? 하나님이 진리의 성령으로서 역사한 화현 본질을 깨닫지 못한 것이다. 알아야 제 신, 제法, 제 신앙관도 통합할 수 있다. 유대교 · 이슬람교 · 기독교가 하나 되고, 유교 · 불교 · 도교가 일치하고, 알라 · 법신 · 부처 · 예수 · 공자 · 옥황상제 · 天이 일체 된다. 이런 가능성 탓에 노자는 "우주 만물이 대립하고 있지만 통일되어 있다"라고 하였고,[49] 장자는 만물제동(萬物齊同) 사상으로 "모든 만물은 우주의 본체로부터 분화 · 발전한 탓에 형태는 달라도 분화 과정에서 드러난 일시적 현상이라 근본적인 참 실상, 곧 사물과 사물 사이의 차별 없는 평등성을 보아야 한다"[50]라고 하였다. 공히 만변 · 만화를 일

---

49) "故有無相生(有와 無는 서로 살게 해주고), 難易相成(어려움과 쉬움은 서로 이뤄주며), 長短相較(길고 짧음은 서로 비교하며), 高下相傾(높음과 낮음은 서로 기울며), 音聲相和(음과 성은 서로 조화를 이루며), 前後相隨(앞과 뒤는 서로 따르니)……"-『노자 도덕경』, 제2장.-「노자에서 본 무위자연의 교육 사상」, 앞의 논문, p.39.

50) 「장자 사상의 도덕과 교육에의 함의」, 앞의 논문, p.11.

으킨 뿌리에 해당한 창조 본체의 齊同性 곧 하나성, 동일성, 통합성을 보아야 했다는 뜻이다. 원효도 비록 佛法 영역이기는 하지만, 화쟁 사상(和諍 思想)으로 모순되고 대립한 것처럼 보이는 경전의 불교 사상을 하나의 원리로 회통하고자 하였고, 이런 사상은 신라의 승려들은 물론이고, 한국 불교 특유의 一宗一派, 一經一論에 구애되지 않는 원융회통(圓融會通)이란 독자적 통불교(通佛敎) 전통을 형성하였다.[51] 미완인 역사이기는 하지만, 동양 문명은 본체 문명답게 인류 사회를 하나 되게 할 하나님의 연면한 통합 섭리 의지에 부응하였다. 만상은 천차만별하지만, 그렇게 만화시킨 근원 바탕은 오직 하나이다. 한 뜻으로부터의 발현이다. 그것이 바로 천지 만물을 지은 창조 원리인 동시에 인류 사회와 문명 역사를 하나 되게 할 통합 원리이다. 선지자 최수운이 미래에 도래하리라고 한 無極大道의 감추어진 비밀, 그것이 바로 창조주 하나님이 보혜사 진리의 성령으로서 계시한 통합성 지혜이다. 無極大道는 절대 하나님의 계시 진리이고, 창조 본체 道이다.

7. 만법·만물·만상·만생의 귀의처(문)

출생(出生)이란 통상 사람이 태어났다는 뜻이다. 그리고 우리가 어디서 어떻게 태어났는가 하고 묻는다면, 대답하지 못할 사람이 없다. 그렇다면 부모로부터 태어난 자가 죽으면 돌아가는 곳은? 다시 부모에게로인가? 어디인지는 모르지만, '돌아가 몸을 의지하다'라는 뜻으로 귀의(歸依)란 말

---

51) 『교육사 신강』, 송승석 저, 교육과학사, 1994, p.31.

이 있다. 귀의는 특히 불교도들이 상용하는데, 부처의 가르침을 믿고 의지한 신앙적인 결단으로서 佛, 法, 僧 三寶에 귀의하는 행위이다. 이런 경우에서의 귀의란 신앙으로 선택한 의지처인 탓에 일률적이지 않다. 의미를 더한다면, 귀의는 生者必滅적인 측면에서 태어남이 의지적, 선택적이지 않았듯, 죽음도 그러하다는 뜻이다. 그런 의미에서 대우주의 출생문이 부모가 아니고, 귀의문 또한 三寶가 아니라면, 도대체 세상 어디에서 우리가 태어났고, 돌아가야 할 곳이 어디란 말인가? 인간의 출생처, 귀의처 비밀과 함께 만법 · 만물 · 만상 · 만생도 마찬가지 문제이다. 인간과 우주의 출생문과 귀의문은 서로 다른 것인가? 여기에 대해 답한 자 누구인가? 신앙적인 믿음은 그렇다손 치더라도 돌아가야 할 곳을 확실히 알고 죽음을 맞이한 자가 있는가? 비밀을 풀지 못한 것은 천지가 창조된 사실과 깊게 연관되어 있다. 창조 이래 세상 누가 문제를 풀고 갔는가? 그리고 이런 상황은 언제까지 지속될 것인가? 이 같은 세계적 여건 속에서 과연 교육의 보편적인 구원 목적은 실현될 수 있는가? 이유를 아직도 모르는가? 출생과 귀의 비밀을 창조 역사와 연관 짓지 못한 상태인데, 어떻게 풀 수 있겠는가? 그것이 정답이다. 출생과 귀의문은 하나님이 단행한 천지 창조 역사로 인해 생긴 것인데, 하나님에게 묻지 않았고, 하나님에게 근거하지 않았다. 하나님에게 구하지 않아 하나님으로부터 답을 얻지 못한 것인데, 세상 어디서 구할 수 있었겠는가? 알고 보면 생멸 법칙은 당연하고, 한 치도 어긋남이 없다. 역사상의 누구도 비밀을 풀지 못한 이유가 아주 간단하다. 지혜를 구할 만한 충족 조건을 갖추지 못한 탓이다. 구할 수 있는 곳에서 답을 구해야 했는데, 엉뚱한 곳을 파헤쳤다. 적어도 생멸문은 창조주인 하나님만 주관할 수 있다는 기본적인 인식을 가져야 창조된 세상 안에서는 문고리가 없다는 사실을 알게 된다. 생멸문을 찾는 일차적 조건을 갖춘다. 그것이 무엇인가? 창조 因을 찾아야 종말 因을 찾을 수 있고, 창조문을 알아야 생멸문을 안다. 난 곳을 알아야 돌아갈 곳을 안다. **역사를 통틀어 선천의 인류는 만법 · 만물 · 만상 · 만생이 어디서 어떻게 난 것인지 몰라 어디로 어떻게 돌아가야 할 것인지를 모른 역사였다**고 할 수 있다. 하지만 **"본의 창조"**설은 필요한 조건을 갖추고, 천지 창조 역사에 근거한 출생처의 비밀을 밝힌 만큼, 귀의처까지 밝히는 것은 당연한 의무이다.

이에, 선현들이 밝힌 귀의처에 관한 주장 근거부터 살펴보면, 출생처를 확실히 알지 못한 탓에 귀의처에 대한 초점이 분명하지 못하였다. 그런 점을 고려하고 보면, 궁극처로 나아가는 디딤돌이 된다. 먼저 플라톤이 말한 이데아의 본체성은 누차 언급했지만, 근원적인 탓에 이데아 세계는 혼의 고향이자 혼이 돌아가야 할 영원한 장소라고 믿었다. 이상적인 세계를 이데아로 설정해 놓고 동경한 것이라고 할까? 이데아를 지향해 최고선을 추구했다고 하였다.[52] 그래서 일단 난 곳으로 다시 돌아간다는 조건은 갖추었지만, 아무래도 관념성은 면할 수 없다. 창조를 모른 세계관적 한계 탓이다. 이데아에서 난 탓에 어떤 형태로든 다시 이데아 세계로 돌아가야 한다고 한 원칙을 세운 것 정도이다. 이런 생각은 플로티노스의 유출설에서도 비슷하게 나타난다. 밝힌 바 "완전한 一者로부터 유출된 불완전한 유출물은 다시 완전한 一者로 돌아가기를 소원하지만, 원한 뜻과 달리 육체의 구속 탓에 쉽게 돌아가기 어렵다. 이런 이유로 인간은 금욕을 통해 자신의 영혼을 육체에서 해방해야 하며, 그것이 진정으로 가치 있는 삶의 목표인

---

52) 『그림과 사진으로 보는 교육의 역사』, 이원호 저, 문음사, 2002, p.30.

一者와의 合一이다."[53] 一者와의 合一은 삶의 더 적극적인 귀의처 지침이다. 하지만 그것이 어떻게 삶의 가치를 완성하는 궁극적 귀의처인지에 대한 당위 메커니즘은 제시한 바 없다. 적극적인 추구 자세와는 별도로 출생문과 귀의문은 지극히 비의지적이다. 그것이 하나님과 인간의 생멸문 출처에 대한 차이다. 부처를 비롯한 선현의 귀의처 지침은 가치적인 추구 판단에 머물렀다.

선사(禪師) 종밀은 "인간은 無明의 세계를 극복하고 본각진심(本覺眞心)의 세계로 돌아가야 한다"[54]라고 했다. 一者나 본각진심이나 귀의처로서의 역할은 같다. 그렇게 설정한 상태에서의 귀환 방법을 말한 것일 뿐, 귀의문이 어디에 있는 것인지는 밝히지 못했다. "선가(禪家)에서는 욕망을 끊어버리고 마음속에 본래 내재한 순수한 본성을 찾아(見性) 깨달음의 경지에 도달하려고 하였고, 도가에서는 인간의 이기적인 욕망을 버리고 순수한 마음을 지켜나감으로써 자연과 합일하고자 하였으며, 유가도 수양으로 욕망을 절제하면서 인륜을 중시하고, 도덕적인 삶을 통해 天人合一의 경지에 이르고자 하였다."[55] 결과적으로 보면 궁극적인 귀의처로서 일관되지는 못했다. 인간이 피조체로서 바라본 귀의처 관점의 한계선이다. 차원선을 넘기 위해서는 창조문을 알고 본의를 구해서 세상의 출생문이 一門이고, 귀의문도 一門이며, 종국에는 양 門이 다르지 않다는 사실을 확인해야 한다. 만법이 生하고 만물이 生한 곳이 따로 있지 않고, 만법·만물·만상·만생이 生한 곳 역시 다르지 않다. 창조문은 유일하며, 귀의

---

53) 「토마스 아퀴나스의 분유 개념을 통해 바라본 신의 속성」, 앞의 논문, p.15.

54) 「종밀의 인간론 연구」, 앞의 논문, p.Ⅱ.

55) 「동양의 이상적 인간관」, 장세호 저, 남명학 연구, 16집, p.2.

문도 그러하다. 하나님의 창조 본체가 유일한 탓이다. 그래서 一門으로부터 갈래지어진 제 출생처를 통합할 수 있어야 갈래지어진 제 귀의처도 하나인 一門으로 통합할 수 있다. 어떻게 창조되어 生하게 된 것인지 알아야 했다. 그리하면 어떻게 滅한다는 것을 알고, 출생문과 통하는 귀의문을 찾을 수 있다. 우리는 정말 어떻게 창조되고 生했는가? 불변한 본체로부터 창조되고 화현되었다. 화현된 것은 필연적으로 사라져 滅하고, 滅하면 본체만 남나니, 그것이 生한 곳으로 다시 돌아가는 滅의 귀의처 통과 관문이다. 인간만 그런 것이 아니다. 왜 만법이 귀일하는가? 만법이 같은 방식으로 生했다. 生한 것은 예외 없이 生한 그곳으로 다시 돌아간다. 귀일하므로 하나 된다. 法, 物, 生, 像, 역사가 모두 본래 모습으로 돌아가면 一이 되나니, 갈래지어진 일체가 화현된 모습이다. 생성을 마감하고 변화가 다 하면 滅하고, 滅하면 소멸하는 것이 아니고 하나 되어 열조와 함께한다. 아무리 만물 · 만상화 되었어도 돌아가는 곳은 같고, 돌아가면 하나 된다.

원효는 말하길, 인간은 만 가지 마음을 일으키지만, 일으킨 마음의 본바탕은 一心일 뿐이므로, 귀일심원(歸一心源) 한다고 하였다. 결국, 한 마음의 근본으로 돌아간다.[56] 법장도 『화엄경』을 풀이하면서, "만법은 一心으로 돌아가고, 그밖에는 아무것도 없다(攝境歸心 眞空觀)고 한 一心有心을 깨달았다. 우주 간에 존재한 유형무형 사물[諸法]의 근본적인 실상은 둘이 아니다. 참됨 · 거짓됨[眞妄]이 둘이 아니다. 하나이다. 제 法이 각각 다른 본체를 가진 것이 아니다. 一心을 바탕으로 삼았나니, 중생의 마음이

---

56) 「원효의 일심 사상에 관한 연구」, 서은자 저, 제주대학교 교육대학원, 역사교육, 석사, 2002, p.국문 초록.

바로 法이요, 우주 현상 자체가 有是一心이다."[57] 화현되었으므로 둘이건 셋이건 변화된 모습에 현혹되지 않고, 변화를 일으킨 근본을 보아야 一心으로 돌아간다. 생멸문, 생사문도 본래 一門인데, 생성 탓에 나뉜 것이고, 화현된 결과門이다. 두 門이 다르지 않다. 生卽滅[死] 門이요, 滅[死]卽生門이다. 창조문이 一卽一切한 이상, 귀의문도 一切卽一하다. 生과 死, 生과 滅로 갈라진 二門이 그러하다. 하나가 生死로 나뉘었고, 그렇게 해서 삶이란 과정을 거쳤지만, 화현된 탓에 생성에는 끝이 있다. 하지만 滅하면 生死가 다시 합쳐 하나로 돌아간다. 生과 死가 같다. 생성된 삶의 일체 과정을 제하면 生이 곧 死이고 死가 곧 生이다. 生의 門과 死의 門은 본래 一門이다. 死는 결코 존재함의 滅이 아니다. 생성으로서의 滅일 뿐이다. 본체는 생성과 무관하게 無有 상태로 존재할 수 있으므로, 生 한즉 死는 필연적이고, 死 한즉 生 또한 필연적이다. 동일門이다. 생멸 법칙 적용이 동일하다. 나뉘었을 뿐 본래 門은 한 門이다. 다시 말해, 죽음은 죽음으로 끝나는 것이 아니다. 즉시 生의 새로운 출발선이다. 死 즉시 生을 위한 門으로 직결된다. 창조 이래 인류가 전해 들어야 할 경천동지할 진리 소식이다. 교육으로 지침해야 할 진리의 위대한 핵심 근거이다. 단지, 인간의 뜻대로 열 수 없는 門이라는 것이 문제이다. 차원 세계로의 진입門은 오직 만상의 생멸문을 주관하는 하나님만 열 수 있다. 그래서 **생멸문은 그대로 구원문이다.**

창조된 현상계 안에서 인간이 두드릴 수 있는 生卽死, 死卽生은 영원한 도돌이표 門이다. 왜냐하면, 生死 또는 生滅이 그처럼 구분되고 나뉜 것은 자체가 창조된 결과로서 주어진 현상의 모습이다. 一門이 二門化되었다. 이런 세계 안에서는 현상화된 차원 안을 벗어날 수 없다. 왜 노자는 『노자

---

57) 『체계교육사』, 이원호 저, 제일문화사, 1978, p.81

도덕경』 제25장에서 "道란 멀리 극도에 다다르면 제자리로 돌아간다(遠曰反)"라고 하였는가? 창조로 결정된 생성 시스템 안에서는 무엇도 정해진 순환 궤도를 벗어날 수 없다. 복귀 원리는 차원을 넘어선 창조 원리가 아니다. 창조된 결정 세계에 국한된 현상적 원리이다. 그것은 세계가 창조의 有함 본성을 구현한 통속 구조란 사실의 시사이다. 의미를 어떻게 이해할 것인가? 하나님이 밝힌 본의 관점에 서야 一門뿐인 생멸문의 창조 문고리를 붙들 수 있다. 즉, 一心에는 二門이 있다고 했거니와, 그 二門이 眞如門과 生滅門이다. 二門은 一心으로부터 二門으로 나뉘지 않았다. 그렇다면? 이행되었다. 곧, 一心=眞如門→生滅門으로 이어진 직통로이다. 창조 본의에 대입할진대, 一心은 無極 본체 단계이고, 眞如門은 실질적인 創造門이다. 一門으로서의 태극 본체, 통합 본체 단계이고, 그로부터 창조 역사란 문턱을 넘어 존재 본체화된 단계, 그것이 지금까지 찾아 헤맨 生滅, 生死란 二門이다. 一心에 근거한 眞如門은 一門 한 門 안을 만법·만물·만상·만생이 왔다 갔다 드나든 것이다. 그래서 태어나 돌아가야 할 귀의 문을 眞如門에서 찾아야 했는데, 생멸의 門 앞에서 찾으니까 生의 門도 滅의 門도 알 수 없었다. 주도적으로 열지 못한 탓에 떠밀려서 들어갔다. 하지만 분명한 사실 하나는 찾았건 못 찾았건, 알았건 몰랐건, 화현된 변화과정을 다하고 나면 "동귀일체-同歸一體(『동경대전』) 하나니", 한 門으로돌아가 한 몸이 된다. 어디로 돌아가고 누구와 한 몸이 되는가? 하나님이다. 나와 천지 만물을 창조한 만유의 아버지이다. 지난날은 만법·만물·만상·만생이 창조문이 어디에 있는지 몰라 돌아가야 할 귀의처도 얽히고설켜 만 영혼의 삶이 방황 되고 죄악 가운데 있었지만, 이후부터는 귀의지표가 태양처럼 빛나리라. 귀의문으로 인도하는 것이 한 영혼도 놓침 없이 인류 영혼을 구원하는 길이며, 그렇게 하는 것이 **"교육의 위대한 지침"**
역할이다. 만법 · 만물 · 만상 · 만생의 귀의문 밝힘이 인류를 하나님의 품
안으로 인도하는 제반 가르침의 근거가 되리라.

제2편

패러다임 전환론

    만연한 교육 목적과 가치관과 패러다임을 전환하는 것은 거대한 강줄기의
방향을 바꾸는 것과도 같아, 그것은 교육의 패러다임 전환이 아닌 문명의 패러
다임 전환이다. 교육 영역은 문명 영역과 직결되어 있다. 문제가 발생하면 원인
을 근본에서부터 추적해야 한다. 지식 교육 패턴과 인성 교육 패턴은 카드 바
꾸듯 할 수 없다. 무엇을 어떻게 할 것인가? 초점은 바로 현대의 지식 교육 위
주의 자연 탐구 패러다임을 전환하는 데 있다. 그리고 합당한 이유와 역사적
당위성을 밝혀서 구체적인 대책을 제시해야 한다. 교육 목적과 원리와 방법 등
등. 이전까지는 용광로에서 자연 문명 건설에 필요한 요소를 녹여 낸 것이 인류
역사였다면, 이제부터는 정말 순수하게 인간 본성을 완성하는 데 필요한 요소
를 추출하여야 한다.

제3장 개관

학교 현장에서는 요즈음 이구동성으로 학생의 인성이 바닥에 떨어져 학교 폭력, 왕따, 교권 침해 등이 사회적인 물의를 일으키고 있다. 개탄하는 목소리가 높아지고, 인성 교육을 강화해야 한다고 하지만, 효과적인 해결 방안과 교육 정책은 마련하지 못하고 있다. 이것은 비단 학교 현장에서만 나타나는 현상이 아니다. 인류 사회 전체가 직면한 말세적인 타락 추세와도 맞물린 것이라고 할진대, 예사롭지 않은 문제이다. 학교, 그리고 교육 영역 안에서만 일어나는 문제이고, 교육 영역 안에서만 고민할 일이 아니란 뜻이다. 질병이 생기는 것은 그 사람이 산 삶 전체의 생활 이력과 관련이 있는데, 탈이 난 부분만 처방하는 것은 근본적인 치료책이 아니다. 교육 현장에서 아무리 노력해도 인성은 개선되지 않고, 악화 일로를 걸으며, 세태마저 각박해져 가고 있다. 노력은 하지만 효과는 미미하고, 영향력도 일부 영역에만 그쳤다. 교육이 인류 전체의 대세 조류에 휩쓸려 가고 있다. 인류 사회의 도덕적 색깔이 빛이 바래버린 이상, 학교 교육으로 추세를 막기에는 역부족이다. 땜질하는 것 이외는 해결할 방법이 없다. 그렇다면? 인성 부재 문제가 학교란 테두리 안에서 일어나는 문제라고 보는 것은 정말 근시안적인 안목이다. 인간 교육에 관한 원인의 표출일 수도 있지만 알고 보면, 인류 전체의 문명적 본질과 연관되어 있다. 교육의 문제로만 국한할 수 없다. 안목을 보다 확대해서 문제를 직시해야 한다. 근래에 발생한 것이 아니다. 원인이 여태껏 인류가 건설한 문명 안에 뿌리를 깊이 내리고 있다. 역사를 수습해서 추적할 수 있는 접근 노력이 필요하다. 고구마 줄기는 가늘지만 파면 줄줄이 달려 있듯, 학교 현장에서의 인성 부재 현상은 인류 전체의 시대적 상황과 사상적·문화적 특성과 생산 양식, 가치관의 변화와도 연관되어 있다. 인류 문명의 역사적 패턴과 관련되어 있다. 무슨 말인가 하면, 인류의 문명 틀, 곧 패러다임(paradigm)과 관련된 문제란 말이다. 제반 현상과 역사는 부분적인 것이 원인이 되어 전체에 영향을 끼치기도 하지만, 전체적인 것이 각 부분과 영역에 영향을 끼치기도 해, 객관적인 측면에서는 상호보완적이라고 할 수 있다.

하지만 그것은 관계적인 측면이고, 본질적인 측면에서는 생성하는 추세와 방향이 관건이다. 통합성 본질로부터 분열을 시작하면 문명과 역사가 이루어지고, 일정한 시점에 도달하면 결과를 낳게 된다. 그렇다면 오늘날 두드러진 인성 부재 문제는 과연 어느 단계에 도달한 상태인가? 어느 시점에서 발생한 원인으로 인한 결과 현상이라는 사실만큼은 분명하다. 원인부터가 이미 문명적으로 종합적이다. 세계 전체가 원인 제공자가 되어 제반 영역이 결정된 것이라면 상호보완적인 관계가 성립될 수 없다. 문명 전체가 절대적인 영향 안에 있게 된다. 가지는 몸통의 영향 아래 있고, 더 나아가서는 뿌리로까지 소급되는데, 이것은 엄청난 문제라, 교육 이념을 재설정하고 세계관적 관점까지 전환해야 한다. 그러지 못하면 인성 부재 실태를 개선할 수 없다. 아무리 교육적으로 발버둥 쳐도 문명 역사의 물줄기는 도도할 따름이다. 이런 사실을 자각해야 일단은 해결 방안을 모색할 수 있다.

인성 부재 문제는 인성이란 영역을 넘어 교육 전체의 문제, 더 나아가서는 인류 전체의 인간성 타락과 맞닥뜨린 종말성과 관련된 심각성을 확인할 수 있다. 이것을 어떻게 할 것인가? 세계관적 패러다임을 전환해야 하는데, 이런 인류사적 과제를 교육이 감당할 수 있는가? 지적한 대로, 인류 사회는 전체가 종말적 상황에 직면하였고, 인성 부재는 말단에 이르러 나타난 결과 현상이므로, 이 시점에서 교육이 원인을 직시해서 의지를 다지고 사명을 불러일으킨다면 도도한 문명의 패러다임을 전환할 수 있다. 교육 영역만큼은 종말의 때를 대비해 통합력과 진리력을 충분히 비축했었다. 굳이 따진다면, 인류 사회가 도달한 종말 국면이라는 것도 교육이 끼친 영향력 탓이라고도 볼 수 있는 만큼, 결자해지(結者解之) 측면에서 전혀 차원이 다른 혁신안을 세워야 한다. 만연한 교육 목적과 가치관과 패러다임을 전환하는 것은 거대한 강줄기의 방향을 바꾸는 것과도 같아, 그것은 교육의 패러다임 전환이 아닌 문명의 패러다임 전환이다. 교육 영역은 문명 영역과 직결되어 있다. 문제가 발생하면 원인을 근본에서부터 추적해야 한다. 지식 교육 패턴과 인성 교육 패턴은 카드 바꾸듯 할 수 없다. 무엇을 어떻게 할 것인가? 초점은 바로 현대의 지식 교육 위주의 자연 탐구 패러다임을 전환하는 데 있다. 그리고 합당한 이유와 역사적 당위성을 밝혀서 구체적인 대책을 제시해야 한다. 교육 목적과 원리와 방법 등등. 모든 면에서 혁신을 시도해서 한다. 이전까지는 용광로에서 자연 문명 건설에 필요한 요소를 녹여 낸 것이 인류 역사였다면, 이제부터는 정말 순수하게 인간 본성을 회복하는 데 필요한 요소를 추출하여야 한다.

"무엇이 교육인가"라고 했을 때, 선현들은 이상적인 목적을 제시하였다. 하지만 "그것이 정말 교육인가"라고 했을 때 본래의 교육 목적을 다시 돌아보게 한다. 현대 교육은 정말 지침한 본래의 목적대로 실행하고 있고,

설정한 목표를 향해 나아가고 있는가를 따질진대, 크게 어긋나 있는 것이 현실이다. 교육 목적을 인성에 초점을 두어야 하는 이유는 인간 자체가 본질적인 존재이고, 본질에 바탕을 둬서 형성되었기 때문이다. 그런데도 적용하고 있는 교육 원리와 실상과는 동떨어져 있다. 자연법칙과 질서를 배우는 것은 존재한 삶을 이끌고 환경적으로 뒷받침하기 위한 수단일 뿐인데, 그곳에 주안을 둠으로써 본말이 전도된 상황이다. 교육이 지향한 목적이 인간 본성에 있다면, 정말 본성을 변화시킬 수 있는 교육 원리를 발견하고 시스템을 구축해서 적용해야 하는데, 그렇지 못하니까 톱니바퀴가 어긋나듯 의도한 목적을 달성하지 못했다. 도덕성이 오히려 타락하였다. 무엇을 가르치고 어떻게 가르치는가에 따라 교육 결과가 판이하다. 바꿀 수 있어야 하므로 교육 시스템, 그리고 문명의 패러다임을 전환해야 한다. 기본적인 조건은 지식 위주 교육에서 인간성 회복 교육으로의 전환이지만, 밑바닥에는 학교 교육 목적뿐만 아니고 사상적, 역사적, 문명적 전환까지 요구된다. 오늘날 학교 교육이 직면한 위기와 종말성 인식은 더욱 근본적인 요인인 역사 추진 목적과 방향 설정이 잘못되어서이다. 진정 하나님이 천지를 창조하고 이루고자 한 목적을 알았다면 지금과 같은 결과를 초래하지 않았으리라. 가리키는 방향은 쳐다보지 않고 손가락만 본 결과라, 하늘의 뜻을 무시하고 땅에서 얻을 현세적 이득에만 관심을 가져, 그로써 일군 지식을 아는 데 정열을 쏟았다(주지주의 교육). 지식 자체의 본질을 파고드는 데까지는 인식이 미치지 못했다.

현대 교육의 바탕을 이룬 서양은 근대 사회를 구축하는 과정에서부터 인간성과 영혼의 구원과는 결별을 선언하고, 자연을 탐구해서 그로부터 원리를 발견하고 이용하고자 한 방향으로 나아갔다. 프랜시스 베이컨은

"아는 것이 힘이다"란 명제를 앞세워 자연을 정복하는 사상적 기폭제 역할을 한 바, 영향으로 교육도 지식을 가르치고 배우는 방향으로 과정을 구성해서 제도화했다. 그런 추구 결과가 오늘날에 이르러 물질주의, 과학주의, 주지주의, 황금만능주의를 팽배시켰고, 인성 부재란 말단 현상으로 나타났다. 인성 부재 원인을 진단할진대, 문명의 패러다임 줄기까지 거슬러 올라가야 한다고 한 것이다. 왜 지식 교육이 학문과 인생 추구의 밑바탕을 이루었는가? 이유를 알고 보니 근세 이후의 세계관과 가치 추구가 깊은 영향을 끼쳤다. 뿌리째 바꾸어야 한다. 문제를 일으킨 부분만 도려낸다고 해서 될 일이 아니다. 완전히 파내고, 그 자리에 새로운 무엇을 심어야 한다. 본성적 가치로 영혼의 영원성을 보장하는 체제를 구축해야 한다. 차원이 다른 제3의 정신문명 건설이 필요하다. 하지만 서양 문명은 모든 면에서 한계성에 도달했다. 그들은 본성 문제에 대해 어떻게 접근했는가? 뇌신경학, 정신 분석학, 조건 반사설 등등. 의식의 표층 영역을 기능적으로 탐구하였다. 그런 방법으로 어떻게 타락한 본성을 회복해서 원하는 방향으로 변화시킬 수 있겠는가? 요구되는 정신문명을 일으킬 에너지가 고갈된 상태이다. 하지만 동양은 그렇지 않다. 불교도가 수행을 쌓아 깨달음을 구한 것은 무엇보다도 인간의 본성 바탕을 변화시키고, 의식을 일깨우는 모종의 정신 원리가 작동해서이다. 그로써 일군 반야(般若)란 지혜는 오늘날의 인류 사회가 당면한 인간성의 황폐화 문제를 해결하고, 기대한바 새로운 정신문명을 건설하는 주춧돌이 될 수 있으리라. 불교 전통뿐만 아니라 동양에서 일군 본체 문명 모두가 그러하다. 교육의 패러다임을 전환하는 문제는 그대로 인류의 문명 패러다임을 전환하는 문제이다. 이 시대적인 요구에 동양의 본체 문명이 기대에 부응해서 부활해야 하리라.

제4장 지식 교육 패러다임

1. 주지주의 단초

교육의 근본적인 과제가 무엇이냐고 한다면, 바로 인간을 가르치는 것이다. 그리고 인간을 교육하는 데 있어서 무엇을 가르쳐야 하느냐고 한다면, 다양한 과제를 종합해서 두 가지로 말할 수 있다. 하나는 인간 삶의 가치를 자각해서 일굴 수 있도록 길을 인도하는 가르침이고, 다른 하나는 자연 세계를 탐구해서 과학적 지식을 알 수 있도록 하는 가르침이다. 지향하는 목표와 도달할 결과가 다른 탓에 교육적인 과제도 구분할 수밖에 없지만, 양 과제는 끝내 조화를 이루어야 하는 것이 마땅하다. 나아가 교육 본연의 인간 교육 목적에 초점을 두고 본다면, 교육으로 달성해야 할 보다 본질적인 가치가 무엇인가를 판단해서 우선된 과제를 결정해야 한다. 객관적인 입장에서 나눈 교육 과제 중 어디에다 더 우선성을 두어야 한다고 생각하는가? 그리고 선별한 기준에 따라 현대 교육은 실태가 어떻다고 판단하는가? 대답 역시 엇갈리는 바, 나름대로 이유는 있겠지만, 사실은 각자가 지향하고 있는 가치 기준에서부터 차이가 있다. 정말 모두가 인준할 만한 객관적인 기준을 따라야 하는데, 그것은 '인간 교육'이란 본연의 목적과 지금까지 과제를 추진한 결과성 여부이다. 후자를 기준으로 두고 보면, 인류가 과학 문명을 일으키고 과학 문명을 건설하여 지구 밖 우주 영역으로까지 지식 영역을 넓혔다고 판단되고, 전자를 기준으로 두고 보면, 현대 사회는 인간의 소외 현상과 인간성을 상실한 시대를 맞이하여 인간 영혼이 고통받고 있으므로, 어느 쪽이 교육 본연의 목적과 더 가까운 실상 파악일까? 공의적으로 과제의 우선성을 판단할진대, "온 천하를 얻고도 제 목숨을 잃으면 무엇이 유익하리오(막, 8: 36)"라고 한 예수의 말씀처럼, 달에 인간이 발을 내딛고 화성, 목성, 은하계까지 우주 탐사선을 보내면 무엇 하나? 본성을 회복해서 영혼이 안주할 길을 찾는 것이 우선이다.

　이런 관점에서 본다면, 근세 이래로 교육의 주안점과 추구 과제는 순서가 바뀌었다. 어느 정도인가 하면, 삶의 가치를 자각하고 일구고 길을 인도하는 인간성 교육에 관한 교육 원리와 방법과 로드맵이 체계화되어 있지 못했다. 아직도 각자의 가치 판단과 주관적인 결정에 맡겨진 실정이다. 그러니까 인간성의 황폐화와 문명의 총체적인 위기 도래를 우려하면서도, 그런 결과를 유발한 이유는 알지 못한다. 원인 진단을 이 연구는 서양이 근세 이래로 자연 세계로 눈을 돌린 지식 추구에 있다고 보거니와, 주지주의 전통은 더 거슬러 올라가 그들 문화의 정신적 선조인 고대 그리스의 사상가들로부터 발단되었다고 할 수 있다. 그들은 사고방식의 특성상, 그런 전통을 계승해서 발달시키는 것이 교육 본래의 목적을 달성하는 것이라고 믿었지만, 사실은 "인간이 어떻게 교육되어야 하는가?"에 관한 본질적인 작용 역할을 알지 못했다. 지금이라도 지적한다면, 본성 추구와 거리가 있는 것은 한두 세대 전의 일이 아니다. 오늘날의 광범위한 인간성 황폐화 이유가 오랜 세월에 걸친 주지주의 교육 실행 결과 탓이란 뜻이다.

　요르단과 이스라엘 국경에 걸쳐 있고 염분이 많은 사해(死海)는 북쪽으로부터 요르단강이 흘러들고 있는데도 기후 변화로 증발이 심해 수위가 낮아지고 있고, 여기저기 싱크홀이 생겨 황폐해져 가는데, 그것이 어제 오늘 발생한 원인 때문이겠는가? 현대 사회가 짐을 안게 된 인간성 황폐화 결과는 서양이 오랜 세월 동안 교육의 실행 목표를 후자에 두고서도 결과를 예단하지 못한 탓인 만큼, 이 같은 목적 지향은 재고해야 한다.[1] 자연을 탐구해서 지식을 얻고 앎을 확대하고자 한 것과, 삶의 가치를 일구어 바람직한 방향으로 나아가고자 한 것은 구분해야 하고, 자연과학적인 배움 과정과 학습 등도 삶의 가치를 일구는 데로 포함해야 한다. 목적을 실행하는 과정에서 본말이 전도된 탓에 인간성이 황폐해진 만큼, 지식 우선 교육이 얼마나 인간 교육과 거리가 있고, 멀어지게 한 것인지 알아야 한다. 근대 문명은 서양이 지식의 힘과 이성을 앞세워 건설한 체제인 만큼, 현시대는 온통 지식 우선적인 인식으로 지배되고 있다고 해도 과언이 아니다. 중세 천년의 역사가 절대적인 신권 질서의 지배 아래 있었던 것처럼…… 그렇게 해서 구하고 알게 된 지식만이 세계를 이룬 전부가 아닌데도, 지식만 가르치면 미래 인류가 어떻게 되겠는가? 현대 문명이 당면한 모순과 종말성이 이 같은 패러다임의 고착에서 비롯된 것인 만큼, 교육 영역을 넘어선 문명적 차원에서 본말전도 상황을 바로잡기 위해서는 서양의 주지주의가 도대체 어디서부터 발단된 것인지 단초를 추적해야 한다.

"서양 교육이 지육을 중심으로 교육하게 된 것은 인간과 동물과의 차이, 인간을 인간답게 하는 본성을 이성적인 사고 능력을 기르는 것으로 본 고대 그리스 시대 이래의 사고 전통으로부터 비롯되었다."[2] 예컨대, "소크라테스는 교육의 목적을 피상적이고 유창한 언변을 가지고 정보를 전달하

---

1) 『최신 교육학 개론』, 성태제 외 12인 공저, 학지사, 2010, p.90.

2) 『교육의 이해』, 이원호 외 5인 공저, 만수출판사, 2000, p.4.

는 일이 아니라, 인간 스스로 반성하고 사고할 수 있는 능력, 즉 사고력(the power thought)을 발달시키는 일이라고 하였다. 그래서 지식에 도덕적 의미까지 포함했다."[3] 교육에 관한 이 같은 사고방식과 가치관의 견해가 역사적으로 판단할 수 있는 서양 주지주의 전통의 실마리다. 이런 정신을 계승한 플라톤은 "이성과 이해의 발달을 교육의 본질로 삼음으로써 후일 영미 현대 교육 철학의 바탕이 되었다."[4] 그는 "피타고라스학파의 수학 존중 사상을 지녔고, 아카데미아를 설립했을 때도 입구에 '기하학을 모르는 사람은 들어오지 말라'란 문구를 붙였다. 수학이 모든 학문의 기본 원리가 되어야 한다는 생각은 『국가론』에서도 나타나 있다."[5] 고대 철학을 집대성했다고 할 수 있는 아리스토텔레스도 "인간을 인간답게 하는 본질적 기능, 즉 인간의 德이 이성적 사고 능력이라고 하였고, 플라톤과 달리 사물(대상)의 기본적인 요소는 형상과 질료라고 하여 물질적 대상의 연구로 보편적 형상의 개념을 획득할 수 있다고 한 것은 근대의 자연과학, 생명과학, 사회 과학이 발달할 수 있는 기초가 되었다."[6] 지성을 개오해 문명을 발달시킨다는 측면에서는 당연한 추구 목적이고, 가치 추구 방향이지만, 문제는 그런 목적이 인간 본성을 형성, 회복, 변화, 완성하는 것과 무슨 상관이 있는가이다. 동양인이 인간 덕성을 완성하는 데 뜻을 둔 것과 비교한다면 거리를 실감할 수 있다. 동양이 자연 세계를 탐구할 수 있는 방법적 원리를 개진하지 못한 점은 아쉬운 점이 있지만, 서양도 인간이 이성적

---

3) 『서양 교육 사상사』, 주영흠 저, 양서원, 2001, p.24.

4) 「라인 홀드 니버의 인간 이해」, 임동훈 저, 협성대학교 신학대학원, 신학, 윤리, 석사, 2007, p.1.

5) 『교육사 교육 철학 연구』, 손인수 저, 문음사, 1992, pp. 60~61.

6) 『교육 철학』, George R. Knight 저, 앞의 책, p.65.

으로 사고해야 인간다워질 수 있다고 여긴 것은 잘못이다. 인간의 본성 탐구 원리를 모른 탓에 서양은 타락한 본성의 정화 역할을 했던 중세 천년의 신권 질서까지 버리고, 인간성의 발견이란 핑계로 르네상스 운동을 일으켰다.

"르네상스 운동의 대체적인 발상지는 14, 5세기경에 상업 자본이 발달한 이탈리아의 여러 도시를 중심으로 일어났다. 발단은 오랜 중세적 속박으로부터 인간 정신을 해방하고자 한 데 있다. 이 시기의 교육학자들은 인문주의를 적극적으로 제창하였고, 초자연보다는 인간과 세계와 자연의 심미(審美)를 예찬하였다. 그리스인과 로마인이 실행한 자유 교육을 부활시키고, 육체와 정신을 조화 있게 발달시켜야 한다는 새로운 사상을 교육에 반영하였다. 곧, 원만한 인격을 지닌 교양인을 만드는 데 목적을 두었다."[7] 이런 르네상스 시대의 교육을 인문주의 교육이라고 부르지만, 그렇게 해서 과연 인간 교육 목적은 온전히 달성되었는가? 르네상스 운동은 중세의 신권 질서 속박에서 벗어나 인간을 중심에 둔 세계관을 건설하고자 한 것이지만, 그렇게 한 결과가 오늘날 인류 사회가 맞이한 인간성의 황폐화 현상이다. 이런 원인은 도대체 무엇 때문인가? 교육의 본질적 목적에 역행한 탓이다. 神을 모르면 인간을 알 방도가 없고, 세계와 우주 역시 그러하다. 인간의 의지로 인간다운 세계를 이루고자 한 것인데도 결과로서는 더욱 악화 일로로 치닫고 말아, 급기야 神도 인간도 세계도 알 수 없게 되어버렸다. 총체적인 종말 상황에 직면했다. 르네상스 운동은 인류가 문명적으로 인간성을 회복할 수 있는 필수 조건을 의도적으로 제거한 것이다. "**주지주의 교육의 단초**" 측면에서 본다면, 르네상스 운동은 고대 그리스의 이

---

7) 『교육사 교육 철학 연구』, 앞의 책, p.95.

성적 사고 중심으로의 복귀이다. 원만한 인격을 지닌 교양인은 지식적인 앎을 수단으로 삼은 탓에 본성을 본질로써 접근하는 교육과는 거리가 멀다. 이것은 일종의 역사적인 실험 결과이다. 서양은 양대 문명 요소인 헬레니즘 문명과 헤브라이즘 문명의 결합으로 일정 기간 동행했던 것이지만, 끝내 서로 다른 이질성 탓에 결별하고, 본래의 현상적인 본색만 명확히 한 것이다. 이런 문명 특성의 각성으로 역사상 놀라운 과학 혁명을 일으켰지만, 반대급부로 주지주의 교육이 고착화됨과 함께 인간성을 황폐화한 결과를 초래하고 말았다. 아직도 지성들은 인간 본성이 왜 황폐해진 것인지 원인을 진단하지 못한 실정인데, 그것이 이제는 분명해졌다. 주지주의 교육은 분명 본래의 인간 교육 목적에 역행한다. 神을 버리고 근본을 망각한 교육이 어떻게 인간성의 이상적인 완성을 기대할 수 있겠는가? 神을 거부한 서양 문명이 어떻게 끝까지 흥성할 수 있겠는가? 언젠가는 종말적 상황에 직면해야 했다.

그런 단초 씨앗을 뿌린 르네상스 운동을 발판으로 근대 세계를 연 서양의 지성들은 허문 신권 질서 터전 위에 새로운 인간 질서를 세우고자 정열을 쏟았고, 주된 수단으로 활용한 것이 이성을 중심으로 한 세계관 건설이다. "서구 근대 철학의 물길을 튼 데카르트는 '나는 생각한다. 고로 나는 존재한다'란 명제로 이성적인 사고를 앞세웠다. 수학을 명석 판명한 지식의 대표로 생각해 모든 지식을 합리적 사유에서 도출하려고 하였다."[8] 이후 베이컨이란 사상가가 등장해서는 과학적 방법의 이론적 기초를 제공하여 자연 세계를 탐구할 수 있는 기초를 마련하였다. 그는 "종래의 학문이 단지 神의 본질이 무엇인가, 어떻게 하면 하나님에게 몸을 바쳐 저세상의

---

8) 『교육의 이해』, 앞의 책, p.4.

행복을 얻을 수 있는가" 한 데 그쳤다는 점에 불만을 느꼈다. 인간 생활을 더 낫게 하고 더 풍부하게 하는 데는 아무런 실익을 주지 못하는 것으로 보았다. 학문은 인간 생활에 실익을 주는 참된 지식을 탐구하는 일이고, 그곳에 학문의 목적과 임무가 있다. 하나님의 나라보다 인간의 나라를 이루는 일을 더 중요하게 생각하였다(『신기관』)."[9] 인간의 참된 힘은 이성에 의해 획득한 과학이다. 과학을 통해 얻은 지식으로 자연을 극복하고 세상을 지배할 수 있다. 이런 사상의 기초 다짐이 지적 호기심을 인간을 둘러싸고 있는 외부 세계로 돌려 발명과 발견이라는 과학적 탐구 활동을 연결시켰다.[10] 인간의 나라를 건설하기 위해서 불가피한 가톨릭교회와의 한판 대결 과정을 거쳐 "16, 17세기에 이어진 코페르니쿠스, 케플러, 갈릴레오의 천체 운행에 관한 새로운 해석은 이성이 얼마나 경이로운 능력을 지녔는가 하는 사실을 실증하였다. 일련의 성과들로 과학의 권위가 교회의 권위를 대신하게 되었고, 교회의 통치적 권위 대신에 과학의 지성적 권위를 존중하는 시대를 맞이하였다."[11] 인간의 관심을 인간 밖 외부 세계로 돌리게 해 본성을 추구하는 문제와는 더욱 멀어져 버렸다. 하나님의 나라를 건설하는 것과 인간의 나라를 건설하는 것이 별개라고 생각한 것은 서양의 자연 탐구 방법이 인간 본성을 기반으로 이상적인 나라를 건설하고자 한 목적과 무관하다는 뜻이기도 하다. 사실상 서양 문명 본래의 특성에 충실하고자 한 것 이외는 아무것도 아니다.

베이컨이 틀 잡은 귀납법은 이성적 추리와 사고 법칙으로 자연 현상 속

---

9) 『학문과 예술』, 현대인 강좌 편찬회, 박문사, 1962, p.133.

10) 『교육사 신강』, 앞의 책, p.218.

11) 『루소의 교육론 에밀』, 앞의 책, p.14.

에 있는 결정 법칙을 발견하고자 한 것이다. 곧, 사물과 현상의 본질을 밝히고자 한 것은, 수행을 쌓아 道를 구하고 天命을 알고자 한 동양의 본성 탐구 노력과 비교된다. 시종일관 인간의 본질=이성적 사고 능력이라고 여긴 탓에 서양의 사고방식 안에서 교육은 당연히 이성적인 사고 능력을 개발하는 것이 주류적인 정의였다.[12] 이런 "이성주의가 지식 교육을 인간 교육의 수단으로 삼은 주지주의를 파생시켰고 18세기 초, 생산 방식에서 대변혁을 일으킨 산업화의 기능주의와 결합해 인간을 고도로 지능화한 이기적 주체로 분화시켜 버렸다. 만인 대 만인의 치열한 경쟁을 부추겨 사회적 관계는 물론이고 부부와 형제, 부모와 자녀 간에도 영악하고, 이기적이고, 타산적인, 차갑고 삭막한 관계로 퇴락하는 등"[13] 인류의 인간성을 황폐시켰다. 왜 그렇게 된 결과를 초래한 것인지에 대한 이유가 명확하지 않은가? 원인 단초를 서양 문명의 역사를 통해 확인할 수 있다. 그렇더라도 한편으로는 섭리적 의미도 함께했다. 그것까지 간파해야 서양 문명은 물론이고, 인류가 직면한 종말 상황을 극복할 수 있다. 그것이 무엇인가? 자연 역시 하나님이 지은 창조 세계인 한, 하나님이 지은 창조 목적과 의지와 원리까지 밝혀야 했다. 중차대한 섭리 뜻을 실행한 것인데도 문제는 정작 소임을 수행한 당사자가 창조 뜻을 부정하고 나선 것이다. 사실을 깨달을진대, 자연 세계를 탐구하고 사물의 본질을 밝히는 것도 알고 보면 창조 목적을 이루고자 한 섭리 역사 일환이다. 그리해야 色의 본질은 空의 본질 규명을 통해, 空의 본질은 色의 본질 규명을 통해 창조된 사실을 확인할 수 있는 창조 방정식 곧, 세계적인 조건을 갖추게 된다. 보혜사 하나님

---

12)   위의 책, p.14.

13)   『기로에 선 인류사의 철학적 성찰』, 유성동 저, 문예운동사, 2009, p.339.

이 진리의 성령으로서 이룬 지상 강림 역사의 완비 체제이다. 동양의 본체 문명과 서양의 현상 문명을 통합하는 세계관의 완성 조건이기도 하다. 한계에 도달한 서양의 **"지식 교육 패러다임"**을 대신할 동양의 **"본체 교육 패러다임"**을 앞세워 본연의 인간 교육 목적을 달성해야 한다. 지난날의 인간 교육 체제를 재정비해야 하리라.

2. 지식 편중 한계

현재의 주지주의 교육 방식은 서양인들이 세계를 과학적으로 탐구하면서, 어떻게 하면 자연 현상을 통해 새로운 원리와 법칙을 발견해서 이용, 전수할 수 있을 것인가에 관심을 둔 것이 세계적으로 확대되어 제도화된 것이다. 그만큼 지식 교육은 인류 사회의 강력한 요구에 따라 보편화된 것인데, 과학 혁명을 일으킨 원동력이 인간의 인지 능력이었고, 산업사회는 여전히 이 같은 능력을 필요로 한다. 그런 만큼, 현대 문명을 뒷받침한 문명 체제가 획기적으로 달라지지 않는 한 인지적 측면에서 학교 현장에서의 지식 교육 방식은 계속 이어지리라.[14] 수요가 있는 곳에는 공급이 따르는 것처럼, 현대 문명은 여전히 지식 위주 교육이 주축을 이루고 있다. 필요성 이유를 더욱 근본적으로 따져본다면, 정신적인 과제까지로 옮겨진다. 인간이 신뢰한 진리와 세계관과 중요하게 여긴 가치가 무엇인가 한 여부가 지식 교육을 요구한 것이다. 현대 인류가 원한 세계관과 이루고자 한

---

14) 「철학적 관점에서 본 인성교육의 의미」, 신창석 저, 대구가톨릭대학교 교육대학원, 철학, 석사, 2011, p.2.

목표가 물질문명을 건설하는 데 있고, 그를 통해 이상적인 사회를 이룰 수 있다고 믿은 탓에 지식 교육을 필요 불가결한 수단으로 삼았다. 이런 판단이 틀림없다는 것은 지난날 겪은 중세 시대와 비교해 보면 알 수 있고, 동양의 유교 사회도 진리 추구 목표와 달성하고자 한 가치 척도가 지금과는 달랐다. 무슨 말인가 하면, 아무리 현대의 문명 특성과 사회적인 요구가 지식 교육을 요구하고 있더라도, 시대에 따라 가치 설정과 필요성 요구가 바뀔 수 있다는 뜻이다. 그렇게 인식이 전환되는 계기는 현재 몸담은 체제에 대한 반성과 비판할 수 있는 안목을 가지는 것이다. 처음 시작하고 이루는 과정에서는 큰 기대를 하고 매진하지만, 일정 시점에 이르고 보니 문제가 생기고, 예측과 다르게 비관적인 것으로 판단된다면 어떻게 할 것인가? 그런 점을 현대인은 통찰할 수 있어야 한다. 현재의 주지주의 교육 방식은 인간 교육의 전면을 커버할 수 없고, 기대한 만큼의 가치 실현과도 거리가 멀다. 부모와 자식이 사랑과 믿음을 잃은 상태라면 대궐 같은 집에 같이 산다는 것이 무슨 의미가 있겠는가? 인간성을 망가뜨린 지식 교육이 물질문명을 극대화한다고 해서 이 세상에 파라다이스가 건설될 수 있겠는가? 왜 이처럼 기대를 무너뜨리는 한계 상황이 예측되는가? 인간 교육이 지식 교육에 편중된 탓이다. 편중된 원인은 세계에 대한 이해 부족에 있다. 그러니까 교육 기회가 아무리 확대되어도 사회가 도덕적으로 개선되지 않았고, 지식 교육에 매달렸지만, 인간다운 인간은 육성하지 못했다. 예로부터 선현들은 끈질기게 성인의 내림을 기다렸지만, 기대가 무산된 것도 지식 편중 교육에 있다. 더는 나가지 못하고, 그 이상의 것을 보지 못한 한계성을 자각해야 극복할 대안을 찾을 수 있다.

현대 교육은 전적으로 서양 문명이 구성한 커리큘럼을 기반으로 한 것이며, 그것은 엄격히 데카르트가 접근한 세계 인식 방법을 따른 것이다. 교육, 혹은 공부[工夫]를 개념적 조작에 의한 인식의 확충이란 하나의 정신 원리에 국한한 것이다.[15] 그러니까 현대 교육이 뿌리내린 세계관이 바탕부터가 한정되었다. 지식 교육에 편중될 수밖에 없다. 수행을 통한 본질 교육의 중요성을 알지 못한 탓이다. 베이컨이 제시한 세계 관점과 지닌 가치관은 더욱 그러하다. 그는 "교육은 자연을 알고 자연을 이용하는 것에만 이바지해야 하며, 인간의 지성에서 形而上學적 부분을 말살하는 것이 교육의 사명이라고 주장했다. 그렇게 설정한 교육 목적은 인간이 사물에 대해 지배력을 가지도록 하고, 과학적 지식의 이용에 의한 인간의 힘을 증진하는 데 있다. 즉, 인간의 이익을 위해 자연법칙을 배우고 자연을 조정하는 데 있다. 자연에 대한 인간의 조정을 발전시키고, 사물의 지배를 목적으로 하는 것이 학문이라고 여겼다."[16] 形而上學적인 것보다 실제적인 과학 탐구를 목표로 삼은 것은 세계에 가로놓인 본질 영역을 인정한 상태에서 실익을 선택한 것이라기보다는 서양 문명의 특성이 그러하듯, 이성을 통해 본질적인 진리 영역을 넘어다볼 수 없었기 때문이다. 칸트가 물 자체는 인식할 수 없다고 한 것은 예사로운 선언이 아니다. 미국의 존 듀이는 "形而上學, 선험론 등에 회의를 품고, 인간이 잘 알지도 못하는 무한자, 절대자 영역을 가지고 유한적이나 구체적인 것을 해결할 수 없다고 단정하였다."[17] 본질적인 영역에까지 미치지 못한 인식의 한계가 주지주의 교육 방식을 고착화했고, 편중 현상까지 일으켜 현대 문명이 각종 부작용으로

---

15) 『태권도 철학의 구성 원리』, 김용옥 저, 통나무, 1990, p.137.

16) 『교육사 교육 철학 연구』, 앞의 책, p.127.

17) 『교육의 철학적 이해』, 박준영 저, 경성대학교 출판부, 1998, p.217.

몸살을 앓고 있는데도, 엎친 데 덮친 격으로 문화적 우월성과 자만심이 사태를 더욱 악화시켰다.

　과학 혁명을 일으킨 주역답게 웨버는 "근대 서구 사회에 있어서 합리적인 것은 다만 서구에만 독특한 것이다. 오늘날 타당성이 있다고 인정할 수 있는 발전적 단계에 있는 과학은 오직 서구에만 존재한다. 경험적인 지식이나 세계와 인생 문제에 대한 반성이나 심각한 철학적·신학적 지혜나 고도로 순화(醇化)된 지혜는 인도에도 중국에도 바빌로니아에도 이집트에도 존재했다. 그러나 그들 아시아적 국가의 학문에는 아리스토텔레스적 조직과 합리적 개념이 빠져 있다"[18]라고 지적하였다. 그렇게 보면 그렇게도 보인다. 하지만 열거한 아시아적 가치 속에서 아리스토텔레스적인 조직과 합리적 개념 못지않게 소중한 본질 작용의 근원 뿌리는 보지 못했다. 볼 수 있는 안목이 아예 없었다고 하는 것이 맞다. 서양 문명 전체가 세계를 바라보는 관점이 한정적이다. 서양인은 정말 무엇을 보지 못해 세계관적 관점이 한계성에 처했는가? 서양 문명이 "과학 기술 사회를 이끈 정신적 원동력은 다름 아닌, 분석적인 합리주의와 진보주의"[19]라고 평가하지만, 한편으로는 그런 수단만으로 서구 문명을 건설한 본색을 자인한 것이기도 하다. 분석과 합리적인 수단은 현상화된 세계 안에서만 효과를 나타내는 수단 방법이다. 무슨 말인가 하면, 서양은 본체 문명에 대한 말단 문명이고, 뿌리 문명에 대한 가지 문명으로서 결정된 사물과 법칙화된 현상의 본질을 규명하는데 이바지한 3차원 문명이란 뜻이다. 어디에 한계가 있단 말인가? 어떤 세계 구성 요소가 빠져 있는가? 4차원적인 본체 세계

---

18)　『학문과 예술』, 앞의 책, p.23.

19)　『한국 교육 철학의 새 지평』, 이은선 저, 내일을 여는 책, 2000, p.15.

가 엄존한 데도 도달할 수 있는 접근 수단이 없다. 3차원적인 요소만으로는 해결할 수 없는 불가해(不可解)한 문제가 누적되었다.

"기형적으로 발달한 감각의 예민(銳敏)을 자랑도 하고, 과학의 만능을 구가한 서구인들이지만, 그들이 추구한 철학과 과학만으로써는 우주와 인생의 궁극적 본질을 규명할 수 없다는 사실을 발견한 이후로 맞이한 공허감, 그렇다고 종교가 제시한 지침만으로 해결하기에는 너무 비대해져 이성이 허락하지 않는"[20] 한계 국면을 맞이하였다. 프로이트란 심리학자가 나타나 인간 의식의 본질 뿌리에 해당한 무의식의 세계를 발견한 정신 분석학을 창시하였지만, 그 역시 세계에 대한 피상적 접근일 뿐이다. 神을 버리고 갈 곳을 잃어버린 서구인에게 엄습한 정신적 상처를 치유하고자 한 자구책에 불과하고, 산업화 사회에서 피폐할 대로 피폐한 마음을 땜질하는 데 급급했다. 반풍수가 집안 망친다는 속담처럼, 그가 세운 정신분석 이론은 교육에도 큰 영향을 끼쳐, 인간성의 황폐화 상태를 걷잡을 수 없게 하였다. 자연과학으로 일어선 서구 문명이 총체적인 한계점에 도달했다. 슈타이너에 의하면, "자연과학적인 물질의 세계가 모든 것인 줄 알고 감각적인 세계에 사로잡히게 되었고, 예전부터 인간과 우주 속에 있었던 더 높은 정신적인 세계를 잃어버린 서구 자연과학 문명은 바야흐로 종착점에 다다랐다"[21]라고 하였다. 이런 결과를 초래한 것이 지식 교육에 매달린 주지주의 폐단에 기인한 것인 만큼, 새로운 대안으로서의 문명적 패러다임 전환이 강력하게 요구된다.

서양이 자연 탐구를 목적으로 지식 교육에 치중하여 오늘날 오갈 데 없

---

20) 『학문과 예술』, 앞의 책, p.40, 42.

21) 『한국 교육 철학의 새 지평』, 앞의 책, p.58.

는 종말 상황을 맞이한 만큼, "패러다임 차원에서의 대책을 세워야 하는 시대에 지성들은 교육 문제를 근본부터 생각해야 한다. 교육의 가치 목적과 추구 방향을 새롭게 설정하지 않는다면 위기 상황이 그대로 미래 인류의 존망을 위협하는 요소가 되어 버린다. 그런데도 허물어지는 교육을 계속 방치할 것인가? 닐 포스트가 교육의 종말 상황을 진단하지 않은 것은 아니지만",[22] 문제는 서양 문명 안에서는 이 같은 상황을 극복할 수 있는 대안이 없다는 데 있다. 하지만 지식 교육으로 초래된 제 문제성과 달리, 교육이 인간성 회복을 주안으로 한 것은 일찍이 선현들이 기대한 이상 사회 건설의 기본 조건이다. 교육은 인류의 원대한 목적에 기꺼이 부응해서 복무해야 한다. 서양이 도달한 자연 탐구의 한계점을 넘어서야 세계의 종말 국면과 인간성의 황폐화 현상을 저지할 수 있다.

우리는 지난 역사를 돌이켜 보고 명민한 통찰로 지혜를 구해야 『대학』에서 펼친 격물치지 방법론과 수신제가치국평천하 이상이 세계가 도달한 물질문명의 한계점에서 갈길 몰라 하는 인류에게 새로운 길을 트는 지침 역할을 한다. 동양의 선현들이 인류가 나아갈 근본적인 방향을 격물, 즉 사물의 이치를 궁구하는 데로부터 잡은 것은 놀라운 일이거니와, 격물의 근원적인 원리 속에 바로 인류가 도달할 致知가 있다. 致知란 정신 작용 원리를 바탕으로 몸과 마음을 통해 제가→치국→평천하 세계로 나가고자 한 것은, 창조 역사 이래로 하나님이 주관한 인류 역사의 대계를 가닥 잡은 것이다. 단지, 첫 출발점인 격물의 궁극성을 지혜로써 구하는 것이 과제인데, 이것이 곧 천지의 지어짐 원리인 하나님의 창조 뜻과 원리와 법칙을 깨닫는 것이다. 다시 말해, 인류가 추구한 자연 탐구와 지식 교육 목적

---

22) 『교육의 종말』, 닐 포스트먼 저, 차동춘 역, 문예출판사, 1999, p.표지 글.

을 자연 자체의 원리성과 법칙성을 발견하고 구하는 데로부터 전환해『대
학』에서 지침한 격물치지처럼, 격물하는 방법으로 사물 현상의 본질을 궁
구하는 것은 물론이고(거기에 그치지 않음), 더 나아가서는 만상의 지어
진 우주의 창조 본질까지 꿰뚫어, 오늘날 강림한 보혜사 하나님의 사랑 어
린 창조 뜻과 본의를 깨닫는 데로 이르게 해야 한다. 격물치지로 이룰 그
이상의 수행적, 학문적, 교육적, 문명적 통합 가치와 지침 목표는 없다. 본
의에 도달해야 지금까지 인류가 이루고자 한 이상적인 가치 목표를 빠짐
없이 달성한다. 만 영혼을 보편적으로 구원할 수 있는 현실 방안이다. 서
양의 지식 교육 패러다임을 대신할 동양식 본체 교육 패러다임을 부활시
켜야 하리라.

제5장 본체 교육 패러다임

1. 패러다임 전환 인식

　현대인더러 현대 사회의 특성을 말하라고 한다면 각인이 가진 견해가 있겠지만, 보다 포괄적인 점을 고려할 때는 과학적인 인식이 중심을 이루고 있다고 할 수 있듯, 서양의 중세 시대에는 종교적 신앙이 사회의 중심을 차지했다.[1] 스포츠 과학, 사회 과학 할 것 없이 과학적인 지식, 방법, 가치가 세상 어디서도 객관적으로 통용되는 것처럼, 중세 시대에는 성경 말씀과 교회 권위가 세상을 지배하는 역할을 하였다. 그것도 천년의 세월 동안 지속된 것인데, 그 같은 권위와 가치와 질서 구조가 오늘날은 완전히 전환된 것이다. 이처럼 과거 역사가 경험한 전환 시점과 요인 등을 살펴보면, 거기에는 항상 시대가 변함에 따른 한계성의 노출이 있었다. 거대한 문명 체제도 성쇠 현상을 피할 수 없었고, 인류 역사는 그 같은 전환 역사를 한두 번 겪은 것이 아니다. 중세 시대가 저물자 사회를 뒷받침한 봉건 제도, 가톨릭교회, 스콜라철학이 무너졌고, 그 자리를 상공업과 도시의 시민 계급과 자유스러운 철학이 채웠다. 그 변화는 실로 경이로운 것이었다. 발견과 해방을 기치로 세계를 새롭게 열었다. 그것이 인류 사회가 경험한 르네상스란 패러다임의 전환 역사이다. 神에게 종속되었던 인간이 진정

---

1)　『교육사 교육 철학 연구』, 앞의 책, p.75.

한 자아를 발견하고자 한 인간적 혁명 운동이다.[2] 그런 패러다임 전환 역사는 이전에도 있었고, 기존 체제가 한계성에 봉착하면 항상 전환을 위한 인식이 대두했다. 그것이 지금의 시대에도 요구된다면 이유와 원인은 무엇이고, 어떤 양상으로 펼쳐질 것인가? 타당한 인식으로 실현 가능한 통찰인가? 합당한 근거로서는 서양 문명의 몰락(슈펭글러) 예견과 이 연구가 말한 서양 문명의 세계관적 한계 지적 등이 있다. 이런 판단은 비단 이 연구만의 인식이 아니다. 이 땅의 선지자들도 앞장서 패러다임의 전환 소식을 알렸다. 최수운은 선천 역사가 마감되고 후천의 오만 년 無極大道 시대가 도래한다고 하였고, 강증산은 앞으로 맞이할 가을철 문명은 정신과 물질문명이 합일된 결실 문화라고 하였다. 이런 종교적 예견이 아니더라도 깨어 있는 지성들은 서양이 건설한 과학 문명의 한계를 알고, 동양 문명의 중요성을 인식한 '태평양 시대의 도래'를 주장하기도 하였다. 그러나 아직은 기대심만 부추긴 것일 뿐, 실현 조짐은 감지하지 못한 상태이며, 대안도 없다. 구체적인 전환 근거와 방안이 있어야 함에, 왜 전환되어야 하고, 누가 어떻게 주체가 되어야 할 것인지가 드러나야 한다. 무엇보다도 서양 문명의 종말성 이유를 명시해야 **"패러다임 전환 인식"**이 확실해진다.

문명의 패러다임이 전환된다는 것은 대다수 인류가 지닌 정신적, 가치적, 제도적 조건이 모두 바뀐다는 뜻인데, 그런 상황을 상상이나 할 수 있겠는가? 하지만 과거 인류는 그런 전환 과정을 분명하게 겪었다. "근대 과학과 철학이 시작된 17세기가 되자 경험 영역과 무관한 신비와 상상 영역이 퇴색하게 되었고, 더욱이 일방적인 주장들은 설 자리를 잃게 되었다.

---

2) 『체육 철학』, 김대식 외 2인 공저, 나남출판, 1996, p.42.

중세인에게 있어서는 당연한 종교 도그마들이 완전히 힘을 잃어버렸다."[3] 그런 전적은 앞으로 맞이할 패러다임의 전환 시대에도 적용되어야 할진대, 무엇이 전환 역사를 주도할 수 있겠는가? 산업사회가 시작되면서 등장한 기계는 새로운 생산 양식을 도입함으로써 인간 삶의 내용을 변경시켰을 뿐만 아니라, 사회적인 권력까지 재분배했다. 문명의 패러다임 전환은 다른 영역의 변화, 영향과는 비교할 수 없을 만큼 상상을 초월한다. 교육 영역에서도 교육 목적과 방법과 내용과 제도를 혁신시킬 위대한 사상을 배출해야 한다. 전환과 변화는 어쩔 수 없는 탓에 맞이하는 것이 아니다. 콜럼버스가 용기를 발휘해 목숨을 건 모험을 한 탓에 신세계를 발견한 것이듯, 다다른 세계관적 한계를 극복하고 패러다임을 전환할 주체자가 나서 새로운 문명을 건설하려고 노력하지 않는데, 패러다임이 절로 전환될 리 만무하다. 21세기 밀레니엄이 시작되었을 때에는 온 지구촌이 들뜬 마음으로 큰 변화를 기대하였지만, 세기가 바뀌었다고 해서 달라진 것은 없다. 새 물이 들어오지 않는 한, 헌 물은 그대로 있다. "갈릴레오, 혹은 파스퇴르의 현미경이 새로운 세계를 열어주었듯, 오늘날은 컴퓨터가 새로운 세계를 열어주고 있다."[4] 미래를 주도할 교육론도 순수한 도덕성 지향의 추구만으로는 부족하다. 과학적 진리와 과학 문명을 포괄하고 주지주의를 넘어설 수 있는 그 무엇을 창출해야 만인 교육론으로서 자리매김할 수 있다. 혁신을 도모할 인식을 창출할 수 있어야 하는데, 현대인은 현재의 질서 체제에 자족한 상태이다. 하나의 지식을 얻기 위해 현대인은 그토록 맹종하면서도, 세계의 근본을 깨닫기 위해서는 추호도 정열을 쏟으려 하지

---

3) 『서양 교육 사상사』, 앞의 책, p.213.

4) 『오늘의 철학적 인간학』, 진교훈 외 공저, 경문사, 1997, p.312.

않는다. 그러니까 전환해야 할 시기가 되었는데도 문명의 톱니바퀴는 꼼짝도 하지 않고 있다. 이런 상황이 장기간 방치된다면? 문명적 파멸을 피할 수 없다.

루마니아 작가인 게오르규(1916~1996)는 대표작 제목을 『25시』라고 했다. 25시는 최후 시점이 지난 다음의 시간, 곧 인류의 모든 구원이 끝나버린 시간이란 뜻이다. 역사의 종말 시점을 인식해야 한다는 말인데, 그러기 위해서는 먼저 역사가 무한히 진보하는가에 대해 답해야 한다. 과연 "인류의 미래를 짊어질 학생에게 획일화된 지식을 전달하는 교육으로 역사를 무한히 진보시킬 수 있겠는가?"[5] "현재의 과학은 정말 인간의 정신 발달에 있어서 최후 단계이고, 인간 문화의 최고, 나아가 가장 특징적인 성취인가?"[6] 현재 방법이 잘못 실행되는 중인데, 어떻게 지속적인 발전을 기대할 수 있겠는가? 최후, 최고 운운한 것은 자체가 더는 전진하거나 분열할 수 없는 정점 상태란 말이다. 완성이란 인식은 한계 인식이고, 분열을 다한 전환 인식이다. 패러다임도 그러하다. 전환해야 할 때 전환하지 못하고, 극복해야 할 때 극복하지 못하면, 답보를 넘어 패망하고 만다. 그만큼 이때의 전환 인식 생성은 인류 멸망을 막을 중차대한 구원 인식이다. 아직도 대다수 지성은 인류 역사의 무한한 발전과 인류 문명의 무한한 성장을 맹신하면서 과학이 만들어준 페달을 열심히 밟고 있지만, 속도를 가속할수록 자연환경이 파괴되고, 교육이 인간의 무한한 탐욕 가치를 부추긴다. 이것이 현대 문명이 막다른 골목에 도달해 패러다임이 획기적으로 전환되어야 하는 필연적 이유이다. 사면초가 상황이라고 할까? 나름대로

---

5) 「장자 사상의 도덕과 교육에의 함의」, 앞의 논문, p.서론.

6) 『인간이란 무엇인가(문화철학 서설)』, 에른스트 캇시러 저, 최명관 역, 서광사, 1988, p.314.

는 중세의 신권 질서에서 벗어나 정말 인간이 중심이 된 세계를 건설하고 자 하였지만, 결과적으로는 자연 세계를 탐구한 측면에서도 인간 세계를 탐구한 측면에서도 한계성에 봉착하여, 오지도 가지도 못하게 되었다. 이런 때를 맞이하여 인류는 정말 지난날 구태의연한 인식 틀에서 벗어나 인류 문명을 전환할 패러다임의 새 지평을 열어젖혀야 한다. 답습하다시피 한 서양의 지식 교육이 얼마나 비인간적인 것이었다는 사실을 알고, 지배적인 서양 문명의 벽을 넘어서야 한다. "패러다임의 변화가 요구되는 전환기에 인류는 무엇보다도 교육의 근본이 무엇인지를 재고해야 한다."[7]

기대되는 패러다임의 전환 형태를 전망하고 예측해 볼 때, "다가오는 21세기 이후의 천년은 문화의 세기, 철학의 세기, 종교의 세기, 정신문명의 르네상스 시대가 되리라고 미래학자와 지성들이 예측한다. 서구 지성들이 물질문명에 대해 사형 선고를 내린 지는 이미 오래전이다. 근현대 물질문명을 떠받친 기독교 사상과 이분법적인 합리주의 철학 역시 같은 운명이 될 수밖에 없다. 현대 문명의 한계점을 극명하게 드러낸 사례가 곧 환경오염과 인간성의 황폐화 현상이다. 세상이 온통 변화와 개혁의 목소리로 들끓고 있다. 이것은 21세기 이후의 문명이 지금까지와는 다른 새로운 패러다임으로 대체되지 않고서는 인류가 생존을 지탱하기 어렵다는 절규이다. 한계성을 극복하려는 변화의 몸부림이 처절하기까지 하다. 그런데 변화로 새로운 문명을 전개하기 위해서는 반드시 뒷받침해야 할 '사상'이 있어야 한다. 누구도 부인할 수 없는 역사적 법칙이다. 시대 흐름은 물질문명에 대한 반동으로 보아도 정신문명의 부흥이 필연적인 추세이다. 물질적 富와 기계 문명의 편이함만이 인간의 행복을 보장하는 충분한 조건이 아니

---

7) 『교육의 종말』, 앞의 책, p.표지 글.

라는 것은 선현들이 누누이 강조해 온 가르침이다."⁸⁾ 요구에 합당한 대안은? 어떤 사상이 만연한 "서구 근대 자연관과 세계관의 한계와 문제점을 보완하고 극복할 수 있는 패러다임으로서 작용할 가능성과 전망으로",⁹⁾ 인간의 정신적인 영혼을 구원할 수 있겠는가? 필요성을 인식한 "지성들은 21세기 이후 정신문명의 르네상스를 이끌 사상을 2차 대전이 끝나면서부터 동양에서 찾으려고 탐색을 거듭해 왔다. 합리주의 사상을 대신해 21세기 이후의 새로운 정신문명을 이끌 사상인 선사상(禪思想), 노장사상 등등."¹⁰⁾ 하지만 정말 그러한가? 그들은 동양의 문명적 본질을 얼마나 이해하고 있을까? 어떻게 주역이 될 만큼 대안이 될 수 있는가? 서양인들에게 있어서 동양 사상은 생소해서 신비감을 더할지는 모르지만, 동양인들에게 있어서는 이미 체질화된 상태라, 전환의 필요성에 대해 큰 동기감이 없다. 인류 사회를 획기적으로 변화시킬 패러다임의 전환 인식은 서양 문명뿐만 아니라, 동양 문명도 동일한 혁신으로 다가와야 한다. 서양은 그리스와 로마의 옛 문화를 되살리고자 한 운동(르네상스)을 일으켰지만, 그것은 어디까지나 재생이고 복고일 뿐, 전환은 아니다. 동양도 마찬가지이다. 근세에 자본주의로 무장한 서양 세력이 무력을 앞세워 침범했을 때, 동양은 무릎 꿇고 말았으니, 그로부터 서양 사상과 제도와 선진 과학 기술에 깊숙이 파묻힌 동양이 자체 사상의 먼지를 털고 다시 꺼내 본들 무슨 생명력을 발휘할 수 있겠는가? 그래서 인류 역사 전체의 패러다임을 전환할 대안다운 사상 조건은, 동양 문명과 서양 문명 모두에게 있어서 생소하고, 획기적

---

8) 『밥그릇이나 씻어라(중국선불교 답사기 1)』, 이은윤 저, 자작나무, 1997, pp. 10~11.

9) 『교사와 책-미래의 힘』, 박인기 · 우한용 책임기획, 솔, 2008, p.220.

10) 『밥그릇이나 씻어라』, 앞의 책, p.11.

이고, 충격적인 그 무엇이 되어야 하고, 그러면서도 동서양의 문명 요소를 두루 포괄한 그 무엇이어야 한다. 당연히 현재의 문명적 질서 안에서 본다면 전혀 다른 제3의 문명 체제이다.

역사상 "모든 새로운 문명의 모험(Adventure of Civilization)은 이단이라는 낙인이 찍혔다. 이때 이단(異端)은 기존 인식의 틀로서 포착할 수 없는 다른 것이고, 그러므로 그것을 이단으로, 즉 정통임을 자처하는 사람들의 인식 체계에 수용될 수 없어 배척되었다. 그러나 그 다름[異]이야말로 새로운 문명의 단[端]이다. 異야말로 新(새로움)의 端(단서)인 탓이다."[11] 그런 異다운 조건을 갖춘 사상이 오늘날에 있어서는 어떤 형태가 되어야 할까? 물질문명만도 정신문명만도 아닌, 양 문명의 본질적 요소를 통합한 영성 문명 조건이다. 제3의 통합 문명 패러다임 전환이 임박했다는 것이 이 연구의 판단이다. 『과학 혁명의 구조(1962)』를 편 토머스 쿤(1922~1996)은, "과학의 변화 및 발전은 지식의 누적을 통해서 이루어지는 것이 아니다. 한 이론이 전복되고 그 자리를 양립하기 어려운 다른 이론이 대신하는 혁명적 과정을 통해 이루어진다고 하였다."[12] 기존 전통을 정복할 만큼 패러다임을 혁명적 과정을 통해 전환할, 이전까지는 듣지도 보지도 못한 새로운 이론이란? 어떤 전통 뿌리, 사상 뿌리, 문명 뿌리에도 소속되지 않으면서 모두를 아울러야 한다. 요건을 갖추어야 혁명적 과정으로 이끌 패러다임 전환 동력을 공급할 수 있다. 분열한 문명 요소들을 하나로 규합할 통합의 힘은 상상을 초월한다. 현대 문명의 주도 세력인데도 세계관적으로 한계점에 도달한 서양 문명으로 불가능한 것이 확실하다.

---

11) 『태권도 철학의 구성 원리』, 앞의 책, p.37.

12) 『교사와 책-미래의 힘』, 앞의 책, p.240.

독일 고전 철학을 대표하면서 독일 관념론을 완성한 헤겔(1770~1831)은, 그의 철학적 입장을 "현실적인 것은 이성적이요, 이성적인 것은 현실적이다"란 말로 표현하였다. 드러난 세계적 현상과 역사를 이성이라는 인식 틀 안에서 이해하고 해석한 것이다. 헤겔은 "현실이란 인간이 마음대로 바꿀 수 있는 것이 아니다. 오히려 역사 과정은 자체의 법칙에 따라 필연적으로 정해졌다고 생각하였다."[13] 왜 현실은 인간이 마음대로 바꿀 수 없고, 역사 과정을 자체의 법칙에 따라 필연적으로 정해진 것이라고 보았는가? 이성을 통해 답했는가? 그럴 수 없었다는 것이 서양 문명이 지닌 한계성이다. 진상은 인간도 우주도 아닌 제3의 힘이 작용한 것인데, 그것이 곧 하나님이 주관한 섭리 뜻이다. 하나님의 창조 목적과 의지가 인류 역사와 함께하였다. 다시 말하면, 점철된 인류 역사는 하나님이 뜻한바 창조 의지의 구현체이다. 그런데도 그렇게 주관한 결과로 인류 역사가 도달한 것이 종말 문명이란 말인가? 그렇게 판단할 수밖에 없는 것이 서양 문명이 주도한 세계적 관점의 한계이다. 이면에서 주관한 하나님의 섭리 역사와 본의를 보지 못한 탓이다. 끝까지 볼 수 없다면 역사의 종말은 피할 수 없고, 절체 절명한 구원의 기회를 상실하고 말 것이다. 반드시 깨달아서 보아야 하는 것이 패러다임 전환의 인식 조건이고, 오늘날 강림한 하나님이 인류에게 내리는 준엄한 명령이다. 계시한 본의를 거부할진대, 멸망의 자초 원인이 되고, 받들진대 문명의 패러다임을 전환할 통합력이 발현된다. 하나님은 창조 이래 무수한 세월 동안 이때를 위해 통합 에너지를 축적했다. 그것이 본의를 자각하면 한꺼번에 분출된다. 선천 문명이 분열을 거듭한

---

13) 『헤겔의 정신 현상학』, 한국철학사상연구회 기획, 강순전 글, 김양수 그림, 삼성출판사, 2007, p.뒤표지 글.

것은 인류가 당면한 역사적 종말성을 극복하기 위해서이다. 분열한 만큼 통합할 수 있는 일체 요소를 만세 전부터 비축한 것인데 단지, 본질 속에 잠재되어 있어 드러나지 못했다. 이것을 헤겔과 선각들이 알아채지 못했다. 하나님이 천지를 창조하기 위해 모든 바탕을 통합성 본질로써 마련하였듯, 오늘날 한계성에 이른 문명적 패러다임을 전환할 에너지도 그러하다. 그래서 문명을 전환할 촉진제는 바탕 마련 사실을 자각할 수 있는 인식 자체에 있다. 거대한 물리적 에너지를 가진 핵폭탄도 뇌관 하나만 건드리면 폭발한다. 본의에 입각할진대, 지금이 얼마나 중차대한 시점인가? 누차 강조한 대로 보혜사 하나님이 진리의 성령으로서 강림한 성령의 시대이다. 하나님이 강림함으로써 패러다임의 전환 역사가 이미 시작되었다. 역사상 이보다 더 획기적인 문명 전환 조건과 필연적인 동기 부여 시점은 다시없다. 종말 문명을 극복할 제3의 차원 문명, 영성 문명, 통합 문명을 건설해야 한다. 중요한 것은 이 같은 전환 역사를 누가, 어떻게 주도할 수 있는지인데, 그것이 지금까지 모든 가능성을 준비한 교육을 통해서이다. 교육은 시대를 불문하고 위대한 사명을 수행했고, 앞으로도 그러해야 한다. 교육은 전 시대에 걸쳐 전력을 기울여 인류 영혼을 일깨울 하나님의 존엄한 구원 명령을 실행해야 하리라.

2. 본체 문명 대두 요구

조선 말기, 서세동점(西勢東漸)의 격변한 시대 상황 속에서도 동도서기론(東道西器論)을 주장한 지식인들이 있었다(1880년대 초의 김윤식 · 신기선 등). 대의란 전통적인 제도와 사상[道]은 지키되, 근대의 서구적인 기술[器]은 받아들이자는 이론이다. 중국의 양무운동(洋務運動)을 기치로 내세운 '중체서용론(中體西用論)', 일본의 '화혼양재론(和魂洋才論)'과 같은 의미를 지닌다. 道와 器는 『주역』 「계사」에서 "形而上을 道라 하고 形而下를 器라 한다"라고 한 데서 유래한다. 다시 말해, 동도서기는 동양 사회의 전통을 유지하면서 서양 문물을 수용하고자 한 지식인의 태도 일반을 지칭하는 개념이라고 볼 수 있다. 그 안에는 道器론 뿐 아니라 敎法론, 本末론, 體用론과 같은 다양한 개념을 포괄했다.[14] 이때는 서양 문명이 강세라, 위협 앞에서 나라의 주체성과 동양의 전통을 지키고자 한 수세 입장이었다면, 오늘날은 인류 전체의 문명 패러다임을 전환해야 한다는 주도적 입장에서 동도서기의 본질적 가치를 재정립해야 한다. 왜 동양 문명이 道적 문명이고 서양 문명이 器적 문명인지에 관해서는 이 연구가 그동안 지칭한 용어로서도 파악된다. 뿌리 문명 대 가지 문명, 본체 문명 대 현상(지체) 문명 등등. 그런데도 현재의 문명적 상황은 지체인 서양 문명이 성행하고, 본체인 동양 문명이 사장된 상태이다. 본말이 전도된 상황에서 인류 역사가 인간의 무한한 진보 의식과 상반되게 종말 국면을 맞이하였다. 역전된 결과를 바로잡아야 하는데, 그러기 위해서는 뿌리 문명인 **동양 전통이 지배적인 서양 중심의 패러다임을 전환할 위대한 사상을 일으켜야 한다.** 가지 문명인 서양적 전통으로서는 불가능하다. 뿌리에 해당한 동양 문명이 나서서 전환의 모티브를 마련해야 한다. 그 방향은 동서 문명을 통합하는 것인데, 요인은 뿌리 문명인 동양 전통이 지녔다. 그런 의미에서 東道西器는 변할 수 없는 진리론이다. 전환 인식을 요약하면, 동양의 심오

---

14) 한국민족문화대백과사전, 동도서기론.

한 정신문화 전통을 밝힌 본의 관점으로 되살려 부활시킬 **"본체 문명 대두 요구"**이다. 서양 문명은 섭리적으로 사명 역할에 있어 정점을 찍고 하향할 수밖에 없어서 지는 해에 해당하고, 동양 문명은 진리적 저력과 역량은 쌓았어도 가치를 인정받지 못해 버려졌지만, 어둠의 세월을 지나 바야흐로 천지를 밝힐 떠오르는 태양과 같다. 새로운 태양 문명이 대두해야 도달한 한계 문명을 극복할 패러다임을 전환할 수 있는데, 기대한 주체 문명이 바로 체제를 새롭게 정비해서 일어설 동양의 본체 문명이다. 동양 문명이 순수하게 전통을 지켰을 때는 동양과 서양의 문명 특성에 근거해 정신문명 대 물질문명으로 대비했지만, 오늘날은 그런 인식 틀을 벗어나 정신문명이 물질문명까지 통합할 수 있는 시대 사명을 수행할 수 있도록 차원이 다른 '본체 문명'으로 지칭함이 마땅하다. 본체 문명을 앞세웠을 때, 동서 문명의 전통적인 문명 특성이 업그레이드되고, 새로운 차원 세계가 열린다. 진리 탐구, 가치 추구, 역사의 추진 목표가 달라진다. 존재론→인식론에서 답보된 形而上學이 본체론을 향해 길을 튼다. 주지주의가 主意主義로 전환하는 등, 가시적인 변화를 경험하게 된다. 패러다임 전환은 근본된 뿌리 문명으로부터의 변화이다.

동서 통합을 지향한 본체 문명 대두는 기계적, 사변적, 분석적, 3차원적인 현상 문명의 쇠망을 의미함과 함께, 직관력에 기반을 둔 초월 문명의 본격적 대두를 시사한다. 문명의 전환 방향과 통합 목표를 인식하기 위해서는 동서 문명의 특성을 비교해서 구분할 필요가 있다. 사물과 인생과 진리 등, 다양한 측면에서 동양과 서양은 관점상에 차이가 있다. "서양적 방법이 이론적·논리적·분석적·합리적이라면, 동양적 방법은 전체적·종합적·직관적이다. 구조상 특성이 비교되는 것은 그만한 이유가 있는데도, 그것을 알지 못한 서양의 우월주의 의식은 동양을 일컬어 비과학적·비언어적·비범주적 사고 방법이라고 비하하였다."[15] 그런 이해 인식은 이제 바뀌어야 한다. 진정한 가치를 알지 못한 무지 자체이다. 과학적 실험과 관찰이 서양적이라면, 지혜로운 통찰을 통한 접근은 동양적인 진리 접근 방법이고, 아예 탐구한 대상이 달랐다. 그런데도 곡해가 계속된 것은 인식 수단과 방법에 따라 진리 대상과 영역이 한정된 탓이다. 그러니까 오랜 세월 동안 서로를 이해할 수 있는 소통로가 막혀 격리된 채 따로 놀았다고 할 수 있다. 이런 결과로 동양 문명은 정신적이고 서양 문명은 물질적이라고 보았다. 정말 고대 동양의 사상적 전통을 살펴보면 제자백가적인 것, 유교의 仁 사상, 불교적 인생관, 선 사상 같은 고급의 정신문명을 찾아볼 수 있지만, 서양 전통 안에서는 그런 전통을 찾기 어렵다. 대신에 서양은 물질문명을 일으킨 과학을 발달시켰고, 그를 통해 기른 막강한 무력을 통해 근대 들어서는 동양 제민을 굴복시켰다. 아시아와 아프리카의 많은 나라들이 서양 열강의 지배로 위협받았고 식민지화되었다.[16] 그 역사적인 섭리 뜻은 실로 서양 문명에 부여한 통합과 하나님의 창조 목적을 실현할 인류 영혼의 보편적인 구원 기회였다고 할 수 있는데, 그들이 행한 수단은 군사력 우위, 패권 다툼, 정복뿐이었다. 더욱이 용서받지 못할 역사적 죄악은 기독교가 자국의 국가적 이득을 위해 선교를 수단으로 활용했다는 데 있다. 이런 전적 탓에 서양은 인류 문명을 통합할 중심 세력이 될 수 없다. 하나님이 기대한 섭리 뜻과 내린 은혜를 곡해하였고, 부여된 역사적 기회마저 걷어차 버렸다. 근본적인 이유는 하나님이 천지 우주를 창

---

15) 『교육사 교육 철학 연구』, 앞의 책, p.32.

16) 『학문과 교육(상)』, 장상호 저, 서울대학교 출판부, 2006, p.136.

조한 구조를 알지 못해 과불급(過不及)한 탓이다. 태극론에서는 태극이 양의가 되어 현상적인 본질이 음양화되었다고 한 것처럼 상대화, 구조화되어야 천지가 운행할 수 있는 조건을 갖춘다. 인간이 가진 뇌의 작용 역할, 세계적 현상, 동서양의 문화 특성, 우주의 운행 본질 등이 모두 그러하다.

즉, "창의성에 관한 연구는 인간의 뇌 기능과 관련해서 시작하였다. 여기에 관한 현재까지의 연구 성과는 크게 세 가지로 요약할 수 있다. 창의적 사고는 우뇌가 지배적이라는 견해와, 좌·우측 뇌의 통합 기능을 주장하는 견해, 두뇌 기능과는 상관없이 의지적인 작용에 의한 것이라는 견해가 그것이다(손승아·안경숙, 1997). 하지만 대부분 연구 결과로 좌뇌는 말을 하거나 듣거나 계산하는 식의 논리적 기능을 담당하고, 우뇌는 음악을 듣거나 그림을 보거나 어떤 이미지를 떠올리는 기능을 관장한 것으로 알려졌다. 다시 말해, 우뇌가 예술성·직관성·창조성 등의 감성적인 측면의 기능인 반면, 좌뇌는 관념 구성적, 분석적, 산술적 등 이성적인 측면의 기능을 담당한다. 그래서 창의적인 사고는 주로 담당한 우측 뇌의 기능을 집중적으로 자극하기보다는 좌·우측 뇌의 기능을 통합적으로 자극함으로써 보다 잘 길러진다고 하였다(하종덕, 1999)."[17] 생리적인 관점에서 보더라도 "좌반구는 인체의 오른쪽을 지배하고, 우반구는 신체의 왼쪽을 통어한다. 인지한 그대로 문학과 신화학은 오른손(좌반구) 및 이성·남성, 독단적 성격과 연관시키고, 왼손(우반구)은 신비적·여성적·수용적 성격과 연결 짓고 있다. 좌반구는 분석적이며, 직선적인 생각을 전문으로 하

---

17) 『실존주의와 함께한 학교 교육 제모습 찾기』, 김상헌·김동교 공저, 영남대학교 출판부, 2008, pp. 201~202.

면서 정보를 연속적으로 처리하는 데 관련되고, 우반구는 종합하는 데 더 적절한 전일적(holistic) 방법에 주로 작용하여 정보를 발산(發散)적, 동시적으로 처리한다."[18] 개인적·부분적인 영역에서는 양 기능이 조화를 이룬 탓에 "합리적인 사고를 추구하는 과학 영역에서 뉴턴이 직관력을 발휘해 만유인력의 법칙을 발견하고, 케쿨레는 화학 결합과 분자 구조의 본질을 공간적 상상도에 의해 관찰할 수 있었지만",[19] 서양 문명 전체를 놓고 본다면 주어진 사고적 기능을 최대한 활용한 것일 뿐, 물리적 법칙과 분자 구조를 탐구한 현상적 본질 범주를 벗어난 때는 없었다. 인간의 좌뇌 기능은 논리적인 사고 능력으로, 우뇌가 창의적·직관적인 능력으로 구분되는 것은 동양 문명이 본체적으로, 서양 문명이 지체적으로 양분된 것과 같다. 세계의 본질 자체가 "陰적인 여성, 수렴(收斂), 반응, 협동, 직관, 종합 대 陽적인 남성, 강요, 공격, 경쟁, 합리, 분석으로 양의가 되었다."[20] "자연철학으로 출발한 서양 그리스 세계의 사상에서도 처음 제기한 문제가 자연이란 무엇인가였다면, 동양 사상의 첫 질문은 사람이 어떻게 살아야 하는가였다."[21] 이런 세계적·문명적인 특성과 구조를 알아야 오늘날 만연한 주지주의 교육이 왜 편중되고, 그로 인한 서양 문명이 한계성에 도달한 상태로서 본체 문명의 대두가 요구되는 것인지 알 수 있다. "현대의 지육 편중(知育 偏重)과 주입식 입시 교육 등으로 인해 대뇌의 전두엽과 좌뇌만이 비정상적으로 발달하고, 사람의 가장 소중한 생명을 관장하는 간뇌, 시

18) 『춤추는 물리』, G. 주커브 저, 김영덕 역, 범양사출판부, 1987, p.87, 278.

19) 『자연과학』, 박승재 편저, 지학사, 1995, p.245.

20) 『춤추는 물리』, 앞의 책, p.38.

21) 『사람이 알아야 할 모든 것, 철학』, 남경태 저, 들녘, 2007, p.41.

상하부, 구ㆍ고피질, 자율신경절(리틀 브레인)이 퇴화해 생명력과 생명에 대한 외경심이 모자라는 비정상적 인간들을 대량으로 양산하고 있다."[22] "20세기까지는 이성적ㆍ논리적이며, 기능적인 면을 중시하는 좌뇌 중심의 사고와 관행에 젖어 학교 교육도 인간의 좌뇌만 개발하는 데 치우쳐 있다."[23] 따라서 학교 교육은 우뇌를 발달시킬 수 있는 체제를 구축하여 좌뇌 발달과 조화시킬 수 있는 통합 교육 혁명이 필요하다. "학자들도 20세기까지의 인류 역사가 좌뇌의 시대였다면, 21세기는 우뇌의 시대가 될 것이라고 했다."[24] 편중되고 과불급인 상태를 넘어 아예 본질적인 뿌리까지 무시한 탓에 "쇠망해 가는 서양 문명은 기계론적ㆍ분석적ㆍ사변적ㆍ물질적ㆍ개인 위주의 남성적ㆍ양적(陽的)인 틀을 벗어나지 못했다. 대처할 수 있는 시스템적ㆍ종합적ㆍ직관적ㆍ정신적이며, 환경에 민감한 여성적ㆍ陰적 특성이 있는 동양 문명의 대두를 강력히 요청하고 있다."[25]

동서 문명을 통합하고 전환할 **"본체 문명 대두 요청"**이 시대적인 화두이자 사명일진대, 요구에 부응하려면 어떻게 해야 하는가? 현재 만연한 현상적 접근 방법을 개혁해야 한다. 열매를 맺게 한(감각으로 보고 관찰하고 분석함) 본질적 요소는 일체 현상적 법칙을 초월한다(의식을 통한 직관). 바로 동양에서 행한 道에 대한 인식과 수행적 접근 방식이 그러하다. 노자가 말하길, "학문을 하면 나날이 불어나고(益) 道를 닦으면 날마다 덜어진다(損). 덜어내고 덜어내면 마침내 無爲의 경계에 도달하여 無爲 하나, 하

22) 『백서 도덕경(노자를 읽는다)』, 박희준 평석, 까치, 1991, p.53.

23) 『교육과 사색』, 교육 타임스, 2016년 3월호, p.36.

24) 위의 책, p.46.

25) 『춤추는 물리』, 앞의 책, p.8.

지 못함이 없다(『노자 도덕경』, 제48장)"라고 하였다. 여기서 爲道란 본연으로 돌아가는 방법이고, 爲學은 결과에 도달하는 방법이다. 굳이 비교하자면, 동양적 접근은 초월적인 본체 작용을 밝히는 방법이고, 서양적 접근은 분열적인 현상 작용을 밝히는 방법이다. 그래서 불교에서는 깨달음을 얻는 방법으로 '정혜쌍수(定慧雙修)'를 실천했다. 조계종을 창시해 한국 불교에 큰 영향을 끼친 고려 의종 때의 승려 보조국사(普照國師) 지눌(知訥, 1158~1210)은 당시에 등장한 교선(敎禪) 간의 분쟁 문제를 해결하기 위한 수행적 방법으로 정혜쌍수를 제창했다. 정혜쌍수는 문자 그대로 定과 慧를 함께 닦아야 한다는 뜻이다. 선종은 禪으로 깨달음에 도달할 수 있다는 이념을 표방한 수행 집단이고, 한편으로는 수행자가 경전의 자구에만 매달려 眞如로 향하지 못한다는 점을 중시하였다. 그렇다면 慧와 분리된 定과, 定과 분리된 慧는 극복해야 할 수행의 원리인 것이 틀림없다.[26] 이유는 "慧는 현상계를 출발점으로 본질을 통찰해야 함에도 현상계에 머물러 본체계로 나가지 못하기 때문이다. 여기서 현상계에서 행하는 수행의 대표가 경전 공부라고 한다면, 定과 분리된 慧는 본질에 대한 통찰 없이 언어에만 집착한 수행이라고 할 수 있다."[27] 오늘날로 치면 지식 교육과 본체 교육과의 차이이다. 본체계의 차원성은 慧적 방법만으로서는 안되고, 定과 함께해야 한다. 그렇지 못하면 현상 안의 인식에만 머물러 본체 본질을 꿰뚫을 수 없다. 곧, 세계관적 한계성에 직면한다. 이런 이유로 지눌은 선정과 지혜를 함께 수련하는 선 수련 방법[定慧雙修]을 통해 중

---

26) 『지눌의 교육 이론』, 김광민 저, 성경재, 2003, p.101.

27) 위의 책, p.104.

생을 떠나 부처가 따로 없음을 강조하였고, 선종과 교종을 통합하였다.[28]

동양 역시 문명 영역이 한정적이기는 하지만, 깨달음을 얻기 위해 치우친 편중 문제를 지양해서 통합적인 방법을 개척하였다. 동양 문명도 서양 문명과 함께 선천 문명으로서의 한계성은 벗어날 수 없었나니, 그 이유는 아무리 道, 法, 空, 태극, 理氣, 梵이 만물을 낳은 근원이고 바탕이라고 강조해도, 창조 본체로서 인증되지 못하는 한에서는 완전한 진리력을 발휘할 수 없다. 무슨 말인가 하면, 세계는 창조 역사를 이룬 바탕 본체[空]와 창조 역사로 이루어진 만물[色]로 구성되어 있는데, 선천에서는 色과 空을 창조를 매개로 연결하지 못해 따로 놀았다는 뜻이다. 즉, 창조 본체로서 창조된 결과 세계를 증거할 수 있는 실마리를 찾지 못했다. 그로 인해 초래된 결과는 당연하다. 色과 空 사이의 작용 메커니즘을 모른 무지 상태에서는 세상 어디서도 色과 空을 연결할 매개체를 찾을 수 없다. 色과 空, 곧 서양 문명과 동양 문명이 격리되었고, 급기야 동양 문명도 본체성이 폐기될 위기에 몰렸다. 때가 되면 연결해야 했고, 연결하면 동서 문명이 하나 될 길이 열리는데, 여기에 강림한 보혜사 하나님의 본의 밝힘 역사가 있었다. 바야흐로 패러다임이 전환될 수밖에 없는 때를 맞이하여 동서 문명을 통합할 **"본체 문명의 대두 요구"**가 무르익은 이유이다. 본의에 근거하면, 창조 본체와 천지 만물이 다르지 않다(色卽是空, 空卽是色)는 사실을 진리적으로 증거해야 하나님이 창조주란 사실을 알고, 이 땅에서 그의 나라를 세울 수 있다. 곧, 지상 천국이 그것이다. 그 나라의 기본적인 조건은 하나님이 함께하는 것이니, 인류가 강림한 하나님과 자유롭게 교감하고 聖化되는 세계이다. 본체 분명은 차원 문명이라, 그런 문명 질서 안에

---

28) 다음 백과, 지눌.

서 인류와 하나님이 함께하는 나라를 세울 수 있다. 동양이 성인이 되고 성불하는데 추구 목적을 둔 것은 인류가 하나님과 함께하기 위한 聖化 세계를 달성하고자 한 섭리 역사 일환이다. 다시 강조해, 때를 맞이한 **"본체 분명 대두 요구"**는 창조주 하나님이 보혜사 진리의 성령으로 강림하였기 때문이고, 강림한 하나님과 함께할 초월 문명, 통합 문명, 영성 문명을 건설해야 하기 때문이다. 일찍이 약속하였고, 또 열망한 하나님의 왕국을 이 땅에서 건설해야 하리라.

제3편

배움론

배움의 길을 주도적으로 추진하기 위해서는 근본에 입각한 목표를 세워 正道, 正學, 正行해야 하나니, 이것이 세계적 이상을 실현하는 기본 메커니즘 조건이다. 나를 알고 세계를 알고 天命을 아는 과정, 이것이 참된 배움의 길이고, 앎의 목표이며, 인생 가치를 성취하는 전부이다. 본성을 일깨우고, 진리를 구하고, 그를 통해 하늘의 길을 찾는 것이 배움의 목표를 정하는 정형화된 과정이다. 배움의 목적이 인생의 목적과 일치하고, 세계 역사의 추진 목적과 합치된다.

제6장 개관(배움 이유)

배움은 교육의 기본이 되는 작용 요소로서 삶과 인생의 중심을 이루는 정신 추구 과제이다. 배움을 통해서 비로소 인간을 형성하는 길이 열린다. 배움은 인간의 삶과 유리될 수 없으니, 평생을 통해 추구해야 하는 실행 과제이다. 인간은 살아가면서 다양한 일을 하지만 특히, 학생은 눈 뜨면 학교에서 배우는 것이 과제일 텐데, 교직의 경험을 통해 보면, 왜 학교에 다니고 왜 배우는 것인지 몰라 허송세월하는 학생들을 보았다. 물론 철이 들지 않았고, 장래에 대한 꿈이 영글지 못한 탓이라고는 할 수 있어도, 학생이나 사회인이나 배움의 행위 끈을 놓아 버리면 인생 원리 측면에서도 더 기대할 것이 없다. 결국은 바람직하지 못한 결과를 낳고 만다. 그것은 개개인의 인생사에만 영향을 미치는 것이 아니다. 역사를 그릇된 방향으로 오도하기조차 한다. 배움이 부족해서이며, 잘못 배운 탓일 수도 있다. 배움 행위를 크게 나누면, 스스로 추구하고 일구고 자각하고 깨달아 앎을 획득하는 방법이 있고 선생님, 혹은 스승의 인도와 가르침으로 이전에는 가지지 못한 능력을 갖추고 알지 못한 사실을 깨닫는 방법이 있다. 배움은 가르침과 상호작용적인 동시에 상호 지향적이라, 교육에 대해 다른 군더더기를 떼어버린다면 "가르치고 배우는 일"[1]로 요약된다.[2] 학생이 생각

---

1) 『교육의 이해』, 앞의 책, p.172.

2) "교육은 가르치는 일과 배우는 일을 모두 포괄한다."-『교육사 교육 철학 강의』, 김인회 저, 문음

할 수 있는 능력을 기르고자 하는 것이라면, 선생님은 그렇게 할 수 있도록 가르친다. 무엇을 어떻게 배우고 알든지 간에 최종적으로 판단해서 결정하는 주체는 학생인 탓에, 이 시점에서 **만인은 너나 할 것 없이 왜 배워야 하는지에 대한 정당한 근거와, 배우되 왜 바른 배움의 길을 열어야 하는지에 대한 절실한 이유를 알아야 한다.** 서양의 지성들은 자연을 탐구한 방법으로 지식으로서는 내로라한 수준에 도달했지만, 무엇을 잘못 알았기에 세상에서 불가능한 것과 가능한 것조차 구분하지 못한 진화론을 신봉하여 단순한 생명체가 진화해 인간이 되었다고 하고, 미래에는 로봇과 인공 지능이 인간 사회 전반을 지배하리라고까지 예측하는가? 이것이 잘못된 배움(앎)이 낳은 문제이고, 이 시점에서 배움으로 해결해야 할 세계적인 과제이다. 배움의 당위 이유, 그리고 정말 무엇을 알아야 하는지에 대한 필연적인 목적이 도출된다. 제대로 밝혀서 지침하지 못한 탓에 지난 역사와 영혼들이 방황하였다고 할 수 있다. 무엇을 몰라 숱한 오판을 저질렀고, 무엇을 알아야 저질러진 오판을 바로잡아 미래 세계를 열 수 있는가? 하나님이 태초에 이루었고, 지금도 주관하고 있는 창조 권능과 본의를 알지 못한 탓이다. 이유 역시 분명하다. 배움의 목표, 정신, 능력, 방법, 원리를 잘못 보고 잘못 적용하였다. 과거로부터 현재까지의 배움 체제와 방법으로서는 창조 권능과 본의를 바르게 인식해서 파악할 수 없다. 여기에 이 연구가 해결해야 할 **"배움론"**의 진리적 과제가 있고, 인류가 깨달아야 할 배움의 무한대적 이유가 있다. 우리는 본의[天意]를 알지 못하므로 배워야 하고, 혼자서는 알 수 없으므로 지침을 따라야 한다. 누가 하나님이 밝힌 창조 본의를 아는가? 그래서 계시 역사가 필요하고, 누가 하나님의 창

사, 1985, p.40.

조 본체를 아는가? 그래서 차원 세계로 진입하는 배움의 방법론(깨달음)이 필요하다. 이전까지 실행한 방법과 길로서는 어려운 탓에 새로운 배움론 정립이 필요하다. 인간은 무한한 지적 능력을 지녔지만, 스스로 터득하기에는 어려움이 있어 이 연구가 밝힐 배움론의 지침을 받아야 한다. 그리하면 배움의 길을 통해 보편적인 본체성을 자각하고, 만인이 바라마지않는 궁극적인 앎에 이른다. 인류는 참으로 천지 만상을 있게 한 완전한 진리, 궁극적 진리, 생명의 진리를 알고 있는가? 밝힌 바 노자는 道를 닦으면 날마다 덜어진다고 했는데, 그 같은 배움 작용이 무엇을 뜻하고, 어디를 향한 인간적 노력인가? 알아야 인류의 이상적인 목적을 달성하고 파라다이스에 발을 내디딘다. 반대로 배워서 알고자 하지 않는다면? 무지, 편견, 인식의 착각에 빠져 악순환을 거듭할 뿐이다. 그런 조건으로 쌓아 올린 인위적인 학문, 제도, 문화, 역사, 세계적 관점 탓에 인류 사회가 종말 국면을 맞이하였다. 왜 인류가 창조 역사를 인지하지 못하고, 주관한 섭리를 보지 못한 것인지, **"배움론"**을 통해 철저히 관철해야 한다. 완전한 진리, 궁극적 진리, 생명의 진리를 배우고 알기 위해 노력해야 한다.

삶을 통해 이루어야 하는데도 배움의 중차대한 과제를 정의한 배움 의미 속에서는 그것을 찾을 수 없었다. 프래그머티즘에서는 "배움은 인간의 전인격적인 변화와 성장을 이루는 과정이라고 보고, 성장을 위해서는 변화하는 다양한 외부 환경과의 능동적인 상호작용으로 달성할 수 있다. 인간이 인간답게 살아가기 위해서는 지속적인 반성과 갱신과 그에 따른 지적, 인격적, 감성적, 영적, 신체적 변화와 성장이 필수적이라, 이 같은 전인격적인 변화와 성장을 이루는 과정과 결과를 배움(learning)이라고 하였다."[3] 본의를 모른 탓에 배움에 대한 의미도 일반적인 범주 이상을 벗어나지 못했다. 배움으로 인류가 달성해야 할 원대한 방향 지침과 추진 원동력을 일으키지 못한 한계성 인식이다. 무엇이 문제인가 하면, 『중용』에서는 하늘이 命한 것을 性이라 하고, 性을 따르는 것을 道라고 하며, 道를 닦는 것을 敎라고 했다. 敎에 배움과 가르침의 의미가 함께한 만큼, 天命→性→道→敎→學에까지 도달함에서는 敎學하는 분명한 목적, 즉 왜 부여된 性을 따르고 놓인 길을 갈고 닦아야 하는지에 관한 이유인 하늘의 뜻을 밝혀야 했다. 그래서 그것, 곧 **하늘이 내린 命을 알기 위한 목적과 길(道, 방법)이 배움이다.** 동양에서 명기한 天의 본체가 분명하지는 않지만, 전제가 확실한 탓에 性의 근원과 道를 닦는 목적 역시 분명하였다. 단지, 어디서도 전제한 근원을 알 수 없으므로 **"배움 이유"**와 정당성에 관한 추구 목적을 구체적으로 인식하지 못한 단계에 그쳤다. 기능적 역할에 머물렀다는 뜻이다. 그런 측면에서 볼 때, 배움은 두 가지 기능, 즉 知와 能을 기르는 데 목적이 있다. 알고, 또 알 수 있는 능력을 기르기 위해 배우고 하고, 또 그렇게 할 수 있는 능력을 기르기 위해 익힌다. 지적으로 아는 것을 知라 하고, 행위로 하는 것을 能이라고도 한다. 알기 위해서는 잘 알 수 있는 知力을 함께 길러야 하고, 하기 위해서는 잘 할 수 있는 能力을 함께 길러야 한다. 나아가 배움은 知的으로 탐구하고 能的으로 갈고 닦는 것을 넘어 추구함을 통해 원대한 목적을 이루고자 했다. 배움의 또 다른 의미인 공부(工夫)도 비슷한 뜻을 함축한바 "工=功, 夫=扶의 약자로 功扶, 즉 무엇인가를 열심히 도와서 功을 성취한다는 것이다. 신체의 단련과 정신의 도야로 어

---

3) 『가르침과 배움의 철학』, 심승환 저, 교육과학사, 2008, pp. 71~72.

떤 경지를 이룬다는 뜻이다."[4] 인간은 부족함을 알고, 필요성을 느끼고, 무엇이든 이루고자 하는 목적을 가졌을 때, 그것을 평생 배움을 이루는 공부의 가치로 삼을 수 있다.

일찍이 공자는 "생각을 안 하기 때문에 어리석어지고, 구하지 않기 때문에 얻지 못하며, 묻지 않기 때문에 알지 못한다"[5]라고 하였다. 배우면 얻을 수 있지만, 버려두면 잃고 만다. 타고난 재능이 뛰어나도 무엇 하나, 갈고 닦지 않으면 소용이 없다. 인간은 참으로 어리석다. 배우지 않은 무지탓에 방황한다. 태어났을 때 아무것도 알지 못한 인간이 어찌 자신과 세계에 대해 궁금한 것이 없겠는가? 그런데도 알려고 하지 않은 탓에 어리석음이 도사렸다. 배우지 않으면 무지하고, 무지하면 불행한 인생 결과로 직결된다. 문제가 단순하지 않다. 인간은 매 순간 판단으로 존재하는데, 무지하면 잘못 판단하고, 그릇된 판단은 돌이키지 못할 죄악으로 이끈다. 인간은 본래성(창조성)을 지녔고, 본성을 회복할 수 있는데, 배우지 않고 알지 못하면 보고도 알지 못하는 무지 탓에 잘못 판단해서 죄악을 저지른다. 배워야 하는 당위 이유이다. 배움이 인생을 슬기로운 길로 향도한다.

율곡 선생은 말하길, "처음 배우는 사람은 먼저 뜻을 세워야 한다(立志)"[6]라고 하였다. 배워서 알아야 어디로 갈 것인지 알고, 목표를 세워 인생을 주관한다. 모르면 방황하고, 잘못 판단해 구렁텅이에 빠진다. 이런 배움 지침에 있어서 무엇을 배워서 알아야 배움을 통해 功을 성취할 수 있는가? 먼저 "자신이 누구인지, 어디서 왔고 어디로 가야 하는지를 배움으

---

4) 『도올의 교육입국론』, 김용옥 저, 통나무, 2018, p.104.

5) "不思故有惑 不求故無得 不問故莫知."-『논어』.

6) 『격몽요결』, 입지 장. 『학교 모범』, 16조.

로 답을 구하고, 추구해서 깨달아야 한다."[7] 자신을 아는 것이 배워야 하는 이유의 근본이다. 위성지학(爲聖之學) 하는 길로 나갈 수 있다. 인간성을 회복하고 완성하는 功을 이룬다. 그렇게 해서 자신을 알았다면, 그다음은 진리를 구해서 알아야 한다. 천지 만상은 진리 아닌 것이 없어 온통 진리로 구성되어 있다. 주자는 "세간의 物에는 모두 理가 있지 않은 것이 없으므로 모두 격해야 한다."[8] 모든 物은 氣로 이루어져 있고, 모든 物에는 理가 있으므로, 이것을 놓침 없이 格해야 한다. 배움의 당위 이유를 역설하였다. 모든 사물에 理가 있다는 것이 배움의 당연 이유는 아니다. 왜 理가 존재한 것인지를 알아야 너와 나와 천지 만물이 어떻게 해서 존재한 것인지 함께 안다. 반드시 알아야 하므로, 이것이 배움을 추구하는 필연적인 이유 도출이다. 진리를 알고자 하는 마음은 거의 본능에 가까운 욕망 같다고도 할 수 있다. 진리를 배우고자 하는 마음을 충족하려는 노력 위에 자신과 세계의 근원을 파고든 功을 이룬다. 나고 가야 할 법칙과 원리와 당위 가치가 있다. 창조 운행과 창조 의지와 창조 법칙의 위대함이 도사렸다. 인간은 진리 앞에서 경외감을 가져야 한다.

그리하여 자신을 알고 진리를 배워서 알았다면 배움의 길로서 최종적으로 도달해야 할 곳이 하늘이다. 인류는 예외 없이 나를 준 하나님 앞에서 무지하지 않기 위해 배워야 하고, 하나님 앞에서 현명하기 위해 알아야 한다. 지난 역사의 한계는 결국 인류가 하나님의 뜻을 몰랐고, 배움의 최종 목적을 天의 命을 아는 데 집중하지 못한 데 있다. 무지와 타락과 죄악

---

7) 「배움학에 관한 연구」, 김성길 저, 연세대학교 대학원, 교육학, 박사, 2005, p.58.

8) 「주자의 격물치지론에 나타난 공부론 연구」, 강경애 저, 울산대학교 교육대학원, 중국어교육, 석사, 2007, p.37.

과 고통이 그로부터 발생했다. 하나님은 이 순간에도 인류 앞에서 묻고 있다. "나는 모든 것을 창조하여 부여했는데 너희는 나를 아느냐? 내가 무엇인가?" 인류는 이런 하나님의 질문에 대해 침묵하지 않기 위해 배워야 했나니, 그렇게 하나님을 배워서 알면 무슨 功을 이루는가? 하나님으로부터 구원된다. 인류 사회가 직면한 종말 상황과 한계성을 극복하기 위해서 하나님의 뜻을 깨달아야 한다. 그것이 너나 할 것 없이 배움을 통해 거두게 될 최대 공과이다. **天의 뜻을 아는 것이 배움의 최종 목적이며, 배움의 최대 이유이다.** 율곡은 『성학집요』에서 말하길, "옥은 다듬지 않으면 그릇을 이루지 못하고, 사람은 배우지 않으면 道를 알지 못하는데, 君子가 백성을 교화하여 풍속을 이루려면 반드시 배움으로 말미암아야 한다(『예기』)"[9] 라고 하였다. **인간이 뜻을 이루기 위해서는 반드시 뜻을 세워야 하고, 세운 뜻을 이루기 위해서는 반드시 배워야 한다.** 성인이 나타나 천지를 교화하고자 한다면 오직 배워서 정진해야 하고, 너와 내가 구원되고자 한다면 뜻을 모아 배워서 하늘을 향해 나아가야 하리라.

---

9) 「율곡의 인간교육론」, 이주영 저, 경희대학교 교육대학원, 역사교육, 석사, 1999, p.5.

제7장 배움 주도론

1. 배움 목표

배움은 험난한 세상을 살아가면서 처하는 어떤 상황과 조건 속에서도 자기 주도적인 의지력을 발휘해야 한다. 배워야 하는 이유를 자각하고 배움에 대해 뜻을 세우는 것이 그러하며, 배움으로 이룰 궁극적 과제, 곧 목표를 세우는 것은 더욱 그러하다. **"배움 목표"**를 정하는 것은 배움 이유를 자각한 상태에서 주체적으로 초점을 잡는 정신 자각 절차라고 할 수 있다. 앞 장에서는 자신을 알고 진리를 알고 하늘의 뜻을 앎을 배움의 당위 이유로 내세웠거니와, 여기서는 주제를 본성, 진리, 天으로 잡고, 본성으로부터 진리와 天을 향해 배움 목표를 일관시키고자 한다. 배움의 길을 주도적으로 추진하기 위해서는 근본에 입각한 목표를 세워 正道, 正學, 正行해야 하나니, 이것이 세계적 이상을 실현하는 기본 메커니즘 조건이다. **나를 알고 세계를 알고 天命을 아는 과정, 이것이 참된 배움의 길이고, 앎의 목표이며, 인생 가치를 성취하는 전부이다.** 본성을 일깨우고, 진리를 구하고, 그를 통해 하늘의 길을 찾는 것이 배움 목표를 정하는 정형화된 과정이다. 배움의 목적이 인생의 목적과 일치하고, 세계 역사의 추진 목적과 합치된다. 삼위일체란 말이 있듯, 배움의 목적도 그처럼 추구 목표를 일치시켜야 근본을 이탈하지 않고 궁극적인 이상을 실현한다. 왜냐하면 그곳, 그 방향,

그 목표 도달 지점에 일체의 근본, 곧 자신을 있게 한 부모와 조상, 천지를 있게 한 진리와 하나님이 존재하고 있어서이다. 배움은 진실로 근본을 알기 위한 과정이다. 인간이 세상에 태어나 근본을 찾고자 하는 배움 노력은 그것이 인생의 정확한 추구 목적이고, 학문의 탐구 목적이며, 인류 역사의 추진 목적이다. **근본을 알기 위해 추구하는 그곳에 인생의 고귀한 가치가 스며 있고, 근본을 깨우치는 그곳에 인생의 궁극적인 완성이 있으며, 근본을 이루기 위해 투신하는 그곳에 거룩한 인생 승화가 있다.**

인간이 성장하여 자아를 인식할 무렵, 세계를 향해 물어야 할 실존적 물음은 무엇을 배우고, 무엇을 알아야 하고, 무엇을 목표로 해서 나가야 할 것인가이다. 이것은 배움으로 이루어야 할 목적이기 이전에 사실상 인생의 전체 운명을 좌우하는 본질적인 물음이다. 여기에 대해 현재의 교육 체제와 교육학자들은 어떤 답을 주었는가? 영어, 수학 등 학교에서 가르치는 학과목을 배우고 덕성만 함양하면 되는가? 칼 로저스는 "우리가 사는 현재의 세계에서 교육이 목표로 삼아야 할 것은 개인이 가진 잠재력을 신장시키는 것"[1]이라고 하였다. "모든 참된 교육은 경험을 통해 이루어진다"[2]라고 하므로, 새로운 사실을 경험해서 배움의 길을 열어 가면 되는가? 새로운 경험은 새로운 사실을 알게 하고, 새로운 세계를 개척할 수 있게 한다. 경험하는 것은 배움을 제공하는 과정이고 수단인 것이 확실하다. 하지만 정작 중요한, 무엇을 어떻게 경험할 수 있게 할 것인가에 대한 목표 지침이 없다. 학교에서 교과목을 배우는 것은 더더욱 한정적이다. 무엇도 배움의 삼자 조건인 인간은 무엇을 어떻게 배워서 알아야 하고, 그를 통해

---

1) 「퇴계의 교학관 연구」, 임광규 저, 한양대학교 교육대학원, 석사, 1989, p.4.

2) 「경험과 교육」, 존 듀이 저, 대양서적, 1984, p.390.

무엇을 성취해야 하느냐는 조건을 충족시키지 못했다. 이것이 선천 **"배움론"**의 한계이다. 무엇을 배울 것인가=무엇을 추구할 것인가=무엇을 이룰(성취) 것인가와 연관해서 삶의 목표를 설정해야 했다. 목표를 확실히 지침하기 위해 선현들이 배움의 추구 방향을 선도하였다. "주자는 철저히 자신의 본성을 삶 속에서 실질적으로 구현하고자 한 위기지학(爲己之學)에 배움의 목적을 두었고, 타인의 눈을 의식한 여타의 명예와 권력 등, 이익을 얻기 위해 공부하는 도구주의적 위인지학(爲人之學)을 철저히 넘어서고자 하였다."[3] 배움의 추구 과정을 삶의 과정 자체와 일치시키고, 특정한 목표 달성을 위한 한시적 과정이 아니고, 평생에 걸쳐 추구할 수 있는 과제를 설정하여 "지식 교육과 실천 교육, 개인의 수양과 사회적 책임, 윤리와 초월적 가치 등이 통전적으로 하나 되는 전인적 삶을 완성하고자 하였다."[4]

그래도 그 같은 로드맵 지침이 미흡한 탓에 부여된 삶의 과정과 기회를 통해 대다수 인류가 도달해야 할 본질적 목표를 이루지 못해 방황한 만큼, 본 배움론이 본성→진리→天에 이르는 루트를 밝혀 지침하고자 한다. 삶과 세계와 영혼에 걸쳐서 **"배움 목표"**를 통합할 필요가 있다. 태어나 직면한 자아와 세계에 대한 무지를 극복하고, 삶의 정열을 온전히 바칠 수 있는 배움의 길과 삶의 추구 목표를 주도적으로 찾게 하는 것이 인생을 구원하는 길이고, 그것을 가르치는 것이 **"교육의 위대한 지침"** 역할이다. 삶의 곳곳에 도사린 맹목성, 나태성, 무의미성, 무목적성을 벗어나 배움의 근원적인 목표와 正道를 찾게 하는 것이 삿된 욕망으로 가득 찬 죄악을 벗어

---

3) 「주자의 공부론 연구」, 앞의 논문, p.10.

4) 『한국 교육 철학의 새 지평』, 앞의 책, p.322.

나 본래의 세계로 귀의하는 길이다. 만인은 그런 본래 세계로의 귀환 프로그램이 자체 본성 속에 내포되어 있다. 그것을 일깨우는 것이 **"교육의 위대한 지침"**이다. 숭어가 본래 태어난 강줄기로 귀환하듯이…… 지난날은 그 같은 귀환 본성이 삿된 배움 탓에 잊히고 오도되었다. 불나방이 어두운 밤에 등불을 보고 날아들듯이 유혹되어 죄악과 멸망의 바벨탑을 쌓아 올렸다. 원인이 도대체 어디에 있는가? **"배움 목표"**가 근본과 어긋나 분열되었고, 끝내 귀환할 길을 찾지 못한 것이다. 해결하기 위해서 이 연구가 바야흐로 선천 세월을 바쳐 추구한 수행, 공부, 탐구, 구도 목적이 천지 만물의 원천인 본래성으로 귀환하고자 한 천부적인 노력 일환이었다는 사실을 일깨워 배움의 지향 목표로서 통합하리라. 배움 과정을 일치시킬 통합 목표란 과연 무엇인가? 보혜사 하나님이 강림하여 태초에 천지 만물을 어떻게 창조한 것인가를 밝힌 '본의'로의 지침이 그것이다. 인류를 향한 배움의 궁극적 목표 지침은 근본 된 것이 기본적인 조건이다. 지극히 창조적이고 귀일적이며 통합적이다. 인간이 주어진 삶을 통하여 자신은 어디서 왔고 어디로 갈 것인가를 알고 묻고 길을 찾고자 했나니, 그것이 인생 최대의 과제였다. 그 길은 정말 세상 어디에 있고, 정확하게 지침할 분은 누구인가?

인간이 하나님으로부터 창조되었다면 다시 하나님에게로 돌아갈 수 있는 길이 있다고 할 수 있는데, 그 근거는 바로 인간이 바탕이 된 창조 본성 자체이다. 그것을 애써 찾고 구하고자 한 것이 선현들이 한결같이 시도했고 밝힌 배움의 통일적 추구 목표이다. 모든 뜻은 사전에 알고 추구한 행위가 아닌 탓에 섭리적인 인식 형태였다고 할 수 있지만, 오늘날 밝힌 본의에 근거해서 보면, 그것이 바로 하나님을 향한 창조 본성의 귀환 의지였다. 알고 보면, 우리가 살면서도 자각하지 못한 최대 모순은 자기 인생을 자신이 주관하면서도 정작 자체 본성은 알지 못한 데 있다. 이런 문제를 해결하기 위해 **인생은 근본에서 나서 근본에 무지한 인간이 근본을 찾아 가는 과정이다.** 근본 된 길을 찾아 끝내 귀환할 수 있게 하려고 선현들이 배움의 길을 열었다. 치양지(致良知),[5] 즉 타고난 良知를 완성하고자 한 것, 배움으로 본연지성(本然之性)을 회복해 성인이 되고자 한 것, 우주 만 유의 보편적 본체인 진여(眞如)를 깨달아 自性을 見性하고자 한 것, 창조 지성(創造之性)인 하나님의 완전함처럼 완전해지고자 한 것 등이 모두 그 러하다. 주어진 본성을 통해 하나님에게로 나아갈 길을 트고자 했다. 爲聖 之學, 致良知, 見性을 향한 배움의 목표에 하나님을 향한 길이 놓여 있다. 근본적인 조건은 분명하다. 자신을 알고 세상을 알아야 하나님을 안다. 지 난날은 길이 막혀 있었고, 정확하게 지침 받지 못한 조건 속에 있었지만, 이제는 본의에 근거해 배움으로 길을 틀 수 있다. 그것이 이전과 조건이 다른 차이이다. 자신을 일구고 알고자 하는 것이 배움의 첫 출발이자 주 체인데, 세상의 지식만을 가르친 것이 인류와 세계를 병들게 했다. 그로써 도달한 인생과 역사의 필연적 허무를 떨쳐내지 못했다. 세상에서 허무하 지 않을 수 있는 길은 본성을 알아서 하나님에게로 나아가는 길을 찾는 데 있다. 인간이 자체 조건으로 해결하지 못한 궁극적 문제는 하나님과 연관 된 것인데도, 하나님을 향해 간구해서 답(지혜)을 구하려 하지 않았다. 무 엇을 깨쳐야 필연적인 허무를 극복할 수 있는가? 본성을 기반으로 하나님 에게로 나아가는 인생의 배움 과정이 바로 구원을 보장받는 길이다. 인간 본성은 하늘이 부여한 천성이므로, 이것을 깨닫는 것이 배움과 수행과 정

---

5) "만인의 선천적, 보편적 마음의 본체인 양지를 실현하는 일."-다음 백과, 치양지.

진 목적이다. 본성을 도야하는 것이 인생을 완성하는 궁극 가치이다. 천부 본성을 자각하는 것이 그대로 구원을 이루는 길이고, 하나님을 향할 길로 직결된다. 범아일여라, 하나님과 인간의 我가 일체 되고자 한 것이 배움의 궁극 목표이다.

다음으로 본성과 하늘을 향한 길목에서 人과 天을 연결하는 매개체는 진리이다. 인간이 배움으로 하늘에 이르고자 함에, 하늘에서 내려준 동아 줄을 타고 올라가는 것이 아니다. **배움의 요체는 바로 진리를 아는 것이고, 진리를 구하는 것이다.** 진리, 그것이 바로 하늘로 연결되는 길이다. 인간은 왜 진리를 알고, 진리를 구해야 하는가? 인간이 나고 살고 돌아가야 할 길이 그곳에 가로놓여 있어서이다. 설사 목적지는 모르더라도 진리를 믿고 따라가면 하나님에게 이른다. 진리와 하나님은 연결되어 있다. 선현 들이 애써 진리를 얻고자 탐구심과 구도심을 불태웠던 것은 하나님을 알고 하나님에게로 이르고자 한 섭리 의지였다. 진리는 과연 무엇이고, 어떻게 해서 하나님과 연결된 것인가? 하나님의 化된 창조 본성으로서 우주의 본질을 담고 있다. 이런 이유로 진리의 근원 뿌리는 하나님에게 있고, 진리는 창조 역사를 증거하는 결정 근거이다. 진리가 현실적인 배움의 구체적인 푯대이고, 목표이며, 만인이 추구해야 할 길이다. 인생과 역사가 나아가야 할 지침 기준이다.

인류가 본성을 기반으로 자신과 세계로부터 진리를 구하여 도달해야 할 배움의 최종 목표는 하늘이고, 알아야 하는 것이 창조 뜻이며, 이루어야 할 경지가 天人合一이다. 인간이 창조되었다면 창조한 분을 알아야 하는 것이 통일된 목표이다. 배움뿐만이겠는가? 인생, 역사, 가르침이 이룰 최종 목표이기도 하다. 성경에서는 "여호와를 경외(敬畏)하는 것이 지식의 근본이어늘……(잠, 1: 7)", "여호와를 경외하는 것이 지혜의 근본이요, 거룩한 자를 아는 것이 명철이니라(잠, 9: 10)"라고 하였다. 하나님을 아는 그것이 바로 배움의 근본이고, 명철함을 더한 목표이다. 왜 그러한가? 이전에는 타당한 이유를 제시하지 못했지만, 이제는 능히 밝힐 수 있다. 도대체 무엇을 더 알아야 하는가? 배움을 통해 본성을 알고 진리를 알아야 하지만, 더 나아가서는 그를 통해 하나님을 아는 것이다. 그것이 지혜와 명철을 더하는 지식의 근본이다. 깨우침이다. 배움으로 도달할 최고의 앎이다. 하나님은 보다 높은 뜻으로 존재하나니, 그 뜻을 깨우치는데 인간 배움의 궁극 목적이 있다. 하나님의 창조 뜻을 깨닫기 위해서는 인간 배움의 진지한 추구 정신과 존립 의지가 필요하다. 그런데도 지난날의 공교육 체제 안에서는 그 같은 **"배움 목표"**가 빠져 있었다. 이것이 문제이다. 하나님을 아는 배움 목표가 왜 보편화되어야 하는가? 인류가 하나님을 아는데 있어 통일된 목표를 두어야 하는 것은, 천지 역사와 인간 생명이 그곳 하나인 근원으로부터 비롯되어서이다. 이런 이유로 **인간은 태어난 자 누구라도 하나님을 알아야 하는 것이 배움의 근본이다.** 그리고 삶을 수행하면 하나님의 실체가 반드시 인지된다. 하나님과 하나 되는 길을 열려고(神人合一) 선현들도 인생, 배움, 교육, 학문, 수행을 통해 길을 모색했거니와, 앞으로도 지향하고 추구하고 도달해야 하는 지고한 목표이다. 인간은 왜 배우는가? 당연 이유를 하나님을 아는데 두어야 하는가? 그곳에 만 인류가 성취해야 할 보편적 구원이 있다. 이전에는 막혀 있어 믿어야 했지만, 이제는 트인 바이므로 누구라도 목표를 세우고 방향을 잡아서 배우면 알 수 있다. 국한되거나 한정되어 있지 않다. 하나님이 진리의 성령으로서 진리, 道, 종교, 학문, 현상, 법칙, 이치로써 길을 터놓았다. 목표를 향해서 나아가면 된다. 이전에도 물었고 이 순간에도 다시 묻노니, 분열할 대로 분열한 혼탁한 세상 안에서 자신과 세계와 하늘에 대해 무지한 인류가 헤쳐나갈 인생의 참다운 길은 어디에 있는가? 참다운 세계를 향한 길은 나와 천지 만물을 창조한, 은혜를 준 하나님에게 있다. 존재하는 자가 하나님에게 이르는 길을 찾는 것은 뭇 인생길의 피할 수 없는 통과 관문이리라.

2. 배움 정신

청사에 이름을 길이 새긴 위대한 수행인, 신앙인, 사상가, 과학자, 예술인, 자수성가한 사업가, 백전불패의 정신으로 정상에 오른 챔피언, 칠전팔기(七顚八起)한 정치가 등등. 그들이 남긴 남다른 성공담과 이룬 업적이 후인들에게 회자하는 이면에는 우리가 알고 있는 것보다 더 놀라운 무엇이 뒷받침된 탓인데, 그것이 곧 치열한 수행, 구함, 정진, 이룸, **"배움 정신"**이다. 사람이 어떻게 위대해질 수 있는지 알기 위해서는 그 사람이 남긴 업적보다는 그렇게 업적을 이룬 정신적인 신념과 가치와 철저한 목적의식을 살펴보아야 한다. 위대한 업적은 그대로 위대한 정신의 소산이다. 투철한 정신이 그 사람을 그렇게 되게 했고, 그렇게 이끌었고, 그렇게 성취하게 했다. 그만큼 **역사 위에 남겨진 유형무형의 문화유산은 한결같이 위대한 정신에 뿌리를 두었다. 그중에서도 중추적인 역할은 배움 정신이다.** 추구해서 이루고자 한 배움과 정신과의 관계를 한마디로 말한다면, 불교의 覺者들이 선지한 '선정 즉 지혜'란 수행 정신이다. 선정(사마타)과 지혜(위빠사나)는 같다. 동시에 작용한다. 『열반경』에서는 선정과 지혜를 평등하게 함께 쓰면 해탈한다고 했다. 교육이 이루고자 하는 위대한 사명 실행과 보편적인 구원 목적 달성도 사실은 **"교육의 위대한 지침"**으로 인류가 이루고자 한 배움 정신과 자세에 달렸다. 해탈과 지혜는 선정으로 이룬 수행의 결과치이듯, 인류의 구원 목적 달성도 배워서 이루고자 한 정신을 가지는 것이 관건이다. 밝힌 바 배움의 궁극적인 도달 목적은 하나님의 창조 뜻을 아는 것이고, 그곳에 이르는 것이며, 종국에는 天人合一에 있다고 했듯, 최고이자 최종 목적은 어떻게 해야 이룰 수 있는가? **"배움 정신"**이 정답이다. 목적 지향적인 정신을 가지면, 이루는 것은 떼 놓은 당상이다.

유교에서는 학문하는 목적을 성인이 되는데 두고, 성인이 되는 조건에 두었다. 누구나 배우면 성인이 될 수 있다고 단언하였다. 하지만 역사상 기대한 성인이 얼마나 나왔는가? 이유는 배우면 성인이 될 수 있다고 한 잠재 가능성을 시사한 것이고, 무엇을 어떻게 배워야 하는지 지침하지 못해 배움을 이루는 정신 조건을 간과하였다. 배움 정신과 그를 통한 자세를 정립해서 지침해야 배움을 통해 성인이 되는 길을 열고, 하나님에게로 이르는 길을 찾아갈 수 있다. 이에, 이 연구는 배움이란 수단을 통해 배움을 어떤 정신적인 바탕을 갖추어야 정말 하나님에게로 이르는 것인지 밝히고자 한다. 창조주 하나님은 하늘 저편에 계시는가? 어떻게 하면 보고, 나아갈 수 있는가? KTX 열차를 타도 우주왕복선을 타도 불가능하지만, 합당한 배움 정신을 갖추면 가능하다. 하나님을 향해 배움 정신을 가지는 것이 정말 하나님에게 도달할 수 있게 하는, 인간과 하나님 간을 연결하는 확실한 연락선이다. 연락선은 비교적 가까운 거리의 수로를 횡단 왕복하는 상선 해상운수 기관인데, 배움 정신도 그런 작용 역할이다.

이 연구가 삶을 바쳐 길을 추구하고 天命을 받든 것은 길을 가려고 마음먹고 이루고자 한 정신 자세를 정립한 탓이다. 길을 가기 위해서는 세계 속에 진입해야 한다. 세계는 길 가려는 자의 정신 속에 있다. 길은 세계를 극복하는 데 있고, 세계 극복은 정신을 극복하면 된다. 반드시 이루고자 하는 의지이기도 하나니, 길 하나를 얻고자 시련과 유혹과 고뇌의 숲을 헤매었다. 정신을 받드는 존립 자세 여하는 정신의 氣를 성멸케 한다. 길 가고자 하는 것도 정신이고, 너와 내가 서로 사랑하는 것도 정신이다. 세계는 정신으로 이루어져 있어 무엇을 이루려고 하면 곧바로 정신으로 化해 버린다. **존재 형태는 그 정신의 표명이다.** 이 연구는 길을 가는 동안 하나님이 함께함을 느꼈다. 자신의 길을 갔지만, 그렇게 가게 한 것은 하나님이었다. 믿음의 정신이 하나님을 향한 믿음의 道를 완수하게 하였다. 세계 정신을 간직하는 것이 천상천하 제일의 절대 의식이다.

우선적인 것은 세계 자체보다 자신이 세계와 진리와 사물을 볼 수 있는 정신과 본성적인 준비를 갖추어야 제 현상으로부터 진리를 각출하듯, **"배움 정신"**도 투철한 의무감과 의지와 목적의식, 전체적인 인생 설계를 더했을 때 진리를 수용한다. 교육적 행위는 상호작용적이고 특히, 가르침과 배움 간의 관계는 더욱 그러하다. 선생님이 학생 앞에서 무엇을 어떻게 가르치는가도 중요하지만, 학생이 어떻게 받아들이는가 하는 것은 교육이 배움 정신을 통해 해결해야 할 본질적 과제이다. 학생이 올바른 배움 정신과 배움 자세를 갖추지 못하면 일체의 가르침과 배움 행위가 소용이 없다. 이런 이유로 교육은 **"배움론"**을 통해 배움에 대한 정신을 확립해야 하고, 가르침이란 교육 행위를 통해서 배움 정신을 고무해서 배움 자세를 올곧게 해야 한다. 뚜껑이 닫혀 있으면 아무것도 담을 수 없게 되는 그릇처럼, 배우고자 하는 마음의 문이 닫힌 학생에게는 백 가지 가르침이 무효하다. 이것이 교육의 물리적인 한계성이다. 무엇보다도 배움 정신을 일깨우는 데 주력해야 하는 이유이다. 배움 정신=배움 자세=배움 결과로 직결된다. 선정 즉 지혜이다. 이런 정신과 자세로 배움의 혼을 불태운 탓에 위인들이 인류 사회에 공헌한 위대한 업적을 이루었다. 지난날 선현들이 가진 배움 정신과 자세를 살펴보면, 위업을 이룰 수밖에 없는 필연적인 정신 씨앗을 확인할 수 있다. 핵심 된 정신이 과연 무엇인가? 구도심(求道心), 곧 진리를 구하고, 탐구하고, 알고, 얻고, 깨닫고, 해결하고, 이루고자 한 발심, 입지심, 추구심, 정진심, 일관심이 그것이다. 선현들이 일군 불굴의 구도 정신, 탐구 정신, 신앙 정신, 수행 정신은 모두 **"배움 정신"**이라고 한다. 자아와 세계와 하늘을 향해 길은 어디에 있는가를 묻고 또 물었다. 그런 정신이 배움 자세를 견지하여 道를 획득케 하였다. 배움의 세계 속에 몰입하지 못한 자들은 진리를 탐구하는 길이 멀고 험난해 보이지만, 몰입한 당사자는 성취 가능성을 감지하여 닥쳐진 어려움과 환경적인 악조건을 헤쳐 나갈 수 있다. 그것이 곧 배움 정신을 통한 세계 극복 비밀이다. 그런 정신 경지 상태를 우리는 성인인 공자의 가르침 속에서 확인할 수 있다. "공자의 참모습은 바로 배움에 싫증 내지 않고 가르침에 게으르지 않은 태도에 있었다(『논어』, 술이 편)."[6] 호학(好學) 정신이 그것이다. 재물을 구해서 기쁨을 누리고자 하는 사람은 많아도 배움을 통해 기쁨을 얻는 자가 드문 것을 보면, 공자가 성인인 것은 확실하다. 심마니가 산삼을 발견하면 "심 봤다!" 하고 외치듯, 공자는 배움을 통해 진리의 산삼을 구한 것이 확실하다. 왜 우리는 배워도 공자처럼 기쁨을 느끼지 못하는가? 진리의 귀함을 모르고, 진리를 구하고자 한 배움 정신을 갖추지 못해서이다. 好學은 배움

---

6) 『인간 교육 이론』, 김수동 저, 책사랑, 2000, p.295.

의 결과 정신이기도 하지만, 동시에 원인 제공 정신이기도 하다. 배움의 즐거움을 알아야 배움 정신으로 참된 진리를 얻을 수 있다.

好學 정신이 그러할진대, 우리는 좀 더 세밀하게 진리를 구할 수 있는 정신 바탕과 집중할 수 있는 체제를 구축해야 한다. 곧 세계의 본질 구조와 운행 질서와 일치하는 자세를 갖추는 것이 기본 조건이다. 멀어지면 진리와도 거리가 멀어진다. 그런 배움의 첫 정신적 바탕은 구도에 대한 원심(願心)을 일으키는 데 있다. 뜻을 보다 구체화하는 절차인데, 그것이 바로 입지이다. 뜻이 없는 곳에는 길도 없다. 반대로 뜻을 세우면 샘터에서 물이 샘솟듯, 뜻한 방향대로 관심을 집중할 수 있는 자의식이 형성된다. 즉, 자아를 통어(統御)하는 힘을 가져 진리를 향해 길을 추진할 수 있는 동력을 공급한다.[7] 자연스럽게 새로운 대상을 탐구하는 흥미, 태도, 기호 등이 자아 속에서 생겨난다. 그리하면 진리 일굼 태도가 습관화되는 궤도 위로 올라선다. 우주의 운행 질서와 함께 호흡을 맞추면서 진리 추구에 몰입할 수 있게 된다. 진리 인식은 오로지 정신을 집중한 세계에 관한 끊임없는 관심 속에서 주어진다. 진리 추구 자세가 그대로 세계의 운행 질서와 연결된다. 왜 그런가? 왜 道는 어디에도 있는가? 창조 본체에 근거하지 않은 천지 만물은 존재할 수 없다. 장자는 道가 어디에도 있다고 했지만, 그럴 만한 이유는 설명하지 못했다. 우리는 왜 때와 장소를 가리지 않고 하나님과 교감할 수 있는 길을 틀 수 있는가? 하나님이 우리 안에 있으면서 우주의 어디서도 전체자답게 무소부재해서이다. 그래서 우리는 道와 진리와 하나님과 소통할 수 있도록 세계 본질과 특성에 동조되어야 한다. 정신적으로 깨어 있어야 하고, 구해야 하고, 정진해야 한다. 수행하는 자세와 구

---

7) 「율곡의 인간교육론」, 앞의 논문, p.13.

도하는 정신을 삶을 통해 견지해야 한다. 배우는 자가 어떻게 환경적인 조건을 탓하는가? 어디에도 道 아닌 것이 없고, 무엇도 공부 아닌 것이 없다 (왕양명).[8] 주어진 존재와 드러난 현상 일체가 배움과 깨침 대상이다. 어느 곳, 형태, 상태, 시기, 조건 속에서도 세계 진입을 위한 문은 열려 있다.

　"인간의 일생은 배움(교육)의 일생이다. 배움이 인간을 만든다. 죽는 날까지 겸허한 마음으로 배워야 한다. 책을 통해서만 배우는 것이 아니다. 경험에서 배우고, 생활에서 배우고, 대인 관계에서 배우고, 직장에서 배운다. 배우고자 하는 마음만 가지면 역사는 위대한 교과서이고, 사회는 훌륭한 학교이고, 자연은 놀라운 진지와 지혜의 스승이고, 만인이 선생님이다."[9] 왜 그러한가? 배움을 추구하는 정신 삶에 진리가 함께하는 것은 진리 자체가 그대로 만상을 이룬 요소인 탓이다. 세상이 진리로 구성되어 있어, 길 가는 자의 추구 정신이 진리를 인식하는 의식의 문을 활짝 열어젖힌다. 그 위에 자신과 세계를 향해 왜란 '의문'만 더하면[10] 진정한 탐구인, 구도인, 추구인으로서의 **"배움 정신"**을 완비하게 된다. 그 위에 '세계성'만 확보하면 진리를 추구할 수 있는 영원한 신념을 획득한다. 배움 정신에 기반을 두어서 행동 하나하나를 판단하고 지침하는 배움 자세를 확립하게 된다. "일상생활의 언행을 비롯해 세상 살아가기, 독서하기, 글쓰기 원리, 마음 다스리기, 몸가짐, 벗 사귀기, 사물을 궁구하기 등 세계와 우주는 제 法에 있어서"[11] 길을 추구할 수 있는 의지를 관철해야 한다. 공자는 이

---

8)　『선인들의 공부법』, 박희병 저, 창작과 비평사, 2000, p.75.

9)　『젊은이여 희망의 등불을 켜라』, 안병욱 저, 자유문학사, 1996, p.15.

10)　"나에게로 쉴 새 없이 밀려드는 대상, 현상은 무엇을 뜻하며, 무엇을 요구하고 있는가?"-『길을 위하여』, 졸저, 아가페, 1985, p.25.

11)　『선인들의 공부법』, 앞의 책, p.7.

런 정신 자세로 "예(禮)가 아닌 것은 보지도, 듣지도, 말하지도, 행하지도 않아야 한다"[12]라고 하였다. 그 **"배움 정신"**에 敬한 마음까지 더할 수 있다면, 능히 천하의 이치를 두루 궁구할 수 있다(남명 조식).[13] 그런데 이런 배움 정신이 이성과 사고를 통해 세계를 탐구한 서양의 지성인들에게 있어서는 부족함이 있다. 동양인들이 가진 수신, 수행, 수양 겸전의 배움 정신이 하나님을 향한 길로 나아가는데 더 근접했다. 배움 정신과 진리 추구 자세를 종합할 수 있어야 한다. 그런 자세를 크게 나누면, 스스로 배움을 추구하는 자세와 스승으로부터 배움을 구하는 자세가 있다.

먼저 스스로 진리를 구하고자 하는 정신 자세는 앞의 지침에서처럼 배움 자세를 갖추면 되고, 후자의 경우는 무엇보다도 스승의 인격을 본받아 일체 되고자 하는 마음이 첩경이다. 그러기 위해서는 순종하는 태도가 우선 조건이다. 그런 연후에야 스승과 인격적, 정신적, 사상적으로 혼연일체가 된다. 원리상 완전한 계승과 전수가 이루어진다. 마음과 정신으로 스승을 따르고 믿고 공경해야 인격에 동화하는 것은 물론이고, 그를 발판으로 스승을 넘어설 수도 있다. 뜻과 일치됨으로써 걸림 없이 하나 된다. 예수와 우리가 다른 것은 예수는 하나님을 아버지로서 완전하게 믿고 말씀에 순종했다는 데 있다. 이것이 예수그리스도의 완전한 神性이다. 완전한 믿음, 완전한 순종이 완전한 합일을 달성했다. 그 결과 예수의 말씀이 그대로 하나님의 말씀으로 승화되었다.

물론 스스로 진리를 구하고 스스로 깨달을 수도 있다. 그분이 부처이다. 하지만 그 같은 부처가 역사 이래 몇 분이 나왔는가? 지금이 어느 때인

---

12) "非禮勿視 非禮勿聽 非禮勿言 非禮勿動(비례물시 비례물청 비례물언 비례물동).-『논어』, 안연 편.
13) 『남명 조식의 교학 사상』, 한상규 저, 세종출판사, 1990, p.103.

가? 인류 모두가 진리를 깨달아야 하는데, 부처 한 분으로서는 한계가 있다. 그러니까 만인이 빠짐없이 스승의 가르침을 받듦으로써 뜻을 놓침 없이 새겨야 한다. 그리해야 진리를 구하는 정신 자세가 스승의 가르침을 매개로 하나님에게로 이르는 길로 연결된다. 정말 진리를 간절히 구하는가? 그렇다면 진리가 머물 수 있는 영혼의 순수함부터 갖추어라. 영혼이 진리 안에 머물 수 있게 하라. 묵상하고 기도하고 뜻을 구하며, 주어지는 메시지를 놓침 없이 새겨라. 그리하면 간구한 뜻이 하나님에게 전달되고, 하나님의 영이 간구한 이의 영혼 위에 머문다. 왜 우리는 혼신을 바쳐 진리 구함을 배움의 목표로 삼아야 하는가? 진리는 곧 세상 위에서 화신된 하나님의 본체이다. 그 진리를 근거로 본체를 완성해서 모습을 드러낸 분이 보혜사 진리의 성령이다. 진리를 구하면 하나님이 곧 진리이므로 진리가 우리를 하나님에게로 인도한다. 진리를 추구하고 진리를 구하는 삶이 그대로 살아생전에 거룩한 하나님과 동행하는 길이다. 사랑에 사랑을 더한 은혜로운 길이요, 경건함으로 하나님을 받드는 거룩한 삶이 되리라.

제8장 배움 작용론

1. 배움 능력

학교 현장에서 학생들이 배운 학습 내용은 대부분 평가를 받는 과정을 거친다. 그리고 확인하는 요소 중에는 학습 내용과 배움에 관한 차이 등이다. 한때 "행복은 성적순이 아니잖아요?"란 말이 유행했지만, 석차로서는 일등과 꼴찌가 있고, 누적되면 우등생과 열등생이 구분되기도 한다. 요즘은 인격 보호 차원에서 줄 세우기식 평가 방식은 지양하고 있지만, 학습 격차를 해소하는 문제는 학생과 선생님뿐만 아니라 교육 이론으로서도 깊은 이해가 필요하다. 학습 능력, 곧 배우는 힘은 무엇을 배울 것인가 하는 목표에 따라 어떤 능력을 집중해서 기를 것인가를 결정한다. 또한, 인간이 가진 능력 요소를 어떻게 유효적절하게 추출해서 가르칠 것인가 하는 과제와도 직결된다. 이런 **"배움 능력"**을 이 연구는 크게 지성, 덕성, 본성으로 구분해서 차이성을 논거로 펼치고자 한다. 지난날은 배움과 관련한 능력을 정신과 신체가 지닌 가능성 측면에서 접근하였지만 신체적 능력, 예능, 지적 능력 등은 재능 여부를 어느 정도 확인할 수 있으므로 '차이' 문제에 있어서 동일 범주로 묶는다. 능력이란 무엇이며, 왜 사람 간에 차이가 있는지는 교육적으로 접근한 많은 이론이 있다. 덕성과 본성에 관해서 선현들이 밝힌 견해들이 있다. 하지만 문제는 지성과 덕성과 본성을 판단할 공통된 기준이 없다는 사실과, 대부분은 지성 영역이 덕성과 본성을 판단하는 데 영향을 미쳤다. 그래서 인간은 왜 다양한 능력을 기르고 배워야 하는지에 대한 목적을 구분해서 밝히고, 그로써 생기는 현실적인 격차 문제를 어떻게 극복할 것인지를 고민해 보고자 한다.

삶의 현실에서 지성적인 능력을 길러 앎의 영역을 확대하는 것은 우선적인 배움 목표이다. 왜 지성적인 배움 교육이 필요한가 하면, 세계를 알고 이해할 수 있도록 하는 수단인 탓이다. 이런 "지성은 단순하지 않은, 고차원적인 사고 능력을 활용하는 문제로서 플라톤은 세 가지 요건인 아는 내용이 참[眞]이어야 하고(진리 조건), 아는 내용을 믿어야 하며(신념 조건), 아는 내용이 참이란 사실을 증명할 수 있어야 한다(증명 조건)고 하였다."[1] "지성(Intelligence) 활용 능력은 신체가 지닌 두뇌의 타고난 조직과 연관이 있다. 지성이 높다는 것은 시냅스의 연결이 확장되고 두꺼워진다는 것을 의미한다. 시냅스의 연결고리가 확장될수록 지성적으로 각성한 인간이 된다. 지성을 신장하는 것은 뉴런에 시냅스가 연결된 뇌의 메커니즘 체제이다."[2] 이런 지적 능력을 기르기 위한 교육적 방법으로서 "플라톤은 그가 세운 아카데미에서 수학, 기하학, 변증론 등을 중시하였다."[3] 지성의 활용은 "컴퓨터가 데이터를 처리하는 과정에 비유하기도 한다. 인간의 학습 내용 처리 과정도 그와 같다(정보처리 이론)."[4] 그러나 중요한 것은 지적 능력도 신장 방법도 아닌, 배움의 탁월함, 평범함, 그리고 부진함에

---

1) 『교육의 이해』, 앞의 책, p.9.

2) 『보병궁 시대는 이미 시작되었다』, 최상렬 엮음, 한솔미디어, 1995, p.86.

3) 『도올의 교육입국론』, 앞의 책, p.44.

4) 『교육심리학』, 임규혁 저, 학지사, 2004, p.2.

관한 차이이다. 이성적인 사고 능력(지성)은 적절한 방법을 동원하면 누구나 능력을 향상할 수 있지만, 문제는 역시 개인적인 차이이다. 두뇌의 능력 면에서 보면 격차가 있다는 사실이 명백하다. 물론 한정된 조건이 낳은 결과이기는 하겠지만, 지능검사를 통하면 차이가 수치상으로 드러나고, 차이만큼 공부를 잘하고 못하는 것이 거의 맞아떨어진다. 하지만 항상 조심해야 할 것은 학습 능력 차이가 지능지수만으로 결정되는 것이 아니라는 사실이다. "공부를 잘하는 것을 설명하는 것이 100가지 정도 있다면, 그중 25개 정도는 설명할 수 있고, 나머지 75개는 다른 요인 곧 가정환경, 선행학습 정도, 학습 동기 등이 영향을 끼친다(지능과 학습과의 관계)."[5] 그런데도 지능을 포함한 지성 능력이 어느 정도는 유전적인 요인도 있는 탓에, 교육적 노력에도 불구하고 격차에 대해 큰 실효를 거두지 못하고 있다.

지성의 영역을 더 세부적으로 구분하면, "학자마다 다르기는 하지만 창의력(차이의 생성), 비판력(차이의 근거 설정), 추리력(차이 짐작하기), 상상력(차이 건너뛰기), 분석력(차이 뜯어보기), 통찰력(차이 꿰뚫어 보기)이 있다."[6] 사고 능력은 두뇌 조직과 직접 연관되어 있다고 보는데, 기억력은 뇌의 감성적 영역을 담당하는 변연계라는 부위와 관련이 깊고, 창의력은 논리적 사고를 주관하는 대뇌피질 전두엽과 연관되어 있다(노재규)."[7] 또한, 다중지능검사 측면에서는 인간의 두뇌 영역을 어휘 적용력, 이해력, 도형 지각력, 수리력, 공간 지각력, 공간 추리력으로 구분하였다.[8]

---

5) 『다중지능 검사 결과표』, 한국가이던스, p.4.

6) 『도서관 활용과 독서지도 과정』, 한국교육연수원, 2006, p.154.

7) 『실존주의와 함께한 학교체육 제 모습 찾기』, 앞의 책, p.197.

8) 『다중지능 검사 결과표』, 위의 결과표, p.2.

그리고 Gardner는 객관적인 사실에 근거해 지능을 "적어도 한 가지 문화나 공동체에서 가치 있다고 평가할 만한 결과물을 만들어 내거나 문제를 해결하는 능력"이라고 하면서, 지능을 논리 · 수학 지능, 언어 지능, 공간지능, 음악 지능, 운동감각 지능, 대인 관계 지능, 자기 내적 통찰력, 자연관찰 지능, 실존 지능 등 서로 독립적인 9가지 영역으로 구분하였다.[9] 이것은 인간이 가진 지성 영역을 거의 포괄한 것이라고 할 수 있다.

그렇다면 인간의 지성적 능력은 어떻게 해서 주어졌고, 능력을 활용해서 무엇을 배워야 하며, 격차로 인해 발생하는 문제를 어떻게 해결해야 하는가? 교육적인 과제로서 인간의 능력을 일률적으로 우수성 여부에만 두고 평가하고, 타고난 소질과 재능을 조기에 발굴하는 데 혈안이 되어 있는 것이 문제이다. 그러므로 우리는 왜 인간에게 타고난 능력이 있고, 가졌지만 차이가 있는지에 대한 본의적 자각이 필요하다. 잘못이 있다면 부여한 하나님에게 책임이 있겠지만, 그럴 리는 없다. 이유가 있는데, 지성의 주된 역할은 바로 사물과 세계를 알 수 있는 능력의 부여이다. 이를 위해 주어진 사고 능력을 활성화해야 했다. 이것은 의식으로 본성을 알고자 하는 능력과의 차이이기도 하다. 일단 지성의 차이와 본성의 차이와는 거리가 있어, 아무리 지성적으로는 탁월하더라도 덕성적으로 탁월한 것은 아니다. 다시 말해, 공부 잘한다고 해서 본성적으로 구원될 자격까지 가졌다는 뜻은 아니다. 지성의 격차에 따라 사회생활에서는 덕을 보거나 손해를 보는 경우가 생기지만, 인간적인 면에서는 문제 될 것이 없다. 무슨 말인가 하면, 능력은 타고난 것이므로, 사람이 타고난 능력을 발휘할 수 있는 분야로 진출하면 된다. 인간은 저마다 타고난 재능이 있다. 그리고 그것은 특

---

9) 『진로지도의 이론과 실제』, 강재태 · 배종훈 · 강대구 저, 교육과학사, 2003, p.76.

별한 것이 맞다. 그러나 재능은 지적인 능력만 있는 것이 아니다. 재능은 다양한데, 주로 지성적인 영역에만 일률적으로 중요성을 둔 것이 문제이다. 사물을 아는 탁월한 지적 능력을 누구나 다 가질 수는 없다. 대개는 기본적인 조건을 갖추고 있으면 된다. 능력은 다양한 만큼, 그것을 모두 타고날 수는 없다. 하지만 한두 가지는 특별하게 타고날 수도 있다. 그것이 그렇게 창조한 하나님의 공의적인 창조 원리이다. 인류에게 만 가지 개성과 역할과 특별한 사명을 부여하면서도 인류를 동일한 조건으로 구원하기 위한 지혜 방도이다. 그만큼 타고난 능력 차이는 문제 될 것이 없다. 교육은 각자가 타고난 재능을 발견해서 인류 사회에 공헌할 수 있도록 배움의 길을 여는 데 집중해야 한다.

다음은 인간의 덕성에 관한 정도의 차이 문제이다. 인간이 가진 덕성다움, 곧 도덕성도 배움으로 추구해야 할 중요한 요소 중 한 영역이다. 덕성역시 타고난 것인바, 양지양능(良知良能)하다고 하였다. 그런데도 왕양명은 의문을 가지길, "자질은 일반 사람과 성인이 똑같이 가지고 있는데, 오직 성인만이 良知를 최대한 실현할 수 있고, 보통 사람은 왜 온전한 상태에 이르지 못하는가?"[10] 그래서 치양지(致良知), 즉 일반 사람이 모두 성인의 경지에 이르도록 노력하는 과정은 오늘날의 교육이 해결해야 할 지상 과제이다. 공자는 차이가 생긴 이유를 3가지로 지적해서 설명을 덧붙였다. 먼저 교육적인 요인으로서 배움을 들었다. 배워서 아는 것, 배움에 있어 싫어하지 않는 것, 재빨리 구하는 것, 그러니까 아무리 선천적인 덕성을 타고났더라도 배우고자 하지 않고, 배우지 못한다면, 결국 차이가 생길 수밖에 없다는 뜻이다. 그런 이유로, 공자는 "나면서부터 아는 사람이

10) 『주자와 왕양명의 교육 이론』, 장성모 저, 성경재, 2003, p.166.

최고이고(生而知之), 배워서 아는 사람은 그다음이고(學而知之), 곤란을 겪은 다음에 아는 사람은 또 그다음이고(困而知之), 곤란을 겪고도 알지 못하는 사람은 최하이다(困而不之)(『논어』, 계씨 편)"라고 하였다. 유교는 덕성 문제를 기질의 차이로 보았고, 불교는 청정한 佛性이 가려진 것으로, 기독교는 원죄에 원인을 두었다. 하지만 공통적인 것은 양지, 본래 청정, 善함 등, 본성 바탕 자체의 완전함을 들었다. 특히, 불교는 견해를 분명히 밝혀, "法은 한 가지로되 견해에 더디고 빠름이 있고, 가르침에는 頓과 漸이 없되, 미혹함과 깨침에 더디고 빠른 차이가 있다"[11]라고 하였다. 결론으로 마음의 타고난 덕성은 善하고 순수하고 청정한 것으로서 같다. 여기서 타고났다는 것은 남과 비교해서 뛰어났다는 것이 아니다. 바탕 자체가 그러하다. 차이가 생긴 것은 후천적인 것이 원인이고, 그중 주된 작용은 바로 마음이다. 正心을 가지면 덕성을 보존할 수 있는데, 惡心을 가진 탓에 탁하고 타락하고 잃어버린다. 덕성은 마음가짐이 문제일 뿐, 하나님이 처음부터 차이를 두고 창조한 것은 없다. 천자에서 서민에 이르기까지 한결같이 모두 몸을 수양하는 것을 근본으로 삼을진대(『대학』), 덕성이 없어 구원되지 못할 자가 한 사람도 없다.

끝으로 본성의 차이 문제이다. 덕성은 개개인이 지닌 마음의 문제이고, 수양을 통한 각성의 영향이 커서 선현들도 그 차이를 언급했지만, 본성만큼은 이구동성으로 동일성을 내세웠다. 단지, 왜 같은 것인지에 대한 연유를 밝히지 못한 것은 아쉽다. 여러 번 언급했듯, 유교에서는 누구나 배우면 성인이 될 수 있고, 본각 사상에서는 "인간은 모두 절대 평등한 佛性을

---

11) 『돈황본 육조단경』, 성철 저, 장경각, 2008, p.218, 208.

가지고 있다"[12]라고 하였다. 또한, 누구나 성불할 인자를 지녔다고 했는데, 그 이유가 정말 무엇인가? 하나인 몸 된 창조 본체에 근거해서 같은 조건으로 창조된 것이다. 그것도 各具太極 즉, 하나님의 창조 본체를 본유했다. 그런데도 세상에는 왜 각양각색의 善人과 惡人이 구분되고 차이가 생기는가? 이유는 오직 한 가지, 창조된 본성을 보지 못하고 깨닫지 못해서이다. 본래 본성은 절대 평등하고, 차원적으로 동등하다. 현실의 차이를 초월한다. 따라서 어떤 본성 조건 상태에서도 본의를 자각하면 즉시 하나님을 뵐수 있다. 선종에서는 깨달음과 수행과의 관계에 있어서 돈오돈수(頓悟頓修)와 돈오점수(頓悟漸修) 문제에 대해 논쟁하였지만, 이제는 명확한 근거로 결론 내릴 수 있다. 일체의 장애를 물리치고 어떻게 즉시 견성이 가능한 것인가? 사물을 단박에 알 수 없는 것은 관찰하고 실험해서 결과를 아는 데 절차와 시간이 걸리지만, 천부 본성은 본래부터 자신에게 간직되어 있다. 그래서 깨닫는 즉시 한꺼번에 끄집어낼 수 있다. 본성을 통하면 즉시 견성, 즉시 하나님에게로 나아간다. 일체의 가능성을 이미 본유했다. 만약 너와 나의 본성에 차이가 있고, 지닌 본성에 불평등이 있다면 어떻게 배우면 누구나 성인이 되고, 성불하며, 빠짐없이 구원될 수 있겠는가? 선지한 보편적인 구원 가능성이 빈말이 아니다. 佛性에 남북이 없고(혜능), 천자에서 서민에 이르기까지 자격이 같은 것은 하나님이 부여한 본성 바탕이 동일한 탓이다. 그래서 인간이 하나님을 아는 데 필요한 조건은 지성적인 능력의 탁월함도, 덕성의 완벽한 상태도 정작 아닐 수 있다. 그렇다면? 믿음 하나면 족하다. 설사 죄인이더라도 회개하고 자복하면 용서로 구원된다. 하나님이 몸소 손을 붙잡고 인도한다. 구원의 길을 찾는 데 있어

---

12) 『동양 교육사 신강』, 차석기 저, 박영사, 1987, p.373.

서만큼은 인간에게 배움의 능력과 절차를 요구하지 않는다. 하나님은 최고의 지성이다. 앞장서 만난을 해결해 준다. 이것이 이 연구가 지침하는 인류의 보편적 구원 가능성 근거이다. 구원의 주체 권능은 인간이 믿은 만큼, 하나님이 발휘하는 것이다. 인간이 믿고 따르면 된다. 너와 나는 하나님이 창조한 사랑하는 자녀인 만큼, 한 영혼도 놓침 없이 구원의 길로 인도되는 역사가 펼쳐지리라.

2. 배움 방법

배움에 뜻을 두고 배움을 위한 목표를 세워 배움을 추구하는 것은 인생의 필수 절차이다. 그래서 무엇을 통해 어떤 방법으로 세운 뜻을 이루고, 목표에 도달할 수 있는지를 밝혀내는 것이 필수 과제이다. 특히, 세운 뜻과 도달 목표가 궁극적인 앎에 있을진대, 배움 목적과 배움 방법은 밀접한 관계를 맺는다. 땅에서는 서울로 가는 데 버스도 기차도 상관이 없지만, 제주도라면 다르다. 배나 비행기가 필요하다. 배우는 방법도 알고자 하는 것이 무엇인지에 따라 맞는 방법을 선택해야지, 그러지 못하면 실패한다. 그래서 이 연구가 밝히고자 하는 것은 궁극적인 앎에 이르는 길, 곧 하나님에게로 나가는 배움에 관한 방법론의 제시이다.

지식 편중 교육의 문제점에 대해서는 여러 번 지적했다. 이유는 차원이 다른 본체계와는 거리가 먼 수단이라는 사실이다. 기도는 하나님과 교감할 수 있기는 하지만, 문제는 하나님에게 이르는 방법으로서 원리화하지 못한 데 있다. 이르는 길이 제한적인 탓에, 만인이 넘나들 수 있는 여건을 제공하지 못하였다. 그런 문제를 동양의 수양과 수행법은 어느 정도 해결했다고 할 수 있다. 즉, 유교 전통 안에서 君子는 학문과 수양을 통해 인격적으로 완성을 이룬 사람을 말한다. 성인, 君子는 인간이 태어나 지향해야 할 大本으로서, 本은 배움과 수양으로 이루어진다고 믿었다. 성인과 君子가 되는 것은 인간으로서 도달해야 할 궁극점, 곧 하나님의 창조 본체에 이르기 위한 목표라고 이해할 수 있고, 그런 목표를 배움과 수양으로 이루고자 하였다. 그것은 정말 성인, 君子란 목표치를 달성하는 방법인가? 여부를 동양의 선현들이 갖가지 수행으로 실행했다. 주자는 "수양하는 방법인 마음을 비워 궁극적으로 理를 드러낼 수 있고, 理를 드러내는 것이 배움의 궁극적 도달 지점이라고 하였다. 마음 수양에 기초해서 우주 만물에 내재한 理를 궁구하면 궁극적 이치를 밝혀낼 수 있다."[13] 정말 그러한가? 배움의 궁극 목표인 우주 만물의 근원 본체가 바로 창조 본체이고, 창조 본체는 하나님의 몸 된 본체이다. 그 본체가 인간 본성과 직결되어 있어 마음을 정결히 한 수양으로 간파할 수 있다.

지난날에는 배움에 있어 많은 방법을 적용하였고, 지금도 방법을 실행 중이다. 탐구법, 실험 · 관찰법, 사고법, 수양 · 수행법, 이치궁구법(격물치지법), 독서법 등등. 사물의 이치든 道의 이치든 天의 이치든 알고자 하는 것은 궁극에 도달하기 위한 **"배움 방법"**론이다. 하지만 문제는 무엇을 기반으로 궁극으로 나아가고자 한 것인지 밝히지 못했고, 자체 지닌 배움 방법의 역할과 본질을 알지 못해 통일적 관점을 확보하지 못했다. 서로가 다른 방법을 택했는데, 하나인 지점에 도달하고자 한 것이 맞는다면, 이제는 정말 배움 방법론을 통일시킬 필요가 있다. 도달 목표를 분명히 하고, 가능한 방법을 확실히 해야 인류 모두가 그 같은 배움 방법으로 궁극에 이르

---

13) 「주자의 공부론 연구」, 앞의 논문, p.7.

고, 하나님을 알게 된다. 그래서 이 연구는 선현들이 다양하게 배움 방법을 개척한 이유와 목적이 무엇이고, 도달한 경지 세계가 무엇을 의미하며, 무엇을 알아서 이루고자 한 것인지 판단하리라.

배움은 어떤 방법을 통해서도 일단은 궁극에 이르고자 한 의도는 공통적이다. 단지, 전체적인 대의와 지닌 방법의 특성을 모른 탓에 그렇게 해서 도달한 곳이 어떤 궁극점이라는 것을 알지 못한 것이 문제이다. 그런 **"배움 방법"** 중에서도 현실적인 것은 경험, 독서, 스승의 가르침 등이 있다. 사고적으로 모색할 수 있는 합당한 강구책으로서는 "근본 된 사물의 이치를 끝까지 탐구해서 궁극적 앎에 이르고자 한 격물치지(格物致知)법이 있고",[14] 행위적으로는 수양·수행으로 깨달음에 이르고자 한 정혜쌍수, 그리고 지행합일 방법 등이 있다. 궁극적 목표를 향해 통일된 배움의 배를 타기 위해서는 사전에 배움에 대해 뜻을 세운 다음 배우고, 생각하고, 익히고, 행하는 절차를 거쳐야 한다.[15] 어떤 배를 타더라도 절차를 거치는 것은 같지만, 추진하다 보면 도달 목적지에 대한 초점이 흐려지는 경우가 있다. 과학은 자연 현상과 물질에 대해 실험하고 관찰하는 방법으로 원리를 추출하는 것인데, 어떤 사람이 대나무를 쳐다보고 며칠 밤낮으로 식음을 전폐하다시피 하면서 궁구하다가 그 본질이 문득 들녘에 피어오르는 아지랑이와 같더라고 한다면 큰 웃음거리가 되어 버리리라. 목표를 이루는 과정과 절차도 거쳐야 하지만, 성취 여부를 최종적으로 결정하는 것은 결국 배움 방법의 가능성 유무이다. 『순자』「권학 편」에서는, "배움을 중단해서는 안 된다. …… 나날이 지식을 넓히고 또 자신을 반성해 간다면

---

14) 『동양 교육고전의 이해』, 앞의 책, p.123.

15) 위의 책, p.43.

지혜는 밝아지고, 행실에 과실이 없게 될 것이다"[16]라고 하여, 배움(학습)과의 불가분한 관계를 강조했다. 하지만 그런 방식으로 배우면 지혜가 밝아지고 행동에 과실은 없어지겠지만, 도달한 본성을 디딤돌로 해서 궁극의 지점으로 도약할 수 있는 지침은 찾아볼 수 없다. 예로부터 서양의 지성들은 이성을 활용한 철저한 분석 방법으로 자연 세계를 탐구한 만큼, 특성상 창조된 결과 질서와 결정 법칙은 밝힐 수 있지만, 결국 그것은 사물의 본질일 뿐이다. 그런 방법으로 그런 결과를 이룬 도달점의 한계성이다. 현상계적 범위를 벗어나지 못했다. 하지만 동양에서 수행이란 방법을 취한 것은 서양이 넘어서지 못한 차원 세계로 나가는 주효한 방법이다. 창조된 본체계는 인간 본성과 연결되어 있어 마음을 정결히 한 수양·수행 방법으로 간파할 수 있다. 육구연은 "마음이라는 근본을 확립하여 끊임없이 확충해 가면 위대한 성인의 경지에 도달할 수 있다"[17]라고 하였다. 성인의 경지에 도달한 본성 바탕과 정신적인 경지 상태에서 궁극적인 理를 꿰뚫는 것은 상통한 것이다. 궁극점에서는 일체가 통한다. 마음을 통한 배움의 방법으로 가치 덕목을 수용한 것이 곧 동양의 수행법이다. 誠과 敬으로 인간 본성을 완성하고자 하였다. 수행으로 궁극의 길에 이르고자 한 **"배움 방법"**이다.

나아가 불교에서는 몸을 통한 정진을 병행하면서 궁극적인 깨달음에 이르는 수행 방법을 실행하였다. 즉, 스승 혜사는 제자 지의에게 "참선의 실천과 지적인 이해는 새의 날개처럼 함께 수행해야 한다는 '정혜쌍수'란 가르침을 주었다. 지의는 이를 토대로 이론적 측면과 실천적 측면을 모두 갖

---

16) 위의 책, p.111.

17) 『중국 철학 이야기(3)』, 강신주 저, 이영규 그림, 책 세상, 2008, p.73.

춘 최초의 중국적인 천태종을 창시하였다."[18] "戒가 승려 집단의 계율을 지키는 공부라면, 定은 내면의 집착을 없애는 참선 공부이고, 慧는 모든 것이 연기하기 때문에 空한 것임을 지적으로 이해하는 공부이다."[19] 정과 혜를 병행해서 수행하고 정진해야 몸 된 본질과 정신적인 의식을 충전시켜 두꺼운 본체계의 벽을 뚫는 직관력을 기르고, 우주의 궁극 본질인 法, 理, 道를 수용할 수 있다. 수행하고 정진하여 見性하고 정각하는 것은 결국 그런 방법으로 의식이 궁극점에 도달했다는 것이고, 확인할 수 있는 것은 갈파한바 法이 현상의 질서를 초월한 인식 특성을 나타낸다는 데 있다. 이렇듯 배움 방법이 지닌 특성을 이해하는 것은 중요하다.

　문자를 모르는 사람은 집 앞에서도 문패를 읽지 못해 물어보아야 하는 것처럼, 본의를 밝힌 오늘날 파악해야 할 것은 도달한 궁극점에 대한 확실한 해석과 본질성 파악이다. 도달하고서도 궁극성의 본질을 모르면 쏟은 노력이 허사이다. 지난날 시도한 **"배움 방법"**의 한계성이 여기에 있다. 유교에서는 이치를 궁구해서 격물치지라는 것을 주된 방법으로 내세웠던 바, 오늘날에는 어떤 의미를 시사하는가? 궁극적인 본질 세계에 도달하고서도 진의를 깨닫지 못한 사례에 해당한다. 주자는 전제하길, 세간의 物에는 모두 理가 있지 않은 것이 없으므로 모두 格해야 한다. 일체 事와 物에는 理가 있으므로, 일체 事와 物이 格物할 대상이다. 그 事와 物의 理를 格物, 즉 이치를 궁구함으로써 궁극적인 '앎'에 이른다고 하였다. 그런 배움을 통해 "자기가 모르는 사이에 전에 알지 못했던 이치를 갑자기 깨치게 되므로, 이것이 곧 이치를 궁구하는 活法이다."[20] 格物하는 궁리의 더

---

18)　『중국 철학 이야기(2)』, 위의 책, p.158.

19)　위의 책, p.199.

20)　『선인들의 공부법』, 앞의 책, p.88.

욱 구체적인 방법은 "한 사물을 접하면 사물을 철저하게 궁구해 완전한 인식에 도달한 다음, 다른 사물로 나아가는 것이다."[21] 여기서 "格物은 이르다(至), 나아가다(卽), 궁구함을 다하다(盡)는 뜻으로, 사물의 理(이치)를 끝까지 궁구한다는 것이다."[22] 다시 정리하면, "格物은 하나의 物에 나아가 그 物의 理를 완전하게 궁구하는 것이고, 致知는 物의 理를 다 궁구한 후에 앎이 지극하지 않은 곳이 없게 되는 것이니, 그 앎을 미루어 그것에 이르는 것과 같다."[23] "物의 理를 완전하게 궁구하면 그렇게 궁구한 자의 知도 완전해진다."[24] "사물의 겉으로 드러나는 측면으로부터 드러나지 않는 측면까지(表裏精粗) 전체를 파악하고, 마음의 온전한 본체와 큰 작용(全體大用)을 전부 드러낸다."[25] 이것이 유교가 개척한 궁리 추구에 의지를 보탠 "격물치지 수행 배움 방법"론이다. 그 같은 **배움 방법**으로 도달한 지극한 도달 상태가 곧 홀연히 경험하게 되는 '활연관통'이란 경지이다. 궁리와 의지와 수양으로 닦은 직관력을 최대한 기른 상태에서 이룬 수행 의식과 우주 본질과의 순간적인 트임, 곧 깨달음 상태이다.

그래서 중요한 것은 활연관통에 관한 의미 해석이다. 활연관통은 다름 아니고, 格物하여 도달한 궁극 지점이 온갖 제약을 넘어 이른 차원적인 본체 세계란 뜻이다. 예수가 "이제 다 이루었다(요, 19: 30)"라고 하였듯, 궁구한 理의 궁극점, 곧 창조 본체에 도달했다. 하지만 문제는 예수는 알았지만, 동양의 선현들은 부족한 탓에 최종 통과 관문을 남겼다. 그것이 곧

---

21) 「주자학과 토미즘의 철학적 협연」, 소병선 저, 동과 서, 2006, p.70.

22) 위의 논문, p.61.

23) 『주자 집』, 권15.

24) 위의 논문, p.54.

25) 『주희 중국 철학의 중심』, 조남호 저, 태학사, 2004, p.152.

이 연구의 본의 통찰 방법론이다. 선천에서의 배움 방법은 예외 없이 마지막 요단강을 건너는 의미, 곧 본의 관문을 통과해야 젖과 꿀이 흐르는 최종 목적지인 하나님에게로 나아갈 수 있다.

이렇듯 수양, 수행, 격물치지하는 방법은 만인이 접근할 수 있도록 노력하였지만, 아무래도 실천 영역이 제한된 탓에 실행에 있어 어려움이 있었다. 그러나 "독서 수행법"은 때와 장소를 가리지 않고 실천할 수 있는 보편적 방법이다. 독서하는 방법을 통해서도 능히 수양인, 수행인 못지않게 道를 구하고, 깨달음을 얻고, 활연관통해서 궁극점에 도달할 수 있다. 흔히 출가승은 과거 수행 전적을 일컬어 법랍(法臘) 몇 년 하면서 헤아리지만,[26] 독서 수행법으로 세계와 역사를 포유한 자가 바친 세월을 따진다면 법랍보다 못할 것도 없다. 독서하는 방법으로서도 인간은 충분히 수행, 정진하는 것 못지않은 배움을 추구할 수 있고, 널리 세계와 교감하면서 가치와 진리를 일굴 수 있다. 이 연구도 독서 수행법으로 정진하여 길을 완수했다고 자부한다. 여기서 독서 수행을 통한 추구와 일반적인 독서에는 차이가 있다. 이 연구는 독서를 통해 삶의 가치를 일구었고, 장래 길을 예견하면서 세계 인식 영역을 확대하길 게을리하지 않았다. 자아를 인식하기 시작한 청소년 시절부터 지금까지 일관되게 길을 추구했나니, 임한 순간순간의 인생 역정 속에서 환경적인 여건과는 상관없이 책을 읽고, 생각하고, 기록하고, 저술한 삶의 자세를 견지했다. 이런 과정에서 인생관, 가치관, 세계관을 구축한 탓에 삶의 추구 의지와 진리에 대한 인식을 독백으로 표출할 수 있었다.

---

26) 출가하여 승려가 된 해부터 세는 나이-다음 사전.

하나의 신념을 얻기 위하여 경이로운 타 세계를 관조하다.-1977 세계를 보기 위해서는 먼저 원리를 보아야 한다.-1979 진리는 생성한다.-1979 세계의식이 분화되다.-1979 생성을 위한 공간-1980 세계를 보려는 마음-1980 진리 세계를 관조하다.-1980 진리는 살아 있다. 말하고 있다. 나를 놓치지 말라고……-1980 세계성을 간직하다.-1980 길은 세계를 위하여 있다.-1980 神의 고뇌를 계시받다.-1980 길은 세계 극복 속에 있다.-1980 사물의 개념과 그 서술적 체계를 공고히 하라.-1980 우주의 氣를 충동시키기 위하여……-1980 잠재한 영감 표출의 매개체, 사상의 비교 검토, 생활 정신을 일깨우는 지침-1980 재차의 세계를 통하여 인간에게 수신되는 영혼 구조의 모음에 대하여, 재차의 세계를 통하여 표출되는 영혼 구조의 동률성에 대하여……-1980 神은 나의 정신 속에서 영원히 기여되리라.-1980 神은 우주적 공간 속에서 감지되는 바이다.-1980 지혜의 문이 열리다.-1980 참 세계를 이루리라.-1980 나는 영원의 길에 선 자유인이라.-1980 진리의 공감, 세계의 관조, 정서의 고향, 창조적 영감.-1980 위업할 세계정신의 탄생을 기리며 장구한 길의 기초를 마련하다.-1980 생각의 폭을 넓히다.-1980 우리는 사상에 접하게 됨으로써 비록 뜻은 이해하지 못했다고 해도 잠재한 메시지는 영혼을 일깨우고 있다.-1980 책을 읽음에서는 어느 것이나 완전 숙독이라는 결벽에서 벗어나, 주어진 것에서 자유로이 구하고 일깨울 영혼과 시간을 접할 수 있음을 중요시하라.-1981 마치 씨앗이 땅에서 열매를 맺는 것처럼, 사상이 사색을 통하지 않고서는 창출될 수 없다.-1981 책은 하나의 과정 설정을 통해 그 시기에 필요한 것을 집약해서 읽어야 할 것과, 내용 중에서도 취사선택해야 할 것, 그리고 낭독하면서 읽어야 할 것 등이 있다.-1982 내가 독서함은 새로운 문제를 발견하기 위해서이고, 영혼에 새로운 자각을 주기 위해서이다.-1985 논리 구조 발견.-1987 세계에로의 인식을 넓히는 방법에는 독서가 있고, 세계로부터 영원한 의지를 수용하는 방법에는 기도가 있다.-1991 독서는 잠재력을 일깨우는 수단으로써 작용할 뿐, 그로써 얻은 지식이 진리에 이르게 하는 것은 아니다.-1999 내가 길을 판단하면서 외부로부터 받아들인 지식과 정보와 보편성의 확보 의식은 끊임없는 독서를 통해서이다. 나의 의식과 호흡이 독서를 통한 끊임없는 자각과 개안을 통해 세계의 본질성에 접근할 수 있었다. 하지만 정보화 시대에서 자라나는 세대들은 컴퓨터란 새로운 정보 전달 수단의 등장으로 세계로의 접안 매개체가 달라졌다. 이것이 참으로 진리에 이르고자 하는 목적과 진로에 있어서 미치는 영향은 어떠한가? 심안을 키워 축적하는 과정에서 감각을 통해 지각하는 과정으로 전환되어 버렸다. 컴퓨터 속에는 하나님이 없다. 컴퓨터는 선천의 분열 문명이 낳은 최대의 종속 문화이다.-2003 독서는 자신의 앎을 주체적으로 개척할 수 있는 제일의 진리 탐구 수단이다.-2020

이 연구가 실행한 독서 수행법은 지식을 얻는 데 목적을 둔 것이 아니다. 정신을 일깨워 진리를 일구는 방법으로 삼았다. 그로 인해 세계 인식이 확대되었고, 세계의식이 분화되었다. 우주의 운행 질서와도 동조한 교감 체제를 구축하였다. 이것을 다시 해석하면, 두뇌 기능을 더욱 세분해서 활성화했다는 뜻이다. 확인한바 "인간의 두뇌는 천억 개의 신경세포(뉴런)로 이루어져 있고, 이 신경세포는 시냅스라는 틈으로 서로 연결되어 있다. 이 틈이 얼마나 조밀하고 원활하게 연결되어 있는가가 그 사람의 지적, 정신적 능력을 결정한다."[27] 흔히, 복잡한 문제가 생겨 고민이 깊으면 머리에 쥐가 난다고 하는데, 그것은 신경세포의 연결에 과부하가 걸렸다는 뜻이다. 세계를 향해 의식의 문을 열고 밀려드는 의문과 복잡한 진리 문제를 풀기 위해서는 그야말로 두뇌 기능이 활성화되어 신경세포의 연결이 원활해야 하며, 그런 사고 작용을 독서 수행법이 뒷받침한다. 사고력을 기르기 위해서는 경험한 바로써 꿈 많은 청소년 시절에 기대한 주제를 가지고 상상을 많이 했다. 독서를 통해서 사색을 습관화함과 함께 상상도 병행해야 한다. 이런 독서 추구 작용은 지식적인 앎의 폭을 넓히는 것을 넘어 세계적인 문제를 파고들 수 있게 하는 사고력을 기른다. 삶을 추진하는 의지력은 물론이고, 세계에 대한 진리적 신념을 더한다. 독서 수행이 세계로의 길을 열어 본의를 지침할 수 있는 사상적인 바탕을 이루었다. 비록 당시에 일군 길과 세계에 대한 독백은 단편적이고 직관적이지만, 세계관적 인식이 독서 수행으로 살을 붙이고 뼈를 굳힌 정신세계를 이룬 것일진대, 이것은 추구로서 관철시킨 세계의 항구적인 원리성을 시사한다. 세계 작용에 대한 본질을 한 눈으로 꿰뚫을진대, 길의 궁극적 지향점이 하나님을 향했다는 사실을 알 수 있다. 모든 가능성을 움트게 한 씨앗이 독서 수행법으로 길러졌다. 독서 수행법은 보편적인 배움 방법으로써 지금까지 개척한 하나님에게로 이르는 다양한 배움 방법을 통일하고, 이후로 논거를 둘 **"배움 원리"**까지 포함한다. 다시 말해, 독서 수행을 통해서도 聖人이 될 수 있고, 성불할 수 있으며, 하나님에게로 나갈 수 있다. 만 인류가 행할 수 있는 방법이고, 만 인류가 구원될 수 있는 방법이리라.

---

27) 『공부 머리 독서법』, 최승필 저, 책구루, 2019, 61.

3. 배움 원리

추구하는 배움의 길에도 적용되는 작용 원리는 있다. 원리(原理)는 "사물이나 현상의 근본이 되는 이치이고, 모든 것의 기초가 되는 보편적 진리이다. 행위의 근본이 되는 규범"[28]이기도 해, 하나라도 원리에 맞지 않으면 현상적인 조건이 성립될 수 없고, 정도에 어긋난 행동을 하면 손가락질 받듯, 합당한 근거와 작용하는 원리를 모르고 배우면 결과가 무익해진다. 원리를 깨닫고 이해해야 함에, 그것이 곧 구함→닦음→실행이란 3대 원칙이다. 원칙적인 절차를 거치면 배움의 길을 완수할 수 있고, 약속한 가치로 보장된다. **배움은 먼저 부족함을 아는 것이고, 모르는 것을 알려고 하는 것이다. 모르는 것을 물어서 배워야 진리를 구하고, 세상 지혜가 그곳에 모인다.** 파인 웅덩이에 빗물이 고이는 것처럼, 배움의 첫 출발은 자신이 모르는 것이 무엇인지를 아는 데 있고, 깨닫는 순간 배움이 지혜를 선물한다.[29] 알고자 하는 자의 인생 앞에 배움의 길이 열리고, 배움이 있는 곳에 지혜가 함께한다. 배움과 지혜는 분리할 수 없나니, 진리와 함께한 삶을 추진하는 원동력이 **"배움 원리"**이다. 선정 즉 지혜이고, 지혜 즉 배움이다. 열심히 배우되 원리를 알고, 원리에 맞게 배워야 한다. "뮤제이온의 수학 교수였던 유클리드의 교수법이 워낙 까다로우니까 배움에 시달린 프톨레마이오스 왕이 좀 쉽게 배워달라고 하자 '기하학에는 왕도가 없습니다'라고 한 말이 전해진다."[30] 배움 원리는 엄밀하다. 아무리 바빠도 바늘

---

28) 다음 사전, 원리.

29) 『교육의 이해』, 앞의 책, p.162.

30) 『불교적 깨달음과 과학적 깨달음(현대물리학과 불교의 만남)』, 김성규 저, 과학과 사상, 1993,

허리에 실을 감고서는 바느질을 할 수 없다. 바르게 배워야 배움이 목마른 자의 영혼 위에 단비가 되고, 인생을 향도하는 별이 된다. "사유 세계를 확대해 사물을 보는 시각을 다양하게 하며",[31] "세상을 폭넓게 읽을 수 있는 인문학적 소양을 풍부하게 한다."[32] 그리해야 자유로운 세계와 이상적인 길을 연다. 잘못된 생각을 떨쳐 버리고, 배움 원리를 정확한 근거로 초점 잡아야 한다.

"배움은 배우는 자의 주체적인 노력을 수반해서 의식(consciousness)이 작용하는 만큼",[33] 배움 원리를 알아서 적용해야 진리를 일구고 깨달음을 얻는 증과를 이룬다. 그 正道 배움 원리란 과연 무엇인가? 배워서 일굼이 정석 원리이므로, 그것을 알아서 실천하는 데 있다. 배움(공부)은 정말 어떻게 행하는 것인가? 외우고 기억하는 것이 아니다. 일구는 것이다. 알지 못한 사실을 새롭게 받아들이는 것은 지극히 부차적이다. 그렇다면? 오직 한 가지 이유인 창조법에 근거해야 한다. 그것이 무엇인가? 창조로서 우주를 구성한 바탕 원리는 이미 스스로 본유한 상태이다. 일체법을 이미 지녔다. 선현들은 인간을 소우주로 보았다. 외부로부터 받아들이는 배움 행위는 원리상 수단에 해당한다. 진정한 목적은 가진 것을 일구는 데 있다. 일굼이 우선이라, 받아들이는 배움 행위는 일굼을 위한 원리성에 종속된다. 가진 것을 일구기 위해 받아들여야 한다. 받아들일수록 많이 일구게 되는 것이 **"배움 원리"**상 정확한 작용 결과이다. 다시 말해, 배움은 받아들인 배

p.37.

31) 『공자 사상의 발견』, 윤사정 외 저, 민음사, 1992, p.41.

32) 『서양과 동양이 127일간 e-mail을 주고받다』, 김용석 · 이승환 저, 휴머니스트, 2001, p.49.

33) 『가르침과 배움의 철학』, 앞의 책, p.36.

움을 통해 진리를 일굼으로써 진리를 구하는 것이다. 그만큼 기존 지식은 본유한 진리성을 일구는 수단으로 활용하고, 일굼이 배움 행위의 한 중심을 차지한다. 논리적인 추리로서 구하는 것이 아니다. 배워서 얻은 지식을 통해 깨쳐야 하나니, 이것이 배움의 기본 원리이다. 배워서 알게 된 모든 지식은 **자신이 갖춘 진리를 일구는 수단으로 삼아서 구해야 한다.** 배우고 깨친 진리가 만 영혼의 창조 본성을 지침해서 궁극으로 인도한다. 배움이 지극하면 활연관통하나니, 그것이 배움 원리의 작용으로 이룬 증과 결과이다. 몰랐던 지식을 알고 익히고 기억해서 응용하는 것이 아니다. 배움을 통해 본유한 내면의 존재성을 일구고 깨우쳐야 한다. 본성을 일구고 깨우쳐야 그를 바탕으로 새로운 인생 역사를 창조할 수 있다. 배움을 본성을 일깨우는 수단으로 삼아야 참 자아를 형성하는 위대한 진리인이 된다. 뭇 영혼을 근원 된 궁극처로 이끈다. 곧, 구원의 길에 이른다. 끝없이 고요하고 청청한 마음, 그것이 진리이고, 진리가 진리임을 인식하는 마음, 그 자체가 진리이다. 왜 그런가? 인식함이 곧바로 진리성을 물어낸다. 본질성을 인식한 개념화 상태가 곧 의미를 담은 진리성이다. 진리성은 시공의 본질, 운행 질서, 법칙과 함께 세계적인 구조를 함축했다.

선현들도 본성과 진리가 선재했다고 주장은 했지만, 왜 그런 것인지 이유는 설명하지 못했는데, 그것이 창조법에 근거했다는 사실을 판단할 수 있다. 플라톤은 대화편의 『메논』에서 "교육의 진행 과정에 대해 학생이 전생에 배웠지만, 줄곧 잊고 있던 내용을 다시 생각해 내게 하는 과정"[34]이란 견해를 밝혔다. 즉, "배움(학습)은 외부에서 지식을 받아들이는 것이

---

34) 『서양의 지혜』, B. 러셀 저, 이명숙 · 곽강제 역, 서광사, 1990, p.103.

아니고, 내부에 심겨 있는 것을 깨닫게 하는 일이다."[35] 플라톤은 모든 가능성을 선천적인 것에서 찾아 그것을 인식의 근거로 삼았다. 배움에 대한 가능성 원리가 선재 창조법에 근거했다. 이미 지녔고 본유한 탓에, 배움 작용 원리는 잘 발현시켜 기르면 된다. "속박에서 해방으로, 착각에서 깨달음으로, 무지에서 진리로, 자연에서 문화로, 미성숙에서 성숙으로",[36] 범인에서 성인으로, 심판에서 구원으로 나아간다. 이런 작용 원리를 한마디로 말하면, 모든 배움은 직관을 통해 깨친다. 배움 원리에 근거해야 궁극으로 나아간다. 구원의 길이 열린다. 무수한 직관이 창조에 관한 정보를 드러내고, 활연관통해서 一以貫之한다. 활연관통은 致知로서 차원이 다른 본질을 꿰뚫는 것이고, 一以貫之는 만법을 관통한 상태이다. 바야흐로 천지 우주가 한통속인 본질 구조를 드러낸 것이고, 天의 뜻을 아는 것이며, 창조 본체에 도달해 천만년 주관한 하나님의 섭리 의지를 한 뜻, 한 의지, 한 법칙으로 꿰뚫는 것이다. 배움이 지극하면 天意에 이른다. 진리를 본유한 자, 天에 이르는 길이 절대 멀지 않다. "道는 사람으로부터 멀리 있지 않으며, 배우면 성인이 될 수 있다(道不遠人 聖何學至)."[37] 원리대로 일구고 원리대로 깨친 직관은 축적되며, 그것은 의식을 분열시킨 결과이다. 외운 것은 잊어버릴 수 있지만, 깨친 것은 쌓이고 또 쌓인다. 배움으로 일군 쌓음이 삶을 영속케 한다. 배움은 우리를 영원한 세계에 이르게 하는 추진 원리이다. 배워서 진리를 일구고, 진리를 일구어 본래 모습을 보고, 무진 번뇌를 벗어나 **"배움 원리"**로 하나에 이르는 지상의 디딤돌이 되게 해야 하리라.

---

35) 『서양 교육 사상사』, 앞의 책, p.34.

36) 『듀이와 인문학 교육』, 폴 페어필드 저, 김찬미 역, 씨아이 알, 2019, p.vi.

37) 『선인들의 공부법』, 앞의 책, p.94.

제4편

가르침론

교육의 일반적인 역할은 지식을 전달하는 것과도 연관이 깊지만, 본령으로서의 가르침은 진리와 연관되고, 결국은 하나님에게로 연결된다. 다시 말해, 가르침의 본질적 주제는 天에 이르는 길을 가르치는 것이다. 하나님이 부여한 창조 道[길]를 갈고 닦고 따르도록 하는 것, 그런 길을 갈 수 있도록 하는 데 있다.

　　이런 가르침 주제 조건을 충족하기 위해서 인류는 본의를 깨친 스승으로부터 진리의 가르침을 받고, 천만년 벗어나지 못한 無明을 깨우쳐 차원이 다른 광명의 세계로 선도 받아야 한다. 無明과 무지는 만 가지 악의 근원이라, 가르침의 역사를 통해야 비로소 죄악과 멸망의 고리를 끊고, 구원의 길로 나설 수 있다. 그 지침 역사의 궁극적 주제가 인류를 향한 보편적 구원 목적이다. 가르침은 인류 역사를 선도적으로 이끌 수 있는 추진 원동력이다.

제9장 개관(가르침 주제)

배움이 보고 듣고 가르침을 받아 아는 지식이자 교양이라면, 가르침은 지식, 기술, 사상, 옳고 그름 따위를 깨달아 알게 하는 일이다.[1] 배움은 수동적이고 가르침은 주도적이다고 할 수 있다. 차이점을 좀 더 쉽게 비교한다면, 배움은 전혀 모르는 길을 스스로 노력하거나 물어서 개척하고자 하는 행위이고, 가르침은 같은 주제에 대해 이미 알고 있는 길을 어떤 목적을 세워서 알려주는 행위이다. 결정적인 차이로서, 배움은 누구나 뜻을 세우면 앎의 길을 출발할 수 있지만, 가르침은 과정을 모두 거쳐 길을 알아야 비로소 행할 수 있다. 섣불리 가르칠 수 없다. 그래서 가르침을 펼칠 수 있는 자격을 가진 분을 우리는 '스승'이라고 부르면서 존경해 마지않는데, 지난날 우리는 그 같은 스승을 얼마나 보았는가? 어떤 스승이 존재하였는가에 따라 인류의 문명적 색깔과 역사 추진 방향까지 결정되었다. 앞으로도 그 같은 스승들이 나타나 가르침을 펼칠 수 있어야 인류 역사가 새롭게 펼쳐진다. 가르침이란 작용 행위는 종말을 맞은 인류를 구원하는 마지막 희망의 보루 역사이다. 가르침의 주도적인 펼침 역사가 파멸로 치닫는 인류 역사의 방향 고삐를 틀어줄 수 있다. 때가 도래한 만큼, 이 시점에서 가르침의 역사를 펼쳐 인류를 향해 무엇을 가르칠 것인가에 대한 주제를 지침해야 한다. 합당한 주제를 설정해서 가르칠 자격자의 길까지 지침하

---

[1] 다음 사전-배움, 가르침.

는 것은 미래를 위한 百年之大計이자 歷史之大業이다. 후자는 이후의 "스승론"을 통해 펼치겠지만, 가르침은 스승이 반드시 갖추어야 하는 의식적 지침이다. 적어도 그것만큼은 갖추기 위해 소정의 배움과 수행 과정을 거쳐야 하고, 길을 완수한 자로서 신념을 가져야 한다. 의도한 바대로, 자격자가 많이 나올수록 인류의 구원 추진 역사가 탄력을 받나니, 그로써 이룰 최종 목표가 바로 만인 스승화이다. **"가르침론"**의 논거 목적이다. 소정의 과정을 거쳐 길을 구한 자, 스승으로서 자격을 가진 자가 인류를 향해 가르침의 역사를 펼쳐야 함에, 가르침의 주제는? 무엇을 가르쳐야 하는가? 대상 영역이 다양하기만 하다. 그것을 앞의 저술을 통해 논거를 폈다. 그 중 교육 본래의 목적에 근거해서 가르침의 주제를 설정하기 위해서는 본질적인 요소를 추출하고, 가르침의 근원이 어디에 있는 것인지부터 알아야 한다. 그리해야 본질적인 요소에 따라 가르침에 관해 세부 각론을 펼칠 수 있다.

"중국의 고전이 밝히고 있는 교육이라는 단어 속에는 배움과 가르침의 의미가 동시에 내포되어 있어, 오늘날은 가르침이 성숙한 교수자가 미성숙한 학습자에게 정해진 교과 내용을 전달하는 일련의 과정인 것으로 의미가 정착되었다."[2] 미국의 스키너는 행동주의 심리학자답게, 가르침이란 "학생들이 학습할 수 있도록 강화를 적절하게 배치하는 일"[3]이라고 하였다. 가르침이란 행위에 초점을 맞춤으로써 본질적 의미를 내포하지 못했고, 무엇을 가르칠 것인가에 관한 주제와도 거리가 멀어졌다. 밀접하게 연

---

2) 「배움학에 관한 연구」, 앞의 논문, p.2.

3) 「학생의 배움을 통한 교사의 가르침의 의미 연구」, 이한나 저, 한국교원대학교 대학원, 초등교육, 석사, 2013, p.8.

관시키기 위해서는 가르침에 관한 근원 추적과 가르침 주제를 가닥 잡아야 인류 역사의 추진 방향을 선도할 수 있다. 근원을 추적할진대, 『중용』에서 명시한 대로 教의 근원은 天, 곧 하늘에 있다고 했나니, 이것을 지성들은 주목해야 한다. 그리하면 인류를 향해 무엇을 가르칠 것인가에 관한 본질적 주제를 분명히 할 수 있다. 가닥 잡을진대, 밝힌바 性은 하늘이 命한 것이고, 道는 그 命을 따르는 것이며, 教는 그렇게 해서 주어진 길을 갈고 닦아 본성을 완성하는 것이다. 教를 교육이 지향해야 할 본령이라고 할 때, 배움이 아닌 가르침의 입장에 선다면 **"가르침 주제"**도 본령이 어떻게 되어야 하는지에 관한 이유를 안다. 그것이 무엇인가? 왜 하늘이 부여한 이치인 道를 따르게 하고,[4] 깨우치게 하고, 갈고 닦아 본성을 완성할 수 있게 하는 것이 가르침의 본령인가? 실행할 수 있도록 교육적 수단을 동원해야 하는가? 教의 근원에 해당한 '하늘의 命'은 바로 하나님의 창조 명령, 곧 인간을 인간답게 바탕 지은 창조 뜻, 창조 원리, 창조 의지이다. 요약해서 '본의'이다. 天命之謂性은 하나님이 인간을 말씀으로 명령하여 창조했다는 것이고, 率性之謂道는 그 명령을 따른 것이 창조 법칙이란 것이며, 修道之謂教는 창조 道를 닦는 것, 즉 배우고 가르치는 것이 인간의 근본 된 행위란 것이다. 그러므로 **교육의 본령, 행위의 근원, 가르침의 본질적 주제란 天의 命, 곧 하나님의 창조 뜻을 깨달아 가르치는 것이다.** 세상 지식이 아니다. 교육의 일반적 역할은 지식을 전달하는 것과도 연관이 깊지만, 본령으로서의 가르침은 진리와 연관되고, 결국은 하나님에게로 연결된다. 다시 말해, **가르침의 본질적 주제는 天에 이르는 길을 가르치는 것이다.** 하나님이 부여한 창조 道[길]를 갈고 닦아 따르도록 하는 것, 그

---

4) 『최신 교육학 개론』, 앞의 책, p.70.

런 길을 갈 수 있도록 하는 데 있다. 이런 가르침 주제 조건을 갖추기 위해서 인류는 본의를 깨친 스승으로부터 진리의 가르침을 받고, 천만년 벗어나지 못한 無明을 깨우쳐 차원이 다른 광명의 세계로 선도 받아야 한다. 無明과 무지는 만 가지 악의 근원이다. 가르침의 역사를 통해야 비로소 죄악과 멸망의 고리를 끊고, 구원의 길로 나설 수 있다. 그 지침 역사의 궁극적 주제가 인류를 향한 보편적 구원 목적이다. 가르침은 인류 역사를 선도적으로 이끌 수 있는 추진 원동력이다. 그런데 이 시점에서 과연 하나님이 인류 사회를 위해 내린 창조 명령, 곧 본의를 아는 자가 어디에 있는가? 그것을 지침하는 것이 본 개관의 **"가르침 주제"**이다.

　하나님이 천지를 지은 뜻을 알고, 그것을 기반으로 인류의 無明을 깨우치며, 만 가지 악으로부터 인류를 구원하기 위해서는 먼저 진리가 무엇인지를 알고, 그것을 인류를 향한 가르침의 목표로 삼아야 한다. 예로부터 스승의 역할은 "제자들에게 참된 진리를 위하여 바르게 노력할 것을 깨우쳐 주고자 함에 있다. 소크라테스가 "너 자신을 알라"라고 한 데는, 너 자신의 무지를 깨닫고 겸손하라. 그리고 참된 진리(앎)를 위해 바른 자세로 끊임없이 정진하라고 한 의미를 내포하였다."[5] 하지만 인간을 이해하려고 아무리 노력해도 天을 모른다면 인간도 이해할 수 없다. 그것이 선천 진리와 가르침이 지닌 한계이다. 오늘날의 스승은 근본 된 진리를 알고, 그것을 가르침의 최우선 주제로 삼아야 한다. 天의 뜻에 입각한 진리란 무엇인가? 그것을 깨우쳐야 스승으로서 天에 이르는 길을 가르칠 수 있다. 天意에 입각한 진리는 밝힌 바대로 하나님이 천지를 창조한 창조 법칙을 결정한 본질적 의지이다. 그래서 진리는 하나님의 창조 뜻과 의지와 지혜를 함

---

5) 『인간의 이해』, 이석호 저, 철학과 현실사, 2001, p.30.

축하고 있다. 하나님의 몸 된 본체가 세상의 질서 조건 안에서 화현된 상태이다. 그러니까 진리를 깨치는 것은 세계의 본질을 아는 것을 넘어 하나님을 아는 길이 되고, 하나님에게 이르는 길이 된다. 그 길을 알 수 있게 하는 것이 가르침 본령의 근본 주제이다. 진리를 알고 진리를 통해야 가르침으로 하나님에게로 이르는 길을 지침한다. 이런 본의에 근거하고 보면, 유교가 격물치지로 활연관통하고자 한 것은 하나님의 창조 본의에 도달하고자 한 진리적 가르침이다. 불교에서는 "마음이 곧 부처임을 자각하는 견성 성불을"[6] 깨달음의 목표로 삼은바, 견성으로 증득한 진리는 하나님의 창조 본체를 보는 것이므로, 하나님과 같은 본성으로 승화된 것과 같다.

다음으로 가르침의 또 다른 본질적 주제는 인류의 無明을 깨우치는 것이다. 지적했듯, 가르침이란 행위를 귀하게 승화시키기 위해서는 배움으로 더욱 높은 차원 세계를 확보하는 과정을 거쳐야 한다. 핵심 된 주제는 존재한 천하 만상은 창조로 인해 결정된 세계인 탓에 지식만으로는 드리운 無明 세계를 벗어날 수 없다. 창조 역사를 실현한 하나님의 뜻과 바탕이 된 본체 세계에 관해 알아야 한다. 그것이 곧 가르침의 두 번째 주제이다. 일찍이 플라톤은 동굴의 비유를 통해 인류 역사에 의미심장한 메시지를 던졌다. 그는 "동굴 안의 세계와 동굴 밖의 세계를 비유하면서 전자는 어둠과 그림자와 억견의 세계요, 후자는 밝음과 실체와 진리의 세계라고 하였다. 교육이 그렇게 묶인 자를 풀어주고, 어둠에 익숙한 자를 빛의 세계로 인도하여 밝음을 위해 살도록 한다는 의미를 시사했다. 폐쇄적인 세계를 파개(破開)하고 부수어 여는 것이 가르침이고, 능력을 갖춘 인간으

---

6) 『동양의 이상적 인간관』, 앞의 책, p.391.

로 교육하는 것이 가르침이며",[7] 무지한 세계로부터 진리의 세계로 끌어
내는 것이 가르침의 주제이다. 세상 안에서 그런 조건을 갖춘 진리가 있다
면 그것은 무엇이고, 그런 진리를 아는 자 누구인가? 인류가 감각기관으로
보고 경험해서 아는 것과는 차원이 다른데, 그런 앎과 정보와 진리란 과연
무엇인가? 보편적으로 인준된 상식과 객관적인 지식을 순식간에 뒤엎을
수 있는 그 무엇? 현생 인류가 확인한 모든 앎이 동굴 벽에 비친 그림자란
사실을 알게 하고, 無明을 해방해 빛의 세계로 인도할 수 있는 그 무엇? 그
것이 곧 선천의 분열적 질서 현상과는 차원이 다른 통합적 본체 세계로의
인도이다. 결정된 세계 안에 갇혀 차원 밖의 초월 세계를 보지 못하는 제
약으로부터 자유로운 하나님의 본체 세계로 끌어냄이 가르침의 본의적 주
제이다. 몽매를 일깨워야 하기 때문에 본의에 관한 지혜가 필요하고, 그것
을 가르침의 주제로써 앞세워야 한다.

　본의 가르침으로 이루어야 할 가르침의 궁극적인 주제는 만인을 향한
가르침을 통해 만인을 구원하는 길로 연결하는 것이다. 구원 의미와 구원
방법은 광범위하거니와, 구원 역사는 예로부터 인류 역사와 함께 중단 없
이 실행되었다. 하지만 선천이 처한 어쩔 수 없는 조건 탓에 전 인류가 모
두 구원되지 못한 제한이 있었다. 하지만 이제는 때가 도래한 만큼, 본의
에 입각한 가르침이 만 인류를 빠짐없이 구원의 문으로 이끌 수 있는 최후
의 보루로서, 온갖 제약을 극복할 수 있는 진리력을 본유했다. 종교적 구원
은 일부 영혼의 구원을 담당했지만, 가르침은 인생 삶의 전반을 가치적으
로 인도하고 포괄해서 빠짐없이 구원할 수 있다. 이것이 하늘이 命한 교육
의 위대한 지침 역할이자, 가르침의 궁극적 주제를 실현하는 길이 되리라.

---

7)　『고대 그리스의 교육 사상』, 오인탁 저, 종로서적, 1994, pp. 242~243.

제10장 가르침 주도론

1. 가르침 지표

　가르침은 교육의 위대한 목적을 달성할 수 있는 전통적 방법이다. 우주와 영혼이 이를 통해 교감하고 감동하고 일깨워 인류 문화를 계승하였고, 인류 역사를 새롭게 창조하였다. **"가르침 지표"**는 이 같은 목적을 달성하기 위한 세부지침이다. 가르침은 인간 교육의 주된 작용이다. 그렇다면 오늘날의 시대에 있어서 미래지향적인 인간 교육은 어떻게 해야 하는가? 무엇을 지표로 내세워야 하는가? 무엇을 가르쳐야 인류를 참 방향으로 인도하는 궁극적 지표가 될 수 있는가? 목적이 인간 교육에 있는 한에서는 가르침 지표도 인간성과 인생길에 두지 않을 수 없다. 대상에 대해 어떤 달성 목표를 두고 어떻게 가르칠 것인가가 관건이다. 인간 된 도리와 인생의 나아갈 길에 대한 지침이 있어야 한다. 그렇다면 당연히 기존 지식 교육 패러다임을 개혁해야 하고, 인류의 지혜를 동원한 새로운 교육 과정 구성이 불가피하다. 예수가 이 같은 목표를 달성하고자 했다면 세상을 향해 무엇을 가르치고자 하였을까? 회개하라, 천국이 가까웠다고 하였나니, 하나님의 뜻과 하나님이 부여한 사명을 전하고자 하지 않았겠는가? 부처 역시 중생을 향해 무엇을 가르치고자 하였을까? 증득한 法을 전하고자 하지 않았겠는가? 소크라테스는 아테네 시민을 향해 무엇을 가르치고자 하였을까? 자신에 대해 무지하다는 사실을 전하고자 하지 않았을까? 그리고 지금 교단에 선 선생님은 학생을 향해 무엇을 가르치고자 할 것인가? 진리가 무엇이고, 배움이 무엇이며, 바른 인간이 되는 길이 무엇인지 가르쳐야 하지 않겠는가? 가르침의 제반 지표 기준은 인간 된 도리에 근거해서 근본을 가르치는 것이다. 그리해야 인간으로서 마땅히 지켜야 할 천륜을 어기지 않는다. **천륜을 가르치는 것이 인간 교육의 근본 된 지표이다.** 그리고 그 영역을 더 확대해서 궁극을 향할 수 있게 해야 하는데, 그것이 곧 인생 지혜와 인생 원리와 인생 귀의처에 대한 지침이다. 대인류를 향해 가르침의 지표로서 갖추어야 할 조건의 전부이다.

그 첫 지표에 해당한 인간 본성을 궁극으로 인도하기 위해서는 무엇을 어떻게 가르쳐야 하는가? 인간이 마땅히 걸어가야 할 길인 인류의 길을 밝히는 것이다.[1] 그리고 인류를 밝히기 위해서는 인류가 그대로 천륜에 근거한 사실을 확인해야 한다. 인류를 가르침의 지표로 세우기 위해서는 천륜부터 밝혀야 하고, 그것은 스승으로서 하늘의 命을 따르는 것이다. 그런데도 오늘날 그 天命을 자각해서 뜻을 가르침으로 펼치는 자가 몇이나 될까? 지표와 어긋나 있다는 점에서 학교 교육의 과제로 대두된 인성 부재 원인이 있다. 가르침의 방향과 내용 면에서 인간성에 대한 진리적 가르침이 빠져 있다. 현대 교육의 문제점은 가르침이 인간의 근본 된 본성과 동떨어져 있다는 데 있다. 선악을 분별하는 도덕적 판단과 명민함을 잊어버렸다. 바로잡기 위해서는 가르침의 지표를 정확하게 세워야 하는바, 소당연과 소이연 한 이치가 그것이다. 그리해야 인간다운 도리를 지킬 수 있다. 소당연 한 이치를 알고, 어떻게 소이연해야 하는지를 가르쳐야 한다.

---

1) 「코메니우스와 율곡의 교육론에 관한 비교 연구」, 앞의 논문, p.96.

그리하면 실천하는 데 어려움은 있어도, 여건을 극복해 지킬 수 있다. "소당연(所當然)이란 마땅히 해야 할 일을 하지 않을 수 없다는 것이고, 소이연(所以然)이란 어떻게 그렇게 해야 하는가 하는 까닭을 말하는 것이다."[2] 소당연과 소이연은 본성을 판단하는 합리적인 이치 추적 기준이다. 여기에 대해서 추호의 어긋남이 있다면 성찰이 부족한 탓이라, 이탈하는 결과를 예측할 수 있다. 어떻게 도리에 어긋난 것인지를 판단할 수 있다. 본성적인 도리를 가르쳐 무지한 영혼을 일깨워야 하므로 소당연 한 근거, 곧 하늘의 뜻과 이치와 천명(천륜)을 가르쳐야 한다. 그리하면 잘못 들어선 길을 돌이켜 본성을 회복하고, 천륜과 인륜이 일치된 삶의 길을 완수할 수 있다. 인간 된 도리를 깨우치는 것이 가르침의 근본 지표라, 그리해야 인류 사회에 봉사하고 헌신하는 가치인, 사명인, 실천인을 육성한다.

다음은 인생 삶의 지표 문제이다. "가르침(교육)은 세상을 사는 바탕인 본성과도 관련되어 있지만, 인간이 지향해야 할 표준을 제시하는 것도 중요하다."[3] 피타고라스는 말하길, "세상에서 중요한 일이 무엇인가? 인생을 어떻게 살아야 하느냐? 그것을 가르쳐 주는 일이다"라고 하였다. 인생을 살아가는 지혜와 자세와 방법을 가르쳐주는 것이 가르침의 제2 지표이다. 산다는 것은 괴롭고 힘든 일이다. 인생은 탄탄대로, 순탄한 길만 펼쳐진 것이 아니다. 인생 앞에는 시련이 있고, 좌절이 있고, 슬픔이 있다. 그뿐인가? 질병이 있고, 실패가 있고, 이별이 있고, 죽음이 있다. 모든 고행도(苦行道)와 난행도(難行道)를[4] 꿋꿋하게 걷고 헤쳐 나가기 위해서는 신

---

2) 「퇴계의 교육 사상 연구」, 앞의 논문, p.22.

3) 「주자의 교육사상에 관한 고찰」, 앞의 논문, p.82.

4) 『철학의 즐거움』, 안병욱 저, 계명사, 2007, p.180, 160.

념과 지혜가 필요하고, 방향을 잃지 않도록 지표가 있어야 하므로, 이것을 고무해서 가르치는 것이다. 그것이 수학, 영어를 잘 가르친다고 해서 지침이 될 수 있겠는가? 태어난 자, 세상에는 인간 도리에 관한 규정이 있고, 이치가 있고, 상대적인 관계가 있다. 삶은 기본적인 자아 형성과 함께 이웃과 사회와 세계와의 교감과 관계 형성으로 이루어지는 만큼, 반드시 인생 가치와 인생 원리와 인생길에 대한 지혜로운 지침, 곧 가르침이 있어야 한다. 그것이 학교에서건 사회에서건 어디서라도 가르침의 중심된 지표가 되고, 가르치는 자의 주된 사명이 되어야 한다. 재능은 타고났지만, 세계를 향해 나아갈 인생 삶에 대한 지침이 없다면 아름답게 꽃을 피우기 어렵다. 가르침은 지식과 학문이 주된 목적이 아니다. 인격을 주체로 내세워 인생의 지혜를 가르쳐야 한다. 인생을 지침할 방법을 프로그램화, 제도화해야 한다. 삶을 완성할 수 있는 길을 지침해야 하나니, **인생의 목적은 위대한 꿈을 가지고 그것을 삶의 현실 위에서 구현하는 것이다.** 그렇게 될 수 있게 하려고 불교는 우주와 인생의 진실을 꿰뚫는 지혜를 계발해 실상적 인간을 완성해서 참다운 삶을 영위할 수 있도록 하였다. 현재의 지식 교육 가르침 방식과는 격이 다르다. 인생 삶을 포괄하기 위해서는 가르침의 지표 영역이 더 종합적이어야 한다. 앎과 경험의 전수, 정신의 도야 방법과 능력 개발, 세계를 통찰하고 바라보는 지혜와 안목 개안, 본성 함양과 인격 도야, 삶의 방식, 태도, 가치관 정립, 자주적인 생활 능력과(기술, 직업) 민주시민으로서의 자질 갖춤[5] 등등. 인생 삶을 완성할 수 있도록 하기 위한 현실적 지침 방안으로서, 영혼을 향해 객관적 지식이 아니라 인생의 진리를 가르치는 것이다. **진리를 일구어야 인생의 근본을 아나니 진리, 그것**

---

5) 「화엄경의 교육 사상 연구」, 최효순 저, 고려대학교 대학원, 교육학, 박사, 2017, p.78.

이 인생 삶을 궁극으로 인도하는 본질적 지표이다. 見性이면 성불이다. 인생의 진리를 가르쳐야 뭇 인생이 진리대로 삶을 완성하고, 가르침에 힘입어 궁극의 지표에 도달한다. 진리 안에는 인생의 출생처와 귀의처에 대한 정보가 함축되어 있다.

그리고 세 번째로 설정되어야 할 **"가르침 지표"**는 바로 뭇 인생을 향해 진리가 무엇인지를 가르치는 것이다. 진리, 그곳으로부터 심오한 지혜가 샘솟나니, 뭇 영혼을 가슴 벅찬 삶의 세계로 인도한다. 진리를 알기 위해서는 道를 알아야 하고, 道를 가르치기 위해서는 창조된 본의를 알아야 하는데, 현실적으로 그것을 가르칠 교육 시스템이 구축되어 있지 못한 것이 안타깝다. 道를 가르치고자 해도 道의 정체가 불분명한 상태이다. 그래서 인생의 진리를 가르치기 위해서는 道의 창조적인 본의를 규명하는 것이 급선무이다. 참된 것이 아닌 것은 가르칠 수 없다. 참, 그것이 곧 진리이다. 그런데 궁금한 것은 왜 참된 것이 진리인가 하는 것이다. 참이 아닌 것은 창조될 수 없으므로 참은 창조 자체이다. 진리대로 창조되었다. 참된 진리를 가르쳐야 하나니, 진리를 가르치면 진리대로 된다. 진리는 창조를 시사하는 본질의 근원을 내포한 인식이다. 창조를 이룬 바탕성인 道적 본질을 진리가 지닌 탓에, 스승은 반드시 차원이 다른 道를 알아서 가르쳐야 한다. 진리를 통하면 인간과 천지 우주가 어떻게 창조된 것인지 알게 되므로, 진리로서 창조에 관한 본질적 정보를 구할 수 있는 안목을 가져야 한다. 『중용』에서는 "誠者天地道也 誠之者人之道也"라고 하였다. 성실은 참된 인생의 길이자 진리로서, 참된 성실 자체는 하늘의 길이요, 성실하게 참을 행하는 것은 사람의 길이다.[6] 왜 뭇 인생을 향해 진리를 가르쳐야 하

---

6) 『젊은이여 희망의 등불을 켜라』, 앞의 책, p.122.

는가? 참은 하늘의 길이고, 하늘의 뜻이며, 그렇게 살라고 지침한 하늘의 명령이기 때문이다. 다시 말해, 우리는 모두 참인 진리대로 창조되었다. 참은 창조 자체이다.

이렇듯 참을 내포한 진리를 플라톤은 善의 이데아라고 했다. "善의 이데아는 가치와 진리와 본질을 총괄한 개념이다. 가능한 모든 사물의 보편성과 중요성을 포괄하고 있으면서, 가장 내면적이고 가장 본래의 가치, 의미, 체험, 정신, 영적인 교감에 근거한다."[7] 영원불변의 보편적인 진리와 가치가 있을진대, 그것을 구하고 보는 눈을 가질 수 있게 하는 것이 가르침의 본질적 지표이다. 정말 진리가 있고, 길이 있고, 道가 있을진대, 그것을 가르침과 간과함과의 차이는 뭇 인생을 어떤 상태로 이끌 것인가? 이런 이유 탓에 세상과 역사 위에서는 위대한 스승에 의한 위대한 진리의 가르침이 있어야 한다. 그것이 인생의 근본이고, 인류 역사가 가야 할 근원이라면 가르침의 주된 지표로 삼아야 하지 않겠는가? 지금이 어느 때인가? 아직도 주장한 데만 그친 이데아설이 되어서 될 일인가? 확실한 진리일진대, 타당한 이유는 천지를 있게 한 본원 바탕이기 때문이다. 동양의 정호는 말하길, "理는 인간과 만물의 근거인 동시에 천지 만물을 구현한 궁극적 가치이다. 천지 만물이 공통으로 받아들여야 할 유일한 존재 근거, 또는 천지 만물이 공통으로 지향하고 실현해야 할 궁극적인 가치 규범이 존재하는데, 그것을 이른바 理 또는 天으로써 개념화했다."[8] 理는 인생을 참되게 하는 근본 바탕으로서 理를 진리로써 가르쳐야 인간이 근본을 형성하고, 근본 된 길로 나아가며, 근본 된 본성을 완성할 수 있다. 그 길을 통하면

---

7) 『고대 그리스의 교육 사상』, 앞의 책, p.238.

8) 『주자와 왕양명의 교육 이론』, 앞의 책, p56.

궁극적으로는 어디에 도달하겠는가? 천륜, 천리, 천의를 따를진대, 마땅히
天에 이르지 않겠는가?

　따라서 인간은 삼라만상 이법과 진리와 인륜의 길을 추구하는 것일 뿐
法, 道, 진리, 법칙, 역사, 섭리를 완성하는 것은 天의 의지에 달렸다. 지난
날에 법도와 인도(人道)가 불명확하고, 제 갈 길을 가지 못해 방황했던 것
은 무엇보다도 天道 자체가 명확하지 못했고, 아울러 창조 본의가 밝혀지
지 못해서이다. 『중용』에서 말한 誠과 道만으로서는 인간의 노력, 곧 선천
의 敎적 가르침 목표를 달성할 수 없었다. 우주적, 법칙적인 섭리 역사도
그러하다. 선천 진리의 핵심 근원을 天이 휘어 쥐었다. 그리고 오늘날은 하
나님이 강림하여 본의를 드러낸 때가 도래했으므로, 어느 누가 법도에 어
긋난 길을 걷겠는가? 모두가 진리와 道의 가르침으로 하나님에게로 나갈
수 있는 길을 지침 받으리니, 그 지표가 곧 天意로서 밝힌 창조 본의이다.
본의를 가르침의 궁극적 지표로 삼았을 때, 뭇 영혼과 뭇 인생이 궁극으로
인도되고, 가로막힌 天에 이르는 길이 구체화하여 무궁무진하리로다.

2. 가르침 역할

　"세계교육론"은 어디까지나 이론적인 사상이다. 주장과 논거가 어떤 이
상적인 목적과 혁신적인 방안과 진리성을 내포하고 있다고 해도, 혹은 원
리와 실행 방법을 구안했다고 해도, 그것은 머릿속의 관념에 불과하다. 성
경 66권이 하나님의 말씀을 기록한 책이라도 간구하는 자 앞에 성령이 역
사하여 말씀으로 임할 수 없다면 여타 기록물과 다를 바 없다. 여기에 **"가**

르침 역할"의 중요성이 있다. 가르침은 역사이나니, 가르침의 행위가 인류를 구원하고자 한 의지로 불타 있어야 선현들이 한 말씀이 생명을 얻고 탁월한 지혜로 부활하여 교화와 감화와 구원 드라마를 창출할 수 있다. 그것이 가르침의 진정한 역할이며, 인류 역사를 통틀어 가장 위대한 행위이다. 진시황이 만리장성을 쌓은 것도, 이집트의 파라오가 피라미드를 세운 것도, 현대 인류가 달나라를 정복한 것도 위대한 역사에 속하지만, 가르침은 그 이상이다. 가르침으로 만인을 구원의 문으로 이끄는 것이 더할 나위 없는 역사이다. 한정된 지식이 아니라 진리를 가르침에, 인생은 물론이고 인류 역사 전반에 영향을 미친다. 뭇 영혼을 깨우치고 가치를 일구고 삶의 추구 방향을 지침하는 것이라, 결코 가벼운 역사일 수 없다. 거대한 건축물을 세우고 인공위성을 쏘아 올리기도 어렵기는 하지만, 인간의 생각과 가치와 인생의 진로를 지침하는 것은 고차원적인 정신 역사이다. 이것을 세인은 각성해서 인정해야 한다.

프랑스의 화학자 파스퇴르(1822~1895)는 처음부터 훌륭한 과학자가 될 싹을 나타낸 것은 아니었다. 학교 공부보다는 낚시나 그림을 그리는 데 취미를 가진 학생이었다. 하지만 어느 날 부모님이 끼니 때문에 애를 쓰면서 밤늦게까지 일하고 있는 모습을 보고 열심히 공부하기로 결심했다. 어린 시절 미술 교수를 꿈꾼 파스퇴르는 어느 날 화학자 뒤마의 강의를 들은 뒤부터 화학에 온갖 정열을 쏟았다. 이것이 가르침이 지닌 비교할 수 없는 역할이다. 가르침의 역사는 위대하다. 뒤마도 뛰어난 과학자였지만, 파스퇴르는 더욱 훌륭한 과학자가 되었다. 뒤마가 과학자로서 남긴 업적도 크지만, 파스퇴르의 앞길을 열어 준 스승의 역할은 더욱 높은 업적으로 평가할 수 있다. 뒤마의 강의를 듣고 파스퇴르가 어떤 정신적 영감을 얻은 것인지에 대해 자세히는 알 수 없지만, 가르침의 역할은 인간에게 정신적 감화를 일으키고, 그렇게 해서 인류 역사가 변화한다. 깨닫고 자각하게 하는 **"가르침 역할"**이 어떤 역사보다도 위대한 이유이다.

가르침의 역할은 더 의도적이고 광의적 목적인 뭇 영혼의 無明을 깨우쳐 聖化시키고자 하는 것일진대, 본래 주어진 본성이 착하여 古今과 지우(智愚)의 구별이 없거늘, 성인은 왜 홀로 성인이 되며, 왜 홀로 범인이 되는가? 이유에 대해 율곡은, 진실로 뜻이 서지 못하고[立志], 밝게 알지 못하며[明知], 행함이 독실[篤行]하지 못한 까닭에 두었다.[9] 나아가 이 연구도 주된 원인으로 가르침의 역할이 온전하게 미치지 못한 데 있다고 본다. 인간 본성은 몸 된 본체로부터 창조된 탓에 누구라도 배우면 성인이 되고, 성불할 수 있지만, 그렇게 되고자 하는 자력에 맡긴 탓에 성과가 기대에 미치지 못했다. 공자는 "가르치되 분류하지 말라"[10]라고 하였듯, 가르침으로 가능성을 인지해서 주도적인 역량을 발휘해야 한다. 가르침의 역사는 배움의 행위와 격이 다르다.

물론 인간은 배움과 가르침의 상호작용 속에서 인생길을 개척해 나가는 것이 정석이지만, 자력으로 배우고 깨침에는 한계가 있다. 설사 어떤 경지에 도달했다고 하더라도 완성된 자로서 평가받거나 인준되기 어렵다. 그리고 주어진 세계적인 본질 조건에도 맞지 않는다. 인간은 지음 받은 피조자로서 종국에는 차원이 다른 세계로 인도받아야 하는데, 자력으로 깨친 道만으로서는 어렵다. 그것이 선천의 지성들과 覺者와 심지어는 성현에게도 예외가 될 수 없는 한계성이다. 가르침의 최종적인 역할을 기다려야 했는데, 그것이 곧 하나님의 본의 가르침이다. 어떤 조건 속에서도 가르침의

---

9) 『율곡전서』, 권27, 『격몽요결』, 입지 장.

10) 『논어』, 위령공 편.

역할이 배움을 주도해야 한다(학생, 제자 중심이 아님). 얼마나 성실하게 인생길을 헤쳐 나갈 수 있게 할 것인가 하는 것은 가르침을 펼치는 제자의 스승을 향한 믿음과 신뢰가 주효하다. 스승의 제자 사랑과 정성을 다한 가르침은 배우는 자가 생성시킬 수 없다. 인간은 경험으로 배우고 성장하지만, 스승의 가르침과 장래를 염려하는 사랑과 격려를 받으면서도 성장한다. **가르침의 주된 역할은 스승이 제자의 타고난 지력, 능력, 소질, 적성, 흥미, 재능 등을 남다른 안목으로 발견, 육성해서 앞길을 지침하고, 궁극의 목적지에 도달할 수 있도록 이끄는 것이다.**[11] ~한 마음을 가지게 하는 것(마음 설정), ~한 것을 할 수 있게 하는 것(능력 신장), ~한 것을 행해서 완수할 수 있도록 하는 것(실천 의지)이 **"가르침 역할"**이다.[12] 다시 강조해, 미국의 항존주의자들은 "교육은 개인을 세상에 적응시키는 것이 아니라 오히려 그들을 진리에 적응시키는 것이다"[13]라고 하였다. 가르침 역할은 참으로 진리를 가르쳐 세상을 위해 공헌할 수 있도록 길을 여는 것이다. 진리라 해도 진리 자체만으로서는 무엇 하나 완성할 수 없다. 그리스 신화에 나오는 '미다스 왕의 손길'처럼 가르침의 주도적인 지침과 진리로 이끎의 역할만이 인간의 영혼을 삶의 길 위에서 본성화, 가치화, 인격화하고, 구원의 메시지로 승화시킬 수 있다. **가르침은 종국에 하늘의 道를 깨치고 天命을 품수 받아 이를 세상 가운데 펼치는 것이 최고이나니, 그곳에 가르치는 자로서의 권위가 있고, 天意를 수용한 진리로서 영원하리로다.**

---

11) "교육은 인간에게 주어진 천부적인 가능성을 계발하여 끌어낸다"라는 뜻을 지님."-『교육의 역사 및 철학적 기초』, 조영일 저, 형설출판사, 1993, p.321.

12) 인간 삶과 인류 역사가 바른길을 가고 바른 방향으로 추진되도록 지침하고 이끄는 것이 참된 가르침의 역할이다.

13) 『교육 철학』, George R. Knight 저, 앞의 책, p.128.

제11장 가르침 작용론

1. 가르침 방법

현재 교단에서 가르침을 천직으로 삼고 있는 교사와 교수는 그들이 배우고 연구한 학과목과 전공 영역들이 있다. 국어, 영어, 수학, 그리고 인문학, 자연·사회 과학, 공학 등등. 그들은 그렇게 전공한 학문으로 새로운 앎의 영역을 확대해 나가는 것도 중요하지만, 교단에 서면 알고 있는 지식을 어떻게 가르칠 것인가 하는 방법에 대해서도 고민해야 한다. 당연히 국어를 가르치는 방법과 수학을 가르치는 방법은 다르다. 특히, 본인이 전공한 체육 과목은 주로 운동 신경을 통한 기능 향상에 있어 여타 교과목과 교수 방법이 판이하다. 자연법칙을 발견하고 깨달음으로 얻은 앎과 달리 터득한 기능을 가르치는 것인 탓에 지적 영역과는 또 다른 과제이다. 진리란 무엇인가에 관해 의문을 품고 진리를 추구하여 진리를 밝히고자 한 것이 전반기 저술 과정이었다면, 그다음은 구하고 깨달아 알게 된 진리를 어떻게 가르칠 것인가 하는 것이 지금의 논거 과제이다. 道도 하나, 覺도 하나, 원리도 하나이지만, 하나인 진리에 관해서 설명하고 가르치는 방법은 다양하기만 하다. 그렇다고 해서 道, 진리, 覺이 달라지는 것은 없다. 하지만 유념할 것은 가르치고자 하는 진리 대상이 세상 질서와 차원이 다르다면 가르치는 방법도 당연하게 달라야 한다. 그런데도 지난날은 대상이 지닌 특성을 분간하지 못한 탓에 일률적으로 접근하였다.

원시 시대에는 기술과 장비가 없어 맺은 열매를 채집하고 달아나는 동물을 수렵하는 데 그쳤지만, 오늘날은 지하 깊은 곳에 있는 석유를 시추해서 찾아내고 있다. 무슨 말인가 하면, 이전의 교육 방식이 지식 위주였던 것은 원시 시대처럼 드러나서 볼 수 있는 현상적 질서를 가르쳤기 때문이다. 하지만 이제는 잠재된 道적 질서도 가르쳐야 하므로 방법적인 문제에 있어 인식을 달리해야 한다. 지식을 효과적으로 가르치기 위해서 시청각 자료를 활용하는 것처럼, 본질적인 진리를 가르치는 방법도 계시, 수행, 직관 작용 원리를 추출해서 활용해야 한다. 자신이 알고 깨달았다고 해서 그것만 전부가 아니고, 그로써 끝나는 것도 아니다. 부처가 깨닫지 못해서 불국토가 도래하지 않은 것이 아니며, 主 예수가 계시를 받들지 못해서 하나님의 나라가 도래하지 않은 것이 아니다. 공자는 자나 깨나 仁해야 한다고 했는데, 이 땅에서 평천하는 이루지 못한 상태이다. 부처는 평생 동안 설법하였고, 예수는 십자가에 못 박히면서까지 믿음을 지켰으며, 공자는 친근한 생활 속의 대화로 이상을 전달했지만, 성인의 진의를 세인들이 얼마나 이해했는가? 방편을 통해서라도 이해시키고자 한 法과(부처) 지혜로 가르친 비유(예수), 다양한 상황 조건에 맞추어 이해시키고자 한 仁은(공자) 과연 무엇인가? 한 마디로 성인이 뜻한 만큼 100% 전달되지 못한 탓에 지금쯤 건설되었어야 할 이상 세계가 유야무야된 실정이다. 성인의 가르침도 세계적인 여건상 한계가 있었다는 뜻이다. 만약 세상이 모르는 새로운 법칙을 발견했다고 한다면 어떤 방법으로 사실을 알릴 수 있는가? 고민에 처한 자가 우선 고려해야 하는 것이 **"가르침 방법"**이 요구하는 조건이다.

흔히, 유대인의 교육법이 아이에게 고기를 낚아 주는 것이 아니고 낚는 방법을 가르쳐 주어야 한다고 한 것은 여전히 시사하는 바가 크다. 무엇을 가르치든 낚아 주는 것은 가지, 낚을 수 있도록 하는 것은 뿌리에 해당한다. 교육은 참된 진리를 가르치고 장대한 꿈을 가지게 하는 데 그칠 수 없다. 진리를 일구고 꿈을 실현하는 방법을 가르치고, 능력을 기르게 하며, 나아갈 방향을 지침해야 한다. 그리해야 가르침이 온전할 수 있다. 가르치는 자는 가르칠 진리 영역의 차원적인 특성을 확실히 파악해야 한다. 지난날은 이런 구분이 모호했고, 구분할 필요성을 느끼지 못했지만, 본의를 밝힌 지금은 상황이 달라졌다. 이것을 지성들이 인지해야 한다. 근본적인 차이에 관해서 이 연구는 道의 가르침 방법과 知의 가르침 방법을 구분해서 논거를 두고자 한다. 분열적인 현상 차원의 知와 초월적인 본체 차원의 道를 어떻게 구분해서 **"가르침 방법"**을 마련할 것인가 하는 것이 관건이다. 현실적인 조건 안에서 볼 때, 知를 위한 가르침 방법은 거의 지배적이리만큼 보편화, 객관화된 상태이다. 그런 만큼 상대적으로 道를 위한 가르침 방법은 거의 개척되지 못했다는 사실이다. 道도 합리적으로 인식하고 깨닫고 이해할 수 있게 해야 한다. 知와 道는 차원이 다른 질서를 지녔다. 베이컨이 내세운 귀납법과 달리 플라톤은 왜 상기설을 주장해 "학습이란 외부에서 지식을 주입하는 것이 아니고, 인간의 내부에 심겨 있는 것을 깨닫게 하는 일"[1]이라고 한 것인지 알아야 한다. 서양의 지성들은 "어떻게 하면 사물의 이치를 철저히 탐구해서 진정한 앎에 이르도록 가르칠 것인가"[2]에 대해 고심하였다면, 이 연구는 길의 완수자로서 하나님이 밝힌 창

---

1) 『서양 교육 사상사』, 앞의 책, p.34.

2) 『동양 교육고전의 이해』, 앞의 책, p.125.

조 본의를 어떻게 하면 온전하게 전해서 인류 구원의 과제를 해결할 것인가에 대해 고심하고 있다. 본의는 그야말로 세상 진리와는 차원이 다른 만큼, 道와 맥락이 같은 본질적인 진리를 가르치기 위해서는 어떻게 해야 하는가? 비슷한 목적을 가졌다고 보는 성인의 가르침 곧 부처의 방편, 예수의 비유, 소크라테스의 산파, 공자의 대화 지침법을 활용해야 하는가? 하지만 당시 성현들이 처한 진리적 여건과 지금은 상황이 다르다. 그들은 성인으로서 天意를 깨닫고, 인격을 완성하고, 정신적으로 지극한 경지를 이루었지만, 가르치는 과정에서는 한계가 있었다.

소크라테스는 "인간이 미처 깨닫지 못한 보편적 진리를 대화자 각자의 영혼 속에서 끌어내는 산파로서"[3] 무지한 자의 영혼을 일깨우고자 했지만, 방법의 주효로 아테네 시민을 선도했다고 해도 산파란 방법이 진리 자체는 아니다. 알다시피 부처는 無上正等正覺을 이룬 覺者로서 法을 중생에게 전하기 위해 방편이란 간접적 방법을 취했다. "부처가 설한 삼승(三乘)의 가르침은 중생을 佛道로 이끌려는 방편설이다."[4] 직접적인 설이 아니다. 이유는 중생이 지닌 지적 수준에 맞춘 탓이다. 正覺이 고차원적인 만큼, 가르침을 받는 자도 같은 경지 세계를 확보해야 하지만, 조건을 미비한 탓에 수준을 맞춘 것이다. 그대로 세계가 지닌 제약 조건 탓이기도 하다. 이런 이유로 부처는 직접 행하여 증득하는 수행적 방법을 지침한 것이다. 그렇게 깨달음에 이르도록 가르치는 것도 일종의 방법이기는 하다. 하지만 그 길은 멀고 험난해 보편적이지 못했다. 후세의 수행자들이 경전

---

3) 『서양 교육 사상사』, 앞의 책, p.26.

4) 「법화경을 통해 본 불교의 교육 사상」, 이갑훈 저, 동국대학교 교육대학원, 윤리교육, 석사, 1986, p.8.

공부와 수행 공부를 겸전해야 한다고 말하기도 하였지만, 경전을 보고, 혹은 法을 듣고 깨달은 자가 몇 명이나 될까? 이런 이유로 선불교에서는 직접 見性하는 방법을 성불의 제일 조건으로 삼았다.

이런 조건 요구는 예수도 마찬가지이다. 예수는 공생애의 첫 시작 말씀부터 "회개하라, 천국이 가까웠느니라(마, 4: 17)"라고 말문을 텄고, 이후에도 비유로서 천국이 어떤 나라인지에 관해 설교하였지만, 신학적인 이해로서는 분분하기만 하다. 심지어 가르침을 받든 자 중에서도 천국이 당대에 도래할 것이라고 믿었다. 하지만 천국의 진정한 특성과 도래 시기와 건설 실상은 가늠할 수 없는 것이다. 이런 문제를 해결해야 본의 지침만큼은 인류를 향해 완전한 가르침의 역사를 펼칠 수 있다. 하나님만 완전한 방법으로 완전하게 가르칠 수 있나니, 그것이 과연 무엇인가? 길가는 자의 영혼과 의식을 온전히 구속해서 완수케 한 **"길의 추구 방법론"**이 그것이다.

하나님은 항상 이 연구의 의지보다 앞서 길을 인도하였고, 뜻보다 앞서 계시하였다. 그것은 천지 운행을 어김없이 주관한 하나님의 역사이다. 성령으로 임한 말씀의 계시 역사이다. 알고 보면, 이 연구가 말씀을 받든 것은 특별한 역사가 아니다. 길을 통해 쌓아 올린 믿음의 기반 위에서 하나님이 시공을 앞서 전할 말씀을 사전에 예비해 둔 것이다. 길을 통해 구한 뜻과 하나님이 말씀한 뜻이 일치한 역사를 통해 완전한 계시 역사, 곧 말씀을 통한 성령의 가르침 역사가 펼쳐졌다. 이렇듯, 일단 선례의 길을 튼 이후부터는 성령이 임재한 말씀의 작용 역사가 어디에도 적용될 수 있게 되었는데, 곧 하나님이 강림한 성령의 시대 도래가 그것이다. 성령의 인도로 말씀이 임한 역사, 그것이 가르침의 완전한 방법이다. 그리해야 성현의 가르침으로서도 이루지 못한 마지막 남은 자들의 영혼을 구원의 길로 인도할 수 있다. 지난날은 아무리 가르쳐도 일부만 구원되고 일부만 깨달은 한계가 있었지만, 하나님은 때가 이른 "말세에 내가 영으로 모든 육체에 부어 주리니 …… 누구든지 主의 이름을 부르는 자는 구원을 얻으리라(행, 2: 17, 21)"라고 약속하였다. 말씀으로 깨닫게 하는 가르침의 방법으로만 인류를 구원할 것을 천명하였다. 그 약속을 성령을 통한 말씀의 가르침으로 펼치리라. 차원적인 본의를 이해하고 자각할 수 있도록 초월적인 안목과 지혜를 제공하리라.

2. 가르침 원리

시기적으로 차이는 있지만, 때가 되면 지방마다 감나무에 가지치기를 한다. 그냥 두면 잔가지가 많이 생기고, 높은 곳에도 감이 열리며, 너무 많이 열려 낙과하는 등 좋은 감을 기대할 수 없기 때문이다. 전정하지 않으면 곧게 자라지 않고, 겉모양도 고르지 않게 된다. 인간을 가르치는 이유와 원리도 그와 같다. 성장하는 과정을 방치하면 제멋대로 되어 비록 聖人이 될 자질을 갖춘 자라도 타락할 수 있다. 성장과 발달 단계는 물론이고, 生의 과정을 마감하는 그날까지 가르침은 바람직한 인간을 육성하기 위한 필수 요소로서 인생을 구원하는 가치 원리와 연관되어 있다. 생각해 보면, 지난날 이 연구는 길의 추구 과정을 어떻게 하여 완수할 수 있었는가? 하나님의 인도와 가르침이 있었다. 뜻을 받들지 못했다면 어떻게 지금과 같은 역사를 이룰 수 있었겠는가? 이후에도 가르침과 말씀의 지침이 없다면 어떻게 인류를 구원의 문으로 인도할 수 있겠는가? 이것이 하나님의 주관 목적과 의지로서 주효한 **"가르침의 인류 교육 원리"**이다. 가르침은 근본적인 인간성 육성 원리이고, 인류를 목적 있는 길로 인도하는 교육 원리이다. 인간을 있게 한 근본적인 창조 원리가 교육 원리로서 적용되어서 작용해야 **"가르침 원리"**가 뭇 영혼을 깨어나게 할 수 있다. 감화와 감동으로 하나님과 함께한다. 가르친 말씀대로 인간이 인간답게 되고, 목적지에 도달할 것이므로, 이것이 가르침의 제일 원리이다. 가르침의 목적은 박학하는 데 있지 않다. 인생 삶을 올바르게 인도하고 지참하는 데 있다. 그렇게 가르치면 그렇게 가르친 원리대로 되나니, 道를 깨치면 道와 같은 사람이 되고, 진리를 가르치면 진리와 같은 사람이 된다. 이것이 이 연구가 제시하고자 하는 깨우쳐 줌의 원리이고 본받음의 원리이다. 가르침의 근본 바탕을 어디에 둘 것인가? 창조 원리이다. 그래서 이들 원리는 하나님의 창조 원리를 대변한다.

그중 **"깨우쳐 줌의 원리"**는 스스로 자각할 수 있게 하는 데 있다. 전혀 새로운 것이 아니다. 이미 본유한 진리성을 일깨우는 것이다. "학문은 스스로 깨치게 하는 것이 중요하다."[5] "소크라테스가 아테네 시민의 무지를 일깨운 가르침 원리의 요체는 진리를 밖에서 안으로 주입한 것이 아니다. 학습자의 무의식 세계에 내재한 진리를 깨닫도록 한 覺의 작용이었고, 진리 인식은 실천을 수반한 知行合一 교육이었다."[6] 覺해서 진리대로 행하면 진리대로 이룰 수 있다는 사실이다. 그래서 만인이 궁극적인 진리에 이르게 하는 가르침 원리는 스승이 제자를 스스로 깨닫게 하는 것이 제일이다. 학생 활동 중심, 배움 중심 교육도 좋은 교육 원리로서 경험을 유도할

---

5) 『선인들의 공부법』, 앞의 책, p.75.

6) 『교육사 신강』, 앞의 책, p.166.

수 있지만, 만족할 만큼 진리를 깨치는 작용을 촉발하기는 어렵다. 사람은 본래 天理를 갖춘 탓에 그것을 일구어낼 수 있는 잠재적인 지각 능력을 갖췄다. 가능성을 스승이 경륜적인 가르침의 원리로 양성할 수 있게 해야 한다. 진리를 일굴 수 있도록 능력을 길러서 스스로 깨닫게 가르쳐야 한다. 그렇게 하면, 스승이 만 가지 진리를 만 사람에게 일일이 가르치지 않아도 만 사람이 자력으로 깨쳐서 지침한 방향대로 길을 찾아갈 수 있다. 이것이 가르침의 핵심 된 원리 적용이다. 가르치면 그것을 알 수 있는 능력은 각자가 본유한 상태라, 일깨우기만 하면 萬人이 萬覺할 수 있다.

다음은 **"본받음의 원리"** 적용이다. 노자는 "사람은 땅을 본받고(人法地), 땅은 하늘을 본받고(地法天) 하늘은 道를 본받고(天法道), 道는 자연(스스로 그러함)을 본받는다(道法自然)"[7]라고 하였다. 천지는 한결같이 本에 바탕을 두고 존재하며, 그렇게 운행된다고 한 것은 주관자를 내세우지 않은 천지 창조 원리와 같은 인식이다. 인간이 자연의 그러함을 본받아야 한다고 한 것은, 하나님이 인간을 자체의 형상대로 창조한 원리 자체이다.[8] 노자도 "자연을 우주의 시원이자 근원인 道를 바탕으로 삼는 것을 최고의 가치, 혹은 근본으로 간주한 것이다."[9] 천지를 창조한 원리가 그러한 것처럼, 인간 됨을 가르치고자 하는 스승도 원리 적용은 항상 인간 됨의 정립 本을 보여야 하는 것이 정형화된 방법이다. **인간 교육은 스승이 인간 됨의 인격적인 本을 보임을 통해 선도해야 한다.** 말씀으로 가르치기 이

---

7) 『노자 도덕경』, 제25장.

8) 『장자』, 「내편」, 대종사 편에서는 "우주의 실재로서의 道(자연)를 스승(大宗師)으로 삼아서, 그것과 하나가 될 때 인간은 진정한 자유를 누리게 된다고 했다[眞人]."-『동양 교육고전의 이해』, 앞의 책, p.103.

9) 「노자에서 본 무위자연의 교육 사상」, 앞의 논문, p.16.

전에 행동으로 本을 보이면, 그것이 온갖 말씀의 가르침을 대신한다. 기독교인은 主 예수의 신앙적 인격성을 본받았고, 불도인은 부처의 수행적 정진 자세를 본받아 완성된 삶을 구현하고자 하였다. 바른 本을 봄으로써 그렇지 못한 삶의 욕망을 끊고 죄악의 굴레에서 벗어날 수 있다. 本을 보이는 가르침 원리는 자체로 자신의 부족함을 자각해서 나아갈 방향을 지침하는 역할을 한다. 인격을 닮기 위해 추구하고 실천한다. 통상, 本은 이상적인 가치를 포함한다. 本은 지극히 바르고, 근원적이고, 본질적이다. 바른 本을 가르쳐야 잘못된 것이 本대로 된다. 본받음의 지극한 원리 작용이다. 本의 이상은 "그리스어의 idea에서 나온 말이다. 원래는 완전한 형상(모습)을 본다는 뜻이다. 완전한 형상은 다른 불완전한 형상을 비추어 바로잡아야 할 원형이고, 지상의 형상은 그것이 아무리 불완전하더라도 원형의 모습을 조금은 지니고 있다."[10] 완전한 本은 세상에 존재하는 불완전한 것이 완전할 수 있는 지침이 된다. 그 완전한 형상 本은 과연 누가 지니고 있다고 생각하는가? 천지는 지음 받은 피조체일 뿐이다. 하나님은 완전한 本으로서, 완전한 말씀만이 완전한 本으로 완전하게 인류를 가르칠 수 있다. "플라톤은 진정한 실재는 생멸·변전(變轉)의 현상계에는 존재하지 않은 영겁·불변의 정신적인 것이며, 이런 실체가 현상계를 만들어내는 것으로 보았다."[11] 바로 그 완전한 이데아적 실체가 창조주 하나님이다. **하나님만이 근원적인 진리, 본질적인 道, 창조적인 지혜를 가르칠 수 있다.** 本을 보이고 본받게 하는 가르침은 한 本으로 일체를 있게 한 창조 원리인 동시에, 말씀으로 일체를 깨치게 할 초월적인 지혜 가르침 원리이리라.

---

10) 『교육 철학』, 김정환 저, 박영사, 1992, p.95.

11) 위의 책, p.96.

제5편

스승론

나무는 가만히 놔두어도 자라나 꽃을 피우고 열매를 맺는다. 하지만 나무가 그렇게 생장하는 의미를 말하지는 못한다. 세상에는 삼라만상 존재가 있고 변화가 있고 원리, 법칙이 있다. 하지만 그것이 그렇게 현상화된 이유는 자체로서 설명하지 못한다. 山下는 말이 없다. 의미와 이유를 알고자 한다면? 스승이 하늘의 뜻을 깨닫고, 삶의 경험과 지혜를 더해서 가르치는 것이다.

　　참으로 참된 교육은 진리 위에 서야 하며, 진리는 인격화된 스승의 가르침에 의해 전수되고 지침되어야 한다. 그리해야 진리가 품성화된다. 본성화, 신념화, 세계관화된다. 만물은 존재하므로 자생력을 갖추고 있지만, 그렇게 존재한 의미를 일깨워 방향을 지침하는 것은 스승 본연의 역할이다. 스승은 만인에게 진리로 나가는 힘을 길러주고, 영원히 안주할 수 있는 구원의 본향으로 인도한다.

제12장 개관(스승의 가르침이 필요한 이유)

교육의 3대 요소로서는 교육 내용과 이것을 가르치는 선생님과 배우는 제자로 구성된다. 그중 스승은 주체적인 요소로서 교육 이념과 방법과 원리를 스승의 가르침으로 적용해서 실현한다. 여기에 스승의 위대한 역할과 **"스승의 가르침이 필요한 이유"**가 있다. 그 역할이 어느 정도인가 하면, 인류 역사가 결국 스승이 말씀한 지침대로 나아갔다. 앞으로의 역사 방향 역시 그러하리라. 그렇다면 정말 어떻게 가르치고 이끌어야 할 것인가? 하지만 지난날은 성현들이 말씀한 가르침이 있은 탓에 오늘과 같은 역사 결과를 이루었지만, 단절된 현시점에서의 미래 역사를 향한 원리적 추진 가능성은? 옛 성현들이 말씀한 가르침이 진리로서의 생명력과 혁신의 빛이 바래졌다. 스승으로서 갖추어야 할 자격과 자세, 지위, 사명 목적을 새롭게 정립해야 하는 이유이다. 인류 역사가 스승의 가르침으로 추진되었다는 원칙적인 사실에는 변함이 없다. 그렇게 이루어진 역사가 이 시점에 이르러 주도적인 역할을 잃어버린 것은 무엇을 의미하는가? 대책이 없는 한 역사의 종말 도래가 불가피하다. 피폐한 인류를 구원할 수 있는 새로운 스승들이 나타나야 하고, 하나님이 뜻한 새로운 사명을 자각해서 미래 역사를 지침해야 한다. 이것이 현대 인류가 처한 시대적 과제로서 스승의 가르침이 필요한 이유이다. 그리고 그 필연성은 창조 목적을 실현하고자 한 본의로서 뒷받침되어야 한다.

요즘의 사회적 현실을 살펴보면 '스승'이란 단어가 사어(死語)화 되어 가고 있다. 학교에서조차 스승의 날 외에는 거의 사용하지 않는 단어가 되어버렸다.

통상 선생님이라고 부르며, '선생'은 학생을 가르치는 사람을 두루 이르는 말이다. '교사'는 일정한 자격을 가지고 가르치는 사람을 말하고, '교수'는 대학에서 학생을 가르치는 사람으로 구분한다. 하지만 스승은 자기를 가르쳐 이끌어주는 사람이다.[1] 가르침의 직업적 의무 개념과 달리 스승의 뜻은 인격적, 인생적인 목적을 포함한다. 사제 간의 교감 관계가 소원해지고, 스승님이라는 호칭이 사라지게 된 데는 이전과 달리 현대 사회의 제반 조건이 스승보다는 교사, 교수를 필요로 한 데서도 찾을 수 있다. 교육이 제도적으로 정비되어 있어, 정해진 과정만 따르면 누구나 스스로 배움과 인생길을 헤쳐 나갈 수 있다고 생각한 인식이 팽배한 탓이다. 그러니까 스승의 의도적인 가르침 역할은 상대적으로 소원해졌다. 과연 그러한가? 사회와 세상에서 진정한 스승의 가르침이 없고 정신 맥과 법도가 끊어져 버린다면 어떻게 되겠는가? 정말 그렇게 해서 초래된 것이 현대 인류가 맞이한 종말 문명이다. 방치한다면 무도함이 그침이 없게 되리라. 심각성을 인류가 각성해야 한다. 아버지와 어머니가 나를 낳았고 양육해 주었지만, 그것만으로 인간다운 인간이 되는 것은 아니다. 스승의 가르침을 받았을 때, 비로소 훌륭한 인간이 될 수 있다. 의·식·주는 부족한 것이 없더라도 스승의 가르침이 없으면 인간다운 삶이 무엇인지 알기 어렵다. 하늘의 뜻을 받든 스승의 지고한 가르침이 있어야, 인류 역사가 종말 국면을 벗어날 수 있다. 순자는 유교 학자 중에서도 교육의 필요성과 스승의 역할을

---

1) 다음 사전.-선생, 교사, 교수, 스승.

특별히 강조한 사상가였다.

> "나라가 흥성하려 할 때는 반드시 스승을 귀중히 여기고, 나라가
> 쇠하려 할 때는 반드시 스승을 천하게 여긴다."[2]

스승을 존중하느냐 하지 않느냐란 문제가 국가의 흥망성쇠에까지 영향을 미친다고 하였다.[3] 순자는 "사람에게 스승과 法이 없이 지식만 있으면 반드시 도적이 될 것이고, 용기만 있으면 반드시 반역자가 되어 난을 일으킬 것이라고 하면서, 아무리 좋은 교육 내용을 공부하여 지식을 가진다고 해도 스승의 인격적 감화와 유도가 없으면 선무당이 사람 잡는 것처럼, 오히려 역효과만 가져온다는 점을 역설하였다."[4] 지금 상황이 이런 점을 우려해야 하는 때가 아닌가? 스승의 가르침 없이도 자기 힘으로 해결하고, 그것이 전부라고 믿는 자신감의 팽배 상태가 그것이다. 오만함을 불식시킬 스승의 가르침이 없으면 도무지 넘어설 수 없다는 인간적, 역사적 한계성을 지적해야 한다. 이황 선생은 "인간 된 道理를 소당연(所當然)과 소이연(所以然)으로 구분하여 설명하였다. 소당연은 마땅히 해야 할 일을 하지 않을 수 없다는 것이고, 소이연은 어떻게 그렇게 해야 하는가 하는 까닭을 말하는 것이다."[5] 이런 도리를 어떻게 깨우칠 것인가? 자체로서는 불가능하다. 이유는 배우는 자가 경험하지 못하고, 생각하지 못하고, 깨닫지 못한 것을 스승이 가르치기 때문이다. 누가 과연 세상을 구성한 근원적인

---

2) 『순자』, 「대략」.

3) 「순자의 교육 사상 연구」, 정민지 저, 울산대학교 교육대학원, 중국어교육, 석사, 2008, p.49.

4) 『동양 교육고전의 이해』, 앞의 책, p.67.

5) 「퇴계의 교학관 연구」, 앞의 논문, p.20.

요소, 보편적인 존재, 감각적인 세계를 뛰어넘는 세상의 온갖 변화와 제한성을 초월한 영원의 세계가 있다는 것을 알고 있는가?[6] 차원적인 삶인 탓에 하나님의 뜻을 받든 스승이 아니면 알 수 없고, 알지 못하면 가르칠 수 없다. 인간은 존재하므로 직면한 자아와 세계에 대한 무지를 벗어나 삶의 정열을 바칠 수 있는 올바른 길과 가치를 찾아 나가는 것이 인생이 구원되는 것인데, 지침하기 위해서는 인생의 궁극적 본원을 아는 스승이 인류의 맹목성, 나태성, 무의미성, 무목적성을 깨우쳐야 한다. 그리해야 삿된 욕망이 가득한 죄악 상태를 벗어나 참 세계로 귀의할 수 있다. 미래 역사의 추진 방향도 마찬가지이다. 길을 바르게 지침하기 위해서는 천지를 지은 하나님의 뜻을 알아야 하고, 뜻을 안 스승이 인류 역사를 이끌어야 한다. 인류를 창조한 본향으로 인도하기 위해서는 길을 알고 있는 스승의 가르침이 필요하다.

나무는 가만히 두어도 자라나 꽃을 피우고 열매를 맺는다. 하지만 나무가 그렇게 생장하는 의미는 말하지 못한다. 세상에는 삼라만상 존재가 있고 변화가 있고 원리, 법칙이 있다. 하지만 그것이 그렇게 현상화된 이유는 자체로서 설명하지 못한다. 山下는 말이 없다. 의미와 이유를 알고자 한다면? 스승이 하늘의 뜻을 깨닫고, 삶의 경험과 지혜를 더해서 가르쳐야 한다. 참으로 "참된 교육은 진리 위에 서야 하며",[7] 진리는 인격화된 스승의 가르침으로 전수되고 지침되어야 한다. 그리해야 진리가 품성화된다. 본성화, 신념화, 세계관화된다. 만물은 존재하므로 자생력을 갖추고 있지

---

6) "플라톤은 모든 사람이 공감하는 보편적 진리와 존재와 세계가 있을 것이라고 믿었다(=이데아)." - 『교육 철학』, George R. Knight 저, 앞의 책, p.57.

7) 『스승』, 오천석 저, 교육과학사, 2004, p.54.

만, 인간은 존재한 의미를 일깨울 수 있는 스승의 역할이 필요하다. 스승은 만인에게 진리로 나가는 힘을 길러주고, 영원히 안주할 수 있는 구원의 본향으로 인도한다. 종말을 맞이한 현대에는 모든 인간에게 구원이 필요하다. 그런데 정작 구원 역사를 주도할 하나님에 대해서 무지하다면? 그런 상태를 일깨우는 것이 교육의 위대한 사명 목적이고, 뜻을 받든 **"스승의 가르침이 필요한 이유"**이다. 진정한 교육은 스승의 사랑에 의해 실천되고, 완전한 구원은 하나님의 인류 사랑에 의해 구현되므로, 스승은 이 같은 사랑을 온전하게 전수해야 한다. 구원 뜻을 받든 스승의 지고한 가르침이 뭇 영혼을 구원하는 진리력을 발휘한다. "공자는 仁, 즉 사랑이 있어야 비로소 궁극적 사람이라고 하였고, 주자는 仁이란 인간 본심의 완전한 德(仁者本心之全德)"[8]이라고 했다. 사람을 사랑하는 것, 그것이 仁이다. 仁은 너와 나를 하나 되게 하는 조화체이다. 함께 느끼고 통해야 인류가 일체 된다. 사랑으로 만상을 일체화할 진리와 원리와 가치를 정말 세상 누가 가르칠 수 있는가? 구원 뜻을 받든 스승이다. 하나님이 천지를 창조한 것은 사랑의 뜻 자체이다. 세인의 사랑에는 선택이 있고 차별이 있지만, 하나님의 은혜와 사랑은 완전하다. 부모는 자식의 주어진 모든 조건과 전체를 어루만지고 포용한다. 얼굴이 못생기고, 장애를 가지고, 질병이 있는 것이 대수가 아니다. 하나님의 사랑이 그러하다. 하나님은 만유의 아버지이다. 한 자녀도 놓침 없이 구원할 수 있다. 예수그리스도는 함께 십자가에 못 박힌 두 죄인을 용서하고 숨을 거두었다. 이런 사랑으로 진리를 가르쳐야 인류를 빠짐없이 구원할 수 있는데, 그런 역할이 교사, 교수란 직분만으로 가능하겠는가? 구원 뜻을 알고 본의를 깨달은 스승이 한 영혼의 방황하는 삶까

---

8) 『중국철학사』, 森三樹三郎 저, 임병덕 역, 온누리, 1990, p.44.

지 혼신을 바쳐 선도할 수 있다. 대인류를 보편적으로 구원하기 위해서는 지극한 사랑과 은혜를 전할 감화 역사가 필요한데, 그런 역할을 실행할 현대판 선지자가 곧 부름을 받은 스승의 가르침이다. 이 땅의 스승들이 십자가를 짊어지고 만난을 헤치면서 인류를 구원의 문으로 인도해야 하리라.

제13장 스승 자격론

　학부모와 사회가 교사에 대하여 높은 인격과 도덕성을 요구하는 것은 교사의 행동과 언어 하나하나를 자라나는 학생이 보고 배우고 따라 하기 때문이다. 本이 바람직하다면 금상첨화이겠지만, 그렇지 않다면 정말 큰 일이다. 교사가 기대 이하의 행동을 하면 "소위 선생님이란 작자가!"란 비난을 받는데, 이것은 확실히 사회적으로 기대한 교사의 도덕성 잣대가 높다는 뜻이다. 그런데 요즘은 정말 그런 행동들이 일어나 교권을 추락시키는 경우가 빈번하다. 성추행, 폭행, 아동 학대 등등. 선생님으로서 갖추어야 할 자격과 자질에 문제가 있다는 뜻이다. 이것은 선생님 개개인이 가진 가치관과 교직에 관한 사명 의식과도 연관이 깊다. 제도적으로는 소정의 과정을 거친 자격을 지녔더라도 자질에 관해서는 주관적인 판단과 소관에 맡겨질 수밖에 없다. 이런 여건은 시대를 불문하고 주어진, 여전히 정립되지 못한 문제이다. 소크라테스가 탐탁잖게 여긴 그리스의 철학자 집단인 '소피스트'들은 처음에는 시민으로부터 존경을 받았지만, 차츰 이익을 차리고 남을 괴롭히는 말 재주꾼으로 변한 궤변가가 되었다. "그들은 권세와 명예를 부러워하는 자들로부터 보수를 받고 사회생활에 성공하는 도구로서 기술적인 지식을 제공한 사람들이다. 인생과 학문에 대해서는 진실성이 없고, 회의적 경향도 소극적인 태도에 그쳐 깊이가 없었다."[1] 소피스

---

1)　『서양 윤리 사상사』, 최재희 저, 서울대학교 출판부, 1981, p.28.

트들은 군이 성인인 소크라테스와 비교하지 않더라도 행위와 자질 조건으로서 존경받는 스승이라고 할 수 없다. 이런 조건은 세월이 흐른 지금이라고 해서 달라진 것이 없다. 지도 과정을 지켜보면, 징벌이 아니면 학생을 선도하기 어렵다는 생각을 하는 교사들을 본다. 인격의 감화로 지도하는 교사가 드물다는 이야기이다. 바람은 아무리 세게 불어도 나그네 옷을 벗기지 못했지만, 따뜻한 해님은 절로 옷을 벗게 했다는 우화처럼, 교사로서 어떤 소신과 신념과 가치관을 가지는가 하는 것은 각자의 세계관적 문제이다. 의식이 굳어버린 교사들은 교직을 떠날 때까지 학생들과 감정적으로 씨름한다. 근본적인 이유는 자신이 옳다고 생각하는 기준틀에 학생의 행동 하나하나를 집어넣고 강제로 재단하려고 한 데 있다. 학생이 지닌 특성과 생각과 처지를 무시했다. 이에, 이 연구는 예로부터 요구된 스승으로서 갖추어야 할 바람직한 자격과 자질 조건을 **"스승론"**으로 논거를 펴고자 한다.

먼저 **正法을 밝혀 가르치는 스승(교사)은 바른 本(모범)을 세워서 보임이 師道의 正道이다.** 교사를 양성하는 학교를 일컬어 굳이 '사범(師範)대학'이라고 칭한 것도 같은 맥락이다. 사범이란 말 그대로 제자의 모범, 나아가 세상의 모범이 되어야 한다는 뜻이다. 참 가르침은 스승이 먼저 행하고 제자가 따르도록 한다. 소크라테스는 목숨을 버린 행함을 통해 교육의 모범이 되었다. 만일 독배 앞에서 가르침에 반한 행동을 했다면, 인류의 스승이 되지 못했으리라.[2] 이런 자격을 갖춘 스승이 역사상으로 손에 꼽을 정도라면, 과거에는 그렇다손 치더라도 인류의 보편적 구원 조건이 무르익은 지금은 그럴 수 없다. 만인 성인화, 만인 제사장화, 만인 스승화가

---

2) 『교육과 사색』, 앞의 책, p.26.

요망되는 시대에서는 특별성을 극복해야 한다. 학부모는 누구라도 덕망과 경험과 전문성을 두루 갖춘 교사가 자녀를 가르치길 원하며, 학생도 성장 과정에서 열 손가락 안팎인 스승과의 만남에 있어 만에 하나 자격 미달인 선생님은 용납될 수 없다. 이유 불문하고 현직에 있는 교사는 소크라테스처럼 성인다운 正本을 보이는 사표(師表)로서 제자를 모두 성인의 길로 이끌어야 한다. 불가능한 기대치일까? 가능한 자격 기준을 이 연구가 제시하리라.

공자는 중국 역사상 배움을 끊임없이 주장한 만인의 교사이다. 자공이 공자께 "선생님께서는 성인이십니까?"라고 묻자 말씀하길, "내가 어떻게 성인이 될 수 있겠는가? 나는 다만 배우기를 싫어하지 않고, 가르치기를 게을리하지 않는 것뿐이다(『논어』, 공손추 상)"라고 하였다. 가르치는 자는 먼저 배워야 하고, 가르치기를 게을리하지 않았다는 말은 가르침에 대해 투철한 소명 의식을 가졌다는 뜻이다.[3] 그런 바탕 위에서 필수적으로 갖추어야 할 자격 기준을 제시하였다. 즉, "옛것(과거의 학문적 업적)을 충분히 익히고, 나아가 새로운 것을 알아야 가히 스승이 될 수 있다(『논어』, 위정 편)." 가르치는 교사(스승)는 반드시 알아야 하는 것이 있다. 이것을 모르면 무능한 교사가 되고 만다. 알려고 노력하지도 않은 채 자격을 갖추었다고 자부하면 안 된다. 교육은 인간을 대상으로 해서 바람직한 인격체를 육성하는 것이 목적이다. 이 말은 가르침은 자연을 대상으로 하지 않으며, 자연을 탐구하는 것이 주된 목적이 아니란 뜻이다. 인간을 대상으로 한 만큼, 교사는 무엇보다 인간을 깊이 있게 이해하고, 인생의 진리를 터득해야 인간을 가르칠 수 있는 자격을 갖춘다. 그런 교육적 소양과 교육

---

3) 『중국 전통 교육사상의 이해』, 구자억. 박인숙 저, 문음사, 1999, p.66.

철학은 하루아침에 이루어질 수 없다. 세월과 인생의 경험과 세파를 견뎌낸 연륜이 필요하다. 항상 부족함이 있은 탓에 공자는 늘 배우기를 마다하지 않았다고 토로했다. 옛것을 달관한 학문적 경지뿐만 아니라, 인생을 두루 경험한 지혜를 함께 갖추어야 제자를 가르치고 육성해서 앞길을 지침하는 자격을 가진다.

그런데도 현대 사회에서는 교사의 교과에 대한 전문적 지식이나 교수 능력을 더 중요시하는 실정이다. 그런 조건에서 "교사에게 요구되는 전문적 기술과 지식으로서는 첫째, 가르치는 교과에 대한 지식 둘째, 교육의 대상인 학생의 성장 발달에 관한 이해 셋째, 교육 내용의 편성과 지도 기술이다."[4] 교사를 전문직으로 분류하는 만큼이나 요구되는 전문성은 대체로 교과를 가르치는 기술로서의 조건 여부이다. 교사가 학교에서 하는 일은 교과를 가르치는 수업이 거의 전부라고 해도 과언이 아니다. 교사의 자격 조건이 전문성 여부에 초점을 맞춘 실정이다.[5] 교사가 학교에서 잘 가르친다는 것은 "교과에 대한 지식과 교수 전략에 대한 지식을 갖추고, 이를 기반으로 복잡한 과제를 효과적으로 조화시키는 능력을 발휘해서 학생의 성취를 증진하는 것이다."[6] 교과의 전문성에 집중하다 보니 본성에 대한 통찰력은 자격 요소에서 제외되어 있다. 그런데도 필요한 기본적인 소양만큼은 설정되어 있어야 한다. "미국의 본질주의는 진보주의가 학생이 교육 과정에 있어서 주역을 담당해야 한다는 생각을 부정하고, 교사가 교육 과정에 있어서 주도권을 지녀야 하며, 깊은 학식과 뛰어난 기술로 학

---

4) 『교육의 이해』, 앞의 책, p.269.

5) 「위대한 교사로서의 석가모니」, 진영준 저, 서울대학교 교육대학, 초등교육, 2013, pp. 45~46.

6) 「학생의 배움을 통한 교사의 가르침의 의미 연구」, 앞의 논문, p.2.

생의 능력을 계발해야 한다고 하였다."[7] 더하여 실존주의가 요구한 바람직한 조건은 "다양한 지식을 가진 사람이 아니라, 풍부한 체험을 통해 삶의 의미를 충분히 이해하는 전인적인 인격체여야 하고, 주어진 지식을 일방적으로 가르치는 사람이 아니라, 학생 각자의 특수성에 맞은 적절한 만남을 예비하는 사람이 되어야 한다"[8]이다. "훌륭한 교사는 보통 사람보다 인격적으로 우수해야 하며, 이해심이 깊어야 하고, 모든 조건에서 완벽해야 한다."[9] "이상적인 교사는 인상이 좋아야 하고, 해박한 지식을 지녀야 하는 것은 물론이고, 위대한 꿈을 소지한 조건을 갖추어야 한다."[10]

사회적으로 기대하고 각인하고 있는 바람직한 교사의 자격 조건은 남다른 수준을 넘어 특별하다고까지 할 수 있는바, 동양의 선현들도 스승을 군사부일체(君師父一體)로써 본 만큼이나, 스승의 자격에 대한 전통적인 인식은 기대치가 높았다. "교직이란 직분이 미분화된 고대 때의 교사도 지식의 단순한 전달자가 아니었다. 인생의 깊은 시사(示唆)와 감화를 주는 사람이었다. 그리고 점차 사회가 분화되면서 전문적인 지식이나 기능의 전수자로서 국가 공인 기관에 의해 자격증을 받은 사람으로 변천한 경향을 띠게 되었다. 하지만 교육의 궁극적 목표가 바람직한 인간 형성에 있고, 이상 사회 건설에 있는 한, 교사는 취득한 자격증만으로 가르칠 수 없다는 것은 자명한 사실이다. 독일의 교육학자이자 철학자인 슈프랑거(1882~1963)는, 애당초 유능하고 열성적인 자기 형성자가 아닌 사람

---

7) 『교육 철학』, 김정환 저, 앞의 책, p.165.

8) 『실존주의와 함께한 학교체육 제 모습 찾기』, 앞의 책, p.86.

9) 『중국 전통 교육 사상의 이해』, 앞의 책, p.72.

10) 『교사의 철학』, 한기언 저, 양서원, 1994, p.331.

은 남을 형성시키는 사람이 될 수 없다는 것을 추측하기 어렵지 않다고 하였다. 부처도 다른 사람을 가르치려거든 먼저 스스로를 가르치라고 하였다."[11] 이런 요구 기준은 시대를 불문하고 사회가 요구한 이상적인 인간상, 또는 지도자상과 무관하지 않다. 결국, 종말에 처한 인류를 보편적으로 구원할 **"교육의 위대한 사명"**을 이루고, 인류 역사를 창조 목적에 합당한 방향으로 지침하기 위해서는 이상적인 인간상과 지도자상을 종합한 스승상을 정립해서 길러내는 것이 교육의 최대 과제이다.

이런 측면에서 지난 역사를 살펴보면, "직업의 분화가 미미하고, 특수한 교육 기관이 발달하지 못한 고대의 제정일치(祭政一致), 또는 제사장(祭司長) 우위 사회에서는 성직자(聖職者)가 지식을 전수하고 문화를 계승하는 임무까지 수행한 스승의 역할을 담당하였다. 교육자는 최고의 지위를 차지했고, 자질 면에서도 다양한 지식과 문화적 소양 및 인간적 덕성을 겸전하여 사회적으로 존경과 신망을 받았다."[12] 성직이란 종교적 직분만 제외한다면 오늘날 요구하는 스승으로서의 자격 조건과 같다. 인간 구원이 신앙만으로 해결할 수 있는 것이 아니라는 측면에서 본다면, 교육의 궁극적 목적이 인류를 보편적으로 구원하는 데 있을진대, 정립해야 할 스승상은 바로 고대 사회에서 요구한 성직자적 자격 조건까지 계승할 수 있어야 한다. 하나님이 교육에 부여한 준엄한 인류 구원 사명을 받들어 제자장이 가진 직위와 권위와 자격과 소양을 모두 회복해야 한다. 이 같은 지도력을 겸전한 자격 요건은 동서양을 불문하고 두루 강조했다. 알다시피 고대 그

---

11) 「불교 교육사상의 인간성 형성에 미치는 영향」, 송용식 저, 조선대학교 교육대학원, 일반사회, 석사, 1987, p.12.

12) 「법화경의 교육 사상 연구」, 이학주 저, 동국대학교 교육대학원, 종교교육, 석사, 1994, p.47.

리스의 플라톤은 『국가론』에서 철학자가 나라를 다스릴 때 가장 이상적인 국가가 된다고 하였다. 철인은 플라톤이 믿은바 "지혜에 있어서 최고의 위치에 있으므로 철인에 의한 정치는 최고의 이성이 지배하는 형태를 말하며, 일종의 귀족 정치였다. 원칙적으로 보아도 최고의 지혜를 가진 자가 나라를 다스려야 최상의 통치력을 발휘할 수 있다. 그런데도 그의 국가론이 이상에 그치고 만 것은, 주장 이래 수십 세기 동안 세습에 의해 왕권이 이양된 탓이다. 모순과 억측이 역사 안에서 반복되었지만, 그의 이상은 적용되지 못했다. 하지만 그런 이상 국가론도 오늘날 이 연구가 지침하고자 하는 스승상을 통해서는 구현할 수 있다.

철인 왕이 갖추어야 한다고 한 최고의 지혜란 과연 무엇인가? "철학자는 무상한 생성계에 대응하는 감성을 초탈해서 감성의 방해를 조금도 받지 않고, 이성만의 힘으로 영원한 진리인 이데아를 인식하고, 나아가 모든 이데아의 존재 원인이요, 동시에 이성이 이데아를 인식할 수 있게 하는 원인적인 힘, 즉 이데아계를 비추는 광원인 '善의 이데아'를 인식한 자이다."[13] 근원 된 이데아계를 인식하고 통찰하지 못한 자가 어떻게 나라를 그와 같이 다스리고 이상적인 세계로 백성을 이끌 수 있겠는가? 마찬가지로 스승이 갖추어야 할 자격 조건도 철인 왕과 다를 바 없다. '善의 이데아'를 인식한 자라야 그것을 가르쳐서 인류 역사의 방향을 그곳으로 지침할 수 있다. 그 궁극적인 '善의 이데아'가 다름 아닌, 이 연구가 밝힌 현상 질서와는 차원이 다른 하나님의 창조 본체 세계이다. 감성을 초월한 지혜를 획득한 철인 왕이 최고의 통치자가 되어야 한다고 한 것처럼, 스승도 마땅히 그 같은 지혜를 갖추어야 했다.

---

13) 『학문과 예술』, 앞의 책, p.204.

기원전 5세기경의 인도 사회를 살펴보아도 사회적 지도자는 특별한 자격을 갖출 것을 요구하였다. "바라문(婆羅門)이 베다(veda) 시대 이래로 사회의 정신적 지주로서 군림해 있었는데, 여기서 바라문이란 일체의 속박으로부터 초탈해서 진리를 체득함으로써 과거·현재·미래의 모든 사물에 무집착·무소유를 이룬 사람을 일컬었다."[14] 물질적 집착을 벗어나 해탈한 자라야 정신적 지주가 될 수 있다는 원칙적인 요구 조건은, 물질만능인 현대 사회에서는 더욱 철저하게 요구되는 스승의 자격 조건이기도 하다. 그런 사범[本]적 삶이 결코 쉬운 행로는 아니지만, 이데아적 이상을 품은 자라면 능히 수행할 수 있음직한 스승다운 삶이다.

고대 그리스, 인도 사회가 자력으로 도달할 수 있는 최고의 자격 기준을 이상적인 지도자의 조건으로서 내세웠다면, 고대 중국 사회에서는 하늘이 내린 권위까지 더했다. "한문의 王 자나 天子의 근본 뜻을 살펴볼 때, 王 자는 三과 곤(丨)의 합성 자이다. 三은 天·地·人을 꿰뚫은 德을 뜻한다. 한편, 중국에서는 왕을 天子로서도 지칭한바, 본뜻 역시 하늘이 내린 최고의 덕 있는 사람이다. 우리나라에서도 단군 시대의 단군은 단학(丹學, 仙道)의 최고 지도자란 뜻을 가졌고, 단학의 최고 사부님이 되면, 왕이 되어 나라를 통치했다(군=최고 도통자). 최고의 德을 지닌 사람을 지도자로 세워 태평 시대를 열고자 했다."[15]

이것은 이상적인 지도자에게만 요구한 조건 적용이 아니다. 이상적인 인간상으로서도 기대되는 바가 남달랐다고 할 수 있듯, 교육도 이런 이상적인 인간 육성에 목적을 둔 만큼, 그렇게 바란 기대치를 정립할 이상적인

---

14) 「법화경의 교육 철학적 연구」, 이한성 저, 동국대학교 교육대학원, 철학교육, 석사, 1992, p.4.

15) 『21세기 문명 동양 정신이 만든다』, 오국주 저, 살맛 난 사람들, 1994, p.143.

스승상을 통해 반영해서 완성할 수 있어야 한다. 즉, "君子는 동양 사회가 배움과 교육을 통해 그렇게 될 수 있기를 바란 이상적인 인간상이다. 인식의 발단은 성인인 공자로부터이다. 공자가 요구한 君子로서 갖추어야 할 인격의 특성은 도덕을 숭상하고, 높은 학식을 갖추며, 사회를 위해 힘써 일해 공을 쌓고 명예를 얻은 사람이었다."[16] 정신을 계승한 주자는 『대학장구 서』에서, "모든 인간이 기질의 차이로 인하여 타고 난 仁·義·禮·智·信의 본성을 다 발휘하지 못하므로, 본성을 온전히 발휘할 수 있는 총명하고 예지 있는 자가 만인의 스승이 되어 배우는 사람에게 각기 타고난 본성을 되찾도록 하는 데 교육의 본령이 있다고 지적하였다."[17] 완전한 덕성과 예지를 갖춘 자를 스승의 자격 조건으로 내세운 것이다.

영국의 존 로크가 제시한 좋은 교사의 자질도 기대한 조건은 주자와 다를 바 없다. "좋은 몸가짐, 마음가짐(덕성)을 갖추어야 하며, 또한 풍부한 지적 소유자여야 한다. 이유로서 신사의 자제를 바르게 교육하기 위해서는 교사 자신이 올바른 몸가짐으로 어떤 대상의 나이나 어떤 장소에서도 적응할 수 있는 일거일동의 예의범절을 체득하고, 필요한 지식을 습득하도록 항상 지도할 수 있도록 해야 한다. 이것은 책을 통해서는 배울 수 없고, 가르치지도 못하는 문제라고 보았기 때문이다."[18]

우리나라의 "율곡 선생이 왜구의 침공을 예견하여 십만양병책을 상계한 것처럼, 오늘날의 교사 역시 전공한 교과를 가르치는 데 그치지 않고,

---

16) 伍常(仁·義·禮·智·信)과 三達德(智·仁·勇)을 갖춤.-『동양의 도덕교육 사상』, 박제주 저, 청계, 2000, p.80.

17) 『동양 교육고전의 이해』, 앞의 책, p.133.

18) 『존 로크의 교육 사상을 이해한다』, 김규성 엮음, 학문사, 1993, p.120.

민족과 인류의 장래를 위해 바른 방향을 찾는 투철한 역사 안목을 소유해야 한다. 자격을 갖춘 교사(스승)로서 인류 문화와 교육 철학에 대한 경외심과 깊은 조예자가 되어야 하나니, 인생의 참뜻에 대한 이해자요, 후회 없는 인생의 설계 및 실천의 향도자, 시범자가 될 수 있도록 힘써야 한다."[19] 스승으로서의 자질 범위를 확대하여 세계적인 구원 사명을 이룰 수 있도록 인류 역사의 선두에 서야 한다. 조식 선생의 가르침이 있어 나라가 누란의 위기에 처했을 때 제자들이 들불처럼 의병을 일으켰듯, 스승 된 자는 민족과 인류를 위해 法(正論)과 범(師表)을 세우는 교학자가 되어야 한다.[20] 다산 정약용은 "학력 있는 자를 교사로 삼고, 교사직은 백성의 스승이라는 개념을 형성하고, 교사의 생활을 후원해야 한다"[21]라고 하였다. 비단 학력뿐만이겠는가? 이상적인 지도자상과 이상적인 인간상을 더해서 이상적인 스승상을 정립하기 위해서는 인류 역사가 요구한 자격 조건을 통합한 새로운 인격상을 창출할 수 있어야 한다.

그 첫 번째 조건으로서 스승은 반드시 깨달은 사람이어야 한다. "부처는 완전한 깨달음을 얻은 사람인 탓에 진정한 깨달음의 가르침 교육을 창시할 수 있었다."[22] **가르침의 정로(正路)는 대우주의 근원을 선각한 자라야 지침할 수 있다.** 온전한 자격자를 인류는 '부처'라고 칭했다. 『대승기신론』의 正宗分 중 해석분 64에서는, 보살 성인이 자신의 원력에 따라 여덟 단계로 몸을 나투어 중생을 이롭게 한다고 하였다(도솔천 하늘에서 내려옴

---

19) 『교사의 철학』, 앞의 책, p.29.

20) 『남명 조식의 교학 사상』, 앞의 책, p.160.

21) 『교육의 이해』, 앞의 책, p.166.

22) 「깨달음의 교육의 탈현대적 의미」, 홍승표 저, 사회과학논총, 권19, 2호, 2000, p.4.

→모태에 들어감→모태에 머묾→태어남→수행에 나섬=道를 이룸→가르침을 폄→열반에 듦).[23]

즉, 깨침을 기반으로 펼친 가르침이다. 어떤 과정을 거친 가르침인가? 어떤 수준과 진리성에 도달한 가르침인가? 전문적인 지식을 가지는 것만으로는 스승다운 가르침을 펼칠 수 없었다는 결론이다. 수행을 병행한 깨침과 道를 얻은 수준에 도달해야 근본 된 道를 가르치는 만인의 스승이 될 수 있다. 비로소 용기와 믿음과 지혜를 자체 인격으로 생성시키는 스승이 된다. 미혹한 중생을 구원할 수 있다. 근본 된 진리를 깨달아 성현에 버금가는 가르침을 펼칠 수 있다. 대개 인류로부터 존경받은 위대한 스승은 위대한 가르침의 길을 연 교사들이거니와, 그 같은 스승의 반열에 오른 것은 치열한 노력과 깨달음으로 진리에 근접한 인식 세계를 확보해서이다. 반면, 지금의 교사들이 평생 제자를 가르치고서도 교직이란 직업적 범주 안에 머문 것은 가르침이 지식수준에 그친 탓이다. 부처는 깨달음을 얻었기 때문에 그렇지 못한 중생들에게(無明) 설법의 당위 근거와 사명을 지니게 되었듯, 오늘날의 교사들이 스승으로서 가르침의 당위성을 확보하기 위해서는 교사 자격증보다 인간의 본성에 대한 깊은 자각과 인생 본질에 대한 성찰이 선행된 자격 조건이다. 인생의 진리를 감득해서 통찰할 수 있어야 한다. 인간에 대한 가르침 교육은 인간의 본성과 인간의 도리와 동떨어질 수 없다. 그 가르침의 선행 자격 조건이 인간이 무엇인가, 인간다운 도리가 무엇인가에 관한 심오한 깨침이다. 그리해야 인간을 가르치는 스승으로서 인가될 수 있다. 인간과 인생과 우주가 생겨서 돌아가는 운행길과 근본처를 알아야, 이것을 지혜로써 가르칠 수 있다. 그런 경지 세계를 확보

23) 『물리학과 대승기신론』, 소광섭 저, 서울대학교 출판부, 2005, p.170.

하기 위해서는 근본 된 본래 모습을 봄과 함께, 하늘의 뜻을 깨달아야 인류 영혼을 지침하는 완전한 스승이 된다. 인류가 바라마지않은 이상적인 인간성은 그 같은 스승상을 통해 창출되고 완성되어야 한다. 이것은 종교 영역에서 신앙으로 고대한 성인의 도래 기대치와도 맞먹는다. **스승으로서 갖추어야 할 최고의 자격 조건은 하나님의 말씀을 듣고, 그것을 가르침으로 받들어 인세에 펼칠 수 있는 역할자이다.** 그것은 옛 선지자의 사명과 성인의 가르침 역할을 대신할, 이 시대에 새로운 인격으로 창출해야 할 스승의 통합적인 자격 부여 조건이다. 그리고 이 같은 스승다운 자격 조건은 만 인류가 모두 갖추는 것이 미래 역사에서의 기대 목표라는 점에서, 하나님의 본의 뜻은 지고하기만 하다. 스승이 이 시대 앞에 우뚝 서 인류 영혼을 종말로부터 구원하고, 미래 역사를 지침할 진리를 깨달은 자로서 믿음을 가지고 하나님의 뜻을 선포하는 선지자가 되어야 하고, 인류 문명을 가르침의 역사로 전환할 혁신가가 되어야 한다. 옛 선지자의 사명 역할처럼, 기존 지배 권력의 이익을 대변한 거짓 지식인들을 물리치고,[24] 하나님의 창조 본의에 합당한 새 질서를 예비해야 한다. 예감되는 소외와 저항과 고난의 십자가 길을 마다하지 않아야 한다.

이런 자격 조건을 충족시키는 한 중심에 강림한 보혜사 하나님이 진리의 성령으로서 밝힌 창조 본의가 자리 잡고 있다. 새로운 인격 통합체로서 세워질 스승상은 하나님의 창조 본의와, 그렇게 해서 지어진 천지 만물의 창조 원리와, 바탕이 된 진리적 특성을 깨달아 인류를 인도할 수 있도록 가르침의 역사를 펼치는 자이다. **"교육의 위대한 지침"**이 하늘의 뜻을 받든 위대한 스승의 가르침을 통해 이루어지리라.

---

24) 『실패한 교육과 거짓말』, 앞의 책, p.35.

제14장 스승 자세론

교직에 있을 때 철없는 학생의 일탈한 행동들을 지도하다 보면 웬만한 각오와 인내심이 없으면 화가 치밀어 그들과 똑같은 인격체로 전락하는 순간이 있다. 이치에 어긋났고 변명하는 말조차 앞뒤가 맞지 않는데, 고집을 피우면서 대들기조차 한다. 그런 "학생을 지도한다는 것은 인내심을 가지고 수양을 쌓는 학습 과정이다."[1] 선생님이 학생과 같은 인격체가 되어서야 어떻게 보다 나은 인격체를 육성할 수 있겠는가? 가르치는 스승이 되기 위해서는 스승다운 배움 과정이 건실해야 한다. 과연 스승이 스승다운 인격과 의식과 자세를 갖추기 위해서는 어떻게 해야 하는가? 한마디로 **배움 없는 가르침은 없다. 배움이 깊어야 가르침도 깊어지고, 끊임없이 수양을 쌓아야 높은 인격체로 거듭난다.** 가르칠 수 있는 조건을 사전에 갖추어야 한다. "소크라테스가 평생을 통해 추구한 것은 진리를 인식하는 것이었다."[2] 교사다운 소양과 식견에 있어 부족함을 알아 갈고 닦기를 게을리하지 않아야 한다. 그중 "교사에게 있어서 독서는 필수이고, 지속적인 연수 차원의 직무 중 하나이다."[3] 공자는 진정한 교사가 되기 위해서는 배움과 가르침을 겸전해서 최선을 다해야 진심 어린 교육 활동으로 헌신할 수

---

1) 『교사론』, 안창선 · 남경현 · 이윤범 저, 교육과학사, 2004, p.32.

2) 『고대 그리스의 교육 사상』, 앞의 책, p.96.

3) 『교육과 사색』, 앞의 책, p.9.

있고, 성장해 가는 세대를 잘 가르칠 수 있다고 하였다.[4] "몸소 배우고 익혀 궁리하지 않으면 至道의 진의를 알 수 없다."[5] 알아야 "훈도하고(訓), 깨닫게 하고(惡), 이끌어주고(導), 정신세계를 수련하고(修), 선현의 길을 본받아 가르치는 자세를 갖춘다."[6] 유교의 전통 중 사제 관계의 특성을 표현해 주는 말로 교학상장(敎學相長)한다는 것은 스승의 존재가 갖는 의미를 시사한다.

> "배운 연후에야 부족함을 알고, 가르친 연후에야 곤고함을 안다.
> …… 가르치고 배우는 것이 서로 돕는다(『예기』, 학기 편)."

스승도 한편으로는 배우는 존재이고, 또한 가르침을 통해 배우는 존재이기도 하다.[7] 敎와 學은 함께한다. 진정한 배움이 곧 진정한 가르침의 길을 여는 正道가 된다.

배움을 통해 가르침의 길을 여는 것은 멀고 험난한 여정이다. 유교가 적시한 "남을 가르칠 수 있는 나이는 적어도 20세가 훨씬 넘어서 소학, 대학, 중용, 논어 등 사서를 통달한 연후에야 학문적으로나 인격적으로 스승이 될 수 있다고 보았다."[8] 알다시피 공자가 인류를 가르치는 스승이 되기까지는 일생에 걸친 단계적 도달 경지 과정을 거쳐야 했다. "나는 15세가 되어 학문에 뜻을 두었고, …… 40이 되어서는 세상에 현혹되지 않았고, 50

---

4) 『중국 전통 교육사상의 이해』, 앞의 책, p.67.

5) 『남명 조식의 교육 사상』, 앞의 책, p.9.

6) 『교육의 이해』, 앞의 책, p.66.

7) 『전통 교육의 현대적 이해』, 김병희 저, 공동체, 2009, p.61.

8) 『교육의 이해』, 앞의 책, p.161.

세에 비로소 하늘의 뜻을 이해했다(『논어』, 위정 편)" 등등. 스승은 스승다운 스승이 되기 위해 끊임없이 자세를 가다듬어 가는 사람이다. 道를 구하기 위해 道를 목표로 정진하는 사람이고, 天의 뜻을 알기 위해 쉬지 않고 기도하는 사람이다. 이 연구도 교육에 관한 문제를 인식하고 주제를 세워 논거를 두는데 40여 년이란 교직 경험 과정을 거쳐야 했다. 가르침의 진리는 그만한 연륜을 겪고 나서야 터득할 수 있다. 우리는 봄철에 피는 꽃만 보고 사시사철 어김없이 반복되는 우주의 운행 질서를 말할 수 없다. 교육도 마찬가지이다. 인생 과정은 대개 유아기, 청소년기, 청년기, 장년기, 노년기로 구분하거니와, 청년이 청년의 왕성한 기질만 앞세워 인생을 단정 짓는다는 것은 우스운 일이다. 일부 측면만 본 것이라 인생을 결실 짓지 못한 상태이다. 공자의 사례처럼, 15세에 뜻을 세운 자가 50세도 되지 않았는데 知天命 단계에 도달할 수 없다. 교육도 마찬가지이다. 지식을 가르치는 것은 교육의 본질적 목표가 아니다. 인간 교육이 지고한 목적 대상인 한 스승의 가르침 자세는 단기간 안에 정립될 수 없다. 숱한 세월 삶의 아픔과 역경을 겪으면서 인생의 진리를 터득해야 한다. 그리해야 제자 앞에서 진리와 인생을 논할 수 있고, 가르칠 수 있고, 길을 지침할 수 있다. 역사적인 사례로 남명과 퇴계 선생은 30세 이후 제자를 두었지만, 본격적인 교학은 50세가 되어서야 비로소 스승으로서의 기반을 다졌다."[9] 스승이라고 해서 모든 것을 다 알고 가르치는 것은 아니다. 세상과 역사는 쉼 없이 변화하며, 변화를 통해 진리가 새롭게 생성한다. 그래서 **스승은 자신이 이미 알고 있는 진리를 가르치는 것이 아니라, 궁구해서 이제 막 깨우친 새로운 진리를 가르치는 것이다.** "교학위선(敎學爲先)이라, 스승은 배우고

---

9)　위의 책, p.161.

가르치는 일을 제일 먼저 하고, 교학위본(敎學爲本)이라, 배우고 가르치는 일을 인생의 근본으로 삼은 자이다."[10]

자고로 "자기의 마음에 내재한 밝은 德을 밝힌 자가 德으로 자기보다 무지한 백성을 자기와 같이 혁신시키고 계몽할 수 있다. 『대학』에서의 지침은 교육이나 수양의 효과가 개인의 차원에 머무는 것이 아니라 가정에서 이웃으로, 사회로, 국가로, 세계로 확충해 나아가야 한다는 것이다."[11] 수신을 기반으로 내재한 밝은 德을 밝혀야 "실로 날마다 새로워지고, 날마다 새로워지되 또 날마다 새로워지나니("苟日新 日日新 又日新"-『대학』)", 그리해야 만백성을 향해 평천하할 가르침을 펼칠 수 있다. 스승은 내성외왕(內聖外王)의 길을 추구해야 한다. 여기서 "內聖은 인간이 자신을 수양하여 자신이 가진 聖性을 실현하는 것이고(成己), 外王은 인간이 학문과 덕행의 실현을 통하여 자기 삶을 위해서뿐 아니라 더불어 사는 도덕적 공동체의 모든 구성원을 평안케 하는 것으로서, 사회를 도덕화하는 成物을 말한다."[12] 마르틴 루터는 바로 內聖을 밝힌 내적이고 종교적인 체험을 거친 탓에 위대한 종교개혁을 단행할 수 있었다.[13] 내성외왕 하는 배움을 통해 사회의 이상을 실현하는 절차를 일컬어 불교에서는 상구보리하화중생(上求菩提 下化衆生)이란 명제로 "위로는 진리를 구하고, 현실의 고통에 허우적거리는 중생의 번뇌를 해결하는 것이 부처의 처음이자 마지

---

10) 『때를 알아라』, 안병욱 저, 자유문학사, 1998, p.161.

11) 『동양 교육고전의 이해』, 앞의 책, p.122.

12) 『중국 철학의 인간학적 이해』, 진입부 저, 정인재 역, 민지사, 1986, pp. 152~153.-「주자의 교육론과 성인의 교육적 의미」, 고대혁 저, 동양고전연구, 4집, 1995, p.285.

13) 『루터의 사상』, 지원용 저, 컨콜디아사, 1964, p.41.

막 설법이란 믿음을 실천하고자 하였다."[14] 이것이 새로운 사명을 부여받을 스승상으로서 오늘날의 스승이 계승해야 할 가르침의 정신 자세이다. 위로 상구해서 깨달음을 얻지 못한 자는 아래로 중생을 교화할 수 없듯, 위로 하늘의 뜻을 깨닫는 절차를 거치지 못한 자는 아래로 인류를 가르침으로 구원할 스승이 될 수 없다. 석가모니는 출가 후 여러 스승을 찾아다니면서 깨달음을 얻고자 배움을 청했고, 목적을 이루지 못하자 홀로 6년 동안 지독한 고행을 자처한 수행을 거쳤다. 그런 방법이 주효했든 않았든 결과적으로는 내적인 수련 과정을 거쳤기에(上求) 깨달음이란 증과를 이루었다.[15] 하지만 전해진 바에 따르면, "석가모니가 출가한 후 오직 6년이란 기간 동안 쌓은 수행만으로 무상한 진리를 증득했겠는가? 엄청난 깨달음을 얻어 대오할 수 있었던 것은 과거세의 수많은 생애를 거듭하면서 닦은 선근공덕(善根功德) 탓이라고 하였다."[16] 육조 혜능은 술회하길, "나는 오조 홍인 화상 회화(誨化)에서 한번 듣자 그 말끝에 크게 깨쳐 진여의 본래 성품을 단박에 보았느니라(『육조단경』)"라고 하였다. 이것은 과연 혜능의 수행이 탁월해서일까? 깨친 주체적인 작용은 사실상 홍인 화상 스승의 가르침에 있다. 홍인이 일자무식인 혜능을 단박에 깨치도록 한, 부인할 수 없는 가르침의 역사를 혜능이 고백한 것이다. 홍인이 단박에 깨친 탓에 혜능도 그런 깨침 법을 후세에 전할 수 있었다. 그만큼 스승은 상구 과정을 거쳐 "위로는 스스로 배움을 통해 진리 탐구가 얼마나 값진 것인지를

---

14) 「번뇌 즉 보리에 관한 연구(육조단경을 중심으로)」, 안성규 저, 경상대학교 대학원, 국민윤리, 석사, 2009, p.2.

15) 「위대한 교사로서의 석가모니」, 앞의 논문, p.48.

16) 「대승불교의 불신관에 관한 연구」, 김경수 저, 원광대학교 동양학 대학원, 불교학, 2012, 석사, p.45.

깨닫고, 아래로는 가르침을 통해 그런 깨달음을 많은 사람이 공유할 수 있게 해야 한다."[17]

그러므로 오늘날 요구되는 완성된 스승의 자세로서 기대하는 바는 나면서부터 쇠사슬에 묶여 동굴 속에 사로잡힌 자가 용감하게 쇠사슬을 끊고 밖으로 뛰쳐나와 밝은 태양 아래서 처음에는 눈이 부셔 몹시 고생하지만, 점차 익숙하게 되어 만물의 존재 근원이 태양임을 깨닫는다(上求菩提). 이 참 태양 빛을 통해 본 만물은 자신이 동굴 속에서 본 그림자와는 전혀 다르다는 사실을 알고, 아직도 동굴 속에 갇혀 있는 동료를 진리의 길, 이데아의 세계로 이끌어서 해방하기 위해 다시 동굴로 찾아가는 것처럼(下化衆生),[18] 스승은 그림자로 비친 현상의 질서 세계로부터 탈출하여 전혀 다른 세계를 경험해야 한다. 그리해야 인류를 향해 새로운 진리를 가르치고, 현재의 문명 차원을 벗어나 하나님의 구원 세계를 지침하는 스승이 될 수 있다. 그것이 바야흐로 미래 사회가 요구하는 敎學相長과, 內聖外王과, 수신제가 치국평천하와, 상구보리 하화중생 정신을 통합한 스승의 완성된 추구 자세이리라.

---

17) 『학문과 교육(중 1)』, 앞의 책, p.표지 글.

18) 『교육 철학』, 김정환 저, 앞의 책, p.99.

제15장 스승 지위론

1. 교직의 중요성

누구라도 이론적으로는 교육을 긍정적으로 생각할 수 있고, 학자로서 이상적인 교육론을 펼칠 수 있지만, 자본주의 사회에서는 배움에도 가르침에도 돈이 따른다. 그렇게 해서 가르친 지식이고 안 앎이다 보니까 교육 전체가 인간 된 본성 육성보다는 사회적 지위와 자격을 얻기 위한 수단으로 전락해 버렸다. 교직도 마찬가지이다. 교직은 성직과 맞먹고, 하늘이 내린 직업(=천직)이라고 입버릇처럼 말하지만, 실상은 월급 받고 일하는 직업의 한 종류로 분류된다. 사범대학 재학 시절 어떤 교양 교수, 전공 교수도 교직이 왜 천직인지 교직의 특별함에 관한 이유는 말하지 않았다. 긴 세월 동안 현직에 임해서도 특별히 천직이라고 의식하면서 근무한 기억도 없다. 나름대로 사명감은 강조하였지만, 왜 교직이 중요하고, 천직인지에 관한 당위 근거를 밝혀 논거를 둔 자가 없다. 동양 사회에서는 스승을 드높인 전통이 있다 보니 전해진 말일 수도 있지만, 지금은 알맹이 없는 빈 깡통처럼 되어버렸다. 과거에는 그렇지 않았다고 해도 교직에 종사하는 지금의 선생님들이 의식을 지니지 못한 상태라면 정말 평범한 직업인일 뿐이다. 아니 애써 노동자임을 자처하고 나선 지경까지 되었다. 스스로도 교직은 성직이다, 천직이라고 생각하면 부담이 되니까 인간적인 직업 정도라고 여기길 선호한 것인지도 모른다. 결과적으로 천직을 일깨운 가르침의 혼은 더 이상 불타오르지 않게 되고 말았다. 천직이란 의식을 가진 교사가 더 이상 존재하지 않게 되었다. 그러니까 교육 현장에서도 교과서적 지식을 열심히 가르치는 선생님은 있어도, 인간 됨을 가르치는 스승은 드물다(학교는 있어도 스승은 없다). 유교 전통 사회에서는 경서의 스승과 인사의 스승을 철저히 구분하였다. 그리고 정말 학문을 가르치는 선생은 있어도(경서) 인사로서의 스승 부재 현상을 개탄하게 된 지경에 이르렀다.[1] 천직이란 사명 의식이 사라지고, 권위까지 잃게 된 상태에서 교사들이 힘겨운 직업 생활을 이어가고 있다. "교권이 유린당하는 사건이 빈발하고, 제자가 가르치는 선생님을 고발하며, 학부모가 학교에 찾아와 학생들이 보는 앞에서 선생님을 욕하고 폭행을 서슴지 않는 풍토 속에서 교직에 헌신한다는 것이 어려워지고 있다."[2]

무엇보다도 **"교직의 중요성"**을 환기해야 할 때를 맞이하며 교직이 천직이라고 한 것이 정말 무슨 근거로 한 말인지 논거를 둘 필요가 있다. 알다시피 마르틴 루터(1483~1546)는 종교개혁을 일으킨 성직자로서 어떤 사상가나 학자보다 선구적으로 교직의 중요성을 인식한 위대한 교육 사상가이기도 하였다. 교직은 성스러운 것이어서 금전으로 보상할 수 없는 것이라고 말해, 교직의 고귀함을 역설하였다. 당시 상황에서도 교직을 성직과 동등하게 보고 중요성을 누누이 강조하였다.

만일 내가 성직자가 아니었더라면 반드시 교육자가 되었을 것이

---

1) 『전통 교육의 현대적 이해』, 앞의 책, p.50.

2) 『교육 타임스』, 앞의 책, p.25.

다. 만일 내가 목사직을 그만두고 다른 직업에 종사할 수 있고, 또 종사하지 않으면 안 된다고 할 때 교사보다 더 좋은 직업은 없으리라.

교사는 돈으로 보상할 수 없다고 한 절대적 신뢰를 보인 루터는 종교개혁의 성공 여부도 교육에다 두고, 교육의 기회를 확대하고자 하였다. 그의 이 같은 주장과 호소와 노력 탓에 현대 공교육 제도의 기초가 다져졌다.[3] 비단 종교적인 목적에서뿐만이 아니더라도 교직이 특별한 이유는, 한 가지 길로서 다양한 가치를 창출할 수 있기 때문이다. 봉사와 헌신으로 진리와 함께하면서 인간을 육성하는 고귀한 직업이 교직이다. 그러나 그런 근거만으로 왜 교직이 천직인지 논거를 두는 데는 부족함이 있다. 루터가 교직의 중요성을 크게 강조한 이유는 이 연구가 **"교육의 위대한 사명"**을 인식한 것과도 비슷하다. 교육 제도가 확대되고 스승의 가르침이 골고루 미쳐서 인류의 정신 의식이 개명되어야지, 그렇지 못한 無明과 무지 상태로서는 창조주 하나님을 알 방법이 없고, 보편적인 구원 역사도 기대할 수 없다.

당시의 시대에서 "시골에 사는 일반 민중들은 기독교 교리에 대한 지식이 전혀 없고, 전도사 대부분은 가르치기에 부적당한 무자격자였다. 그들은 스스로 크리스천이라고 말하고, 세례를 받았다고 하며, 主의 성찬에 참여할 것을 주장하였지만 주기도문, 사도 신조, 십계명조차 알지 못했다. 더군다나 사제 중에서도 충분할 만큼 신학적 훈련을 받은 자가 없고, 대학의 문을 멀리서 바라보지도 못한 형편이었다. 루터는 한탄하길, '이 가련한

---

3) 『서양 교육 사상사』, 앞의 책, p.206.

사람들이 지금까지 그렇게 심한 무지와 어리석음 가운데 버림받은 것을 무엇으로 변호할 수 있는가? 비참한 불행을 볼 때 마음이 쓰리고 아프다. …… 사람의 기능(技能)이 전적으로 무시되고 있는 것과, 배우고 이해할 능력이 충분한 사람들이 창조주와 주님에 대하여 아무것도 알지 못하는 것을 보고 누가 슬퍼하지 않겠는가?'"[4]라고 하였다. 그래서 루터는 종교개혁 이전에 교육개혁부터 단행하였다. 즉, 가톨릭의 면죄부 판매 등 부패상에 대해 반기를 들고, 그런 수단이 아니라 인간은 믿음으로 구원에 이른다는 깨달음과 확신을 두고, 누구든지 예수그리스도를 구주로 믿어 의롭다고 함을 입기 위해서는 자기 이성을 통해 하나님의 말씀을 깨달아야 한다는 데 착안하였고, 이것이 누구에게든지 교육을 베풀어야 한다는 국민개학(國民皆學)의 교육적 기초를 낳게 하였다. 루터가 누구든지 읽을 수 있도록 성경을 최초로 자국어(독일어)로 번역한 것이라든지, 특권 계급에만 허용한 교육을 골고루 시행할 것을 권유한 것은, 누구나 다 교육을 받아 자력으로 성서를 해득해 구원에 이르도록 하는 데 목적이 있었다.[5]

루터가 특정 성직자만 가능했던 특권을 교육을 통해 개방함으로써 만인이 성경을 통해 하나님을 알 수 있는 길을 열었다면, 오늘날의 이 연구는 가일층 확대된 의식을 통해 하나님이 강림한 사실과 창조 본의를 깨우칠 수 있도록, 교직이 왜 천직인지 이유를 밝히고자 한다. 그 임무를 스승이 실행해야 하는 탓에 오늘날의 스승은 하나님이 교육을 통해 이루고자 하는 목적과 교육 위에 내린 명령이 무엇인지 알아야 교직이 무상의 천직이고 성업을 이루는 성직인지 알 수 있다. 하나님이 命한 소리를 들어야

---

4) 『루터의 사상』, 앞의 책, pp. 48~49.

5) 『기독교 교육』, 심피득 저, 대한기독교 출판사, 1979, p.26.

인류의 미래를 밝히는 스승이 되나니, 天意와 연결됨으로써만 교직의 지위가 격상되고, 천직자의 혼이 되살아나며, 최상의 스승으로서 위대한 구원의 가르침 역사를 펼칠 수 있다. 天意와 연결된 하나님의 命을 받들어야 비로소 교직이 천직이 된다.

이런 측면에서 볼 때, 『중용』에서의 '天命之謂性'이라고 한 첫 구절은 의미심장한 말이다. "교육의 첫걸음은 天命, 곧 하늘의 명령이다."[6] 즉, 교육은 天命이다. 天命을 수행하는 사명자가 교사이고, 그래서 교직=천직이다. 단지 왜 天命이고, 天命이 구체적으로 무엇인가에 대해서는 밝히지 못한 바라, 그것을 이 연구가 지침하고자 한다. 명령은 이제 막 선포한 것이 아니고, 이미 반복해서 규정한 바 있다. 하나님은 창조 이래 최대의 역사 과제인 인류의 보편적 구원 역사를 주관하기 위해 교육을 최적 방법으로 삼았다. 그것은 만세 전부터 때가 되면 드러날 창조 본의이다. 이 하나인 창조 뜻을 실현하기 위해 하나님이 선천 세월을 바쳐 섭리한 인고의 과정을 거쳤다. 더는 죄악이 없는 영혼의 聖化 목적 달성이기도 하고, 더는 대립과 고통이 없도록 역사적인 시공간 안에서 하나님과 함께할 지상 천국 건설 뜻이기도 하다. 이런 구원 목적을 교육을 통해 이루길 원하였고, 대행자로서 본의를 깨우친 스승을 선지해 앞세우고자 하였다. 이런 목적 설정 탓에 교직은 하나님이 내린 천직이고, 스승은 하나님의 명령을 받든 사명자인 것이 맞다. 목사, 신부 등만 부름을 받은 종이 아니다. 하나님의 命을 듣고 뜻을 받드는 교사도 교직을 성직으로 인식해서 인류를 하나님에게로 인도해야 하는 구원의 사도이다. 교직이 천직인 것으로 믿어야 하는 것은 하나님의 命을 받들어 가르침을 통해 인류를 구원하는 사명을 수행

---

6) 『실패한 교육과 거짓말』, 앞의 책, p.5.

하는 직업이기 때문이다. 이런 天命 의식을 사명으로 여긴 스승이 여기저기서 세워지고 나타났을 때, 하나님이 일찍이 밝힌 모든 구원 약속이 구체화하는 시대를 맞이하리라.

사명 의식은 하나님이 일깨운 특별한 것인 탓에, 권위는 세상 권세와 비교할 수 없다. 인류의 스승인 옛 성현들도 그러하였다. 하늘과 직접 소통하고 하나님의 뜻과 직결된 이상, 그 위에 더 상위에 해당한 지위는 없었다. 하늘이 내린 천직 명령에 근거했을 때 비로소 오늘날 추락할 대로 추락한 교사의 지위가 회복되고 정상화된다. 날로 각박해진 사회와 선생님 역할이 위축된 상황에서 교사들은 고래로부터 존숭 된 인류 문화사적인 책무와, 교직은 천직이란 천부의 사명을 되새겨 사명을 굳세게 해야 할 때이다. 교사는 바로 하늘이 부여한 命을 받드는 자이라, 자나 깨나 하늘이 命한 소리를 듣는 자가 되어야 한다. 사도 바울은 예수그리스도의 제자 됨을 자랑스럽게 여기면서 복음의 命을 실행한 전도 여행에 모든 삶을 바쳤듯, 교사 역시 하나님의 인류 구원 명령을 받들어 실행하는 사도(使徒) 아닌 천도(天徒)이다. 그만큼 **교사가 제자를 가르치는 교권을 부여받은 것은 세상 어떤 권한과도 비교할 수 없는 신성한 권한이다.** 예로부터 교육은 알게 모르게 인류를 정신적, 영혼적 자각으로(무지 극복) 인류를 하나님에게로 나아갈 수 있도록 지적 능력을 고양한 사명을 충실히 수행하였다. 이런 의미 진단은 특정 종교 영역과 함께 천직을 수행하는 교사도 또 다른 의미에서 인류의 영혼을 구제하는 원대한 목적에 동조해 왔던 탓이다. 종교인은 믿음과 신앙으로 영혼을 구원하려고 하였다면, 교사는 본성을 형성하는 자아 정립기에 올바른 가치관을 지침함으로써 방황하는 제자들을 인생적으로 구제한 소임을 다한 것이므로, 이것은 그대로 하늘이 부여한 스승으로서의 거부할 수 없는 사명이다. "참되거라 바르거라"라고 함에, 그것은 제자가 올바른 가치 판단으로 그릇된 길로 가지 않도록 한 가르침이고, 죄악을 저지르지 않게 한 것은 교사가 天徒로서 실행한 인류의 인생 구원 역할이다. 결과로써 그들이 인생의 참 열매를 맺고, 풍성한 결실을 거두며, 보람된 영광을 성취하였다. "진실로 仁에 뜻[志]을 두면 惡한 것이 없어진다"[7]라고 하였듯, **성장기의 청소년을 바르게 가르치고 인도하는 것은 후세의 만악(萬惡)으로부터 인생과 영혼을 구제하는 든든한 방제 역할을 한다.**

교사가 하늘의 소리를 듣고 하늘의 명령을 자각해야 하는 이유는, 갈 길 모르는 제자를 사랑으로 이끌어 인생을 구원하는 사명이 있기 때문이다. 이 사명, 이 하늘의 명령 소리를 들어야 이 땅의 선생님들이 참된 사도(師道)의 길을 찾고, 흔들림 없는 자긍심을 갖고 교단에 설 수 있다. 갈수록 어려워만 지는 교육적 현실이지만, 교단에 선 선생님이 꿋꿋하게 힘을 내어야 하는 이유이다. 지고한 천직 수행 명령을 완수해야 하기 때문이다. 정말 교직은 천직으로서 하늘이 부여한 신성한 직업이므로, 교사는 하늘의 명령을 자각해서 받들어야 한다. 하늘이 거두지 않은 命을 자의적으로 판단해서 거두는 일은 결코 없어야 한다. 스승의 가르침은 참으로 위 없는 道와 위 없는 권능이 함께해야 한다. 아니, 이미 하나님이 그렇게 命하였고, 또 그렇게 될 것이다. 긍지와 자부심을 품어야 하나니, 가르침의 행위는 세상 어떤 직무보다 높고 가치로서 숭고하다. 그것을 깨닫는 것이 곧 天命을 받든 자가 지닌 천직 의식이다. 말만으로 천직이 아니다. 투철한 사명 의식과 연관되어야 하나니 그렇게 될 때, 비로소 스승의 가르침은 하

---

7) 『율곡전서』, 권20, 『성학집요(二)』, 입지 장.

나님의 말씀과 뜻을 대언한 천직이자 성직자로서 승화된다. 천명을 받든 자로서 스승의 지위와 권위가 더할 나위 없이 지고해진다. 하늘 아래 있는 스승의 지위는 하나님 외에는 지정할 자가 없다. 일체의 세상적 조건이 스승의 가르침을 위해 보좌되어야 한다. 스승의 지위는 신성불가침이다. 천도로서 사명을 수행하는 가르침의 책무는 준엄한 것이다. 끝까지 뜻의 완수를 최대의 사명으로 삼아야 한다.

그런데도 세상을 돌아보면 교직의 천명성을 자각하지 못한 탓에 선생님들이 평생 교직에 몸담으면서도 철저한 사명 의식으로 끝까지 교단에 서서 가르침으로 교육적인 이상을 펼치려는 것이 아니고, 관리자의 길을 더 선호해 그곳에 안주하려고 한다. 확언하건대, 가르치는 스승으로서의 본분을 지키는 것이 세상 제일의 가치이고, 인생적으로도 숭고한 삶이다. 누구도 하늘의 命을 받들어 실행하는 자를 손가락질하거나 방해할 수 없다. 지존한 직분, 그 직이 천직이다. 다시 강조해, 세상의 모든 제도, 조직은 마땅히 교직을 떠받치고, 그곳으로부터 나오는 하늘의 명령을 믿고 따라야 한다. 무슨 뜻인가 하면 스승, 교사 그 위에 어떤 권력과 상층 관리자가 있으면 안 된다. 교권의 절대적 독립성을 국가가 보장해야 한다. 재판장에서 내리는 판사의 판결은 누구의 간섭도 받지 않고 상위 결재자가 없도록 法이 보장하는 것처럼…… 스승(교사)의 가르침 위에는 하나님의 위임 전결과 직접 내린 명령밖에 없다. 현행 학교 조직과 관리 체제에서도 교사가 제일 정점인 상위 자리에 있어야 한다. 당연히 부장, 교감, 교장은 교사를 보위하는 하위 직책이 되어야 한다. 참으로 가르치는 스승의 지위가 정점이고 최상이다. 관리직이 행정직처럼 보좌 체제로 전환되어야 한다는 말이다. 학교 교육을 학교장의 책임 아래 둔 교육 법령은 가르침의 본질적 사명 수행을 크게 저해한다. 가르침의 지위 족보는 옛날부터 성현으로부터 비롯된 것이니, 성현은 만 세대에 걸쳐 한결같이 우러러본 지존 자체이다. 인류의 위대한 성현, 그분들 위에 더 이상의 세상 직위는 없었다.

2. 스승의 가르침 사명 인식

교육을 소박하게는 "사람다운 사람을 만드는 일, 또는 올바른 인격 형성 작용"[8]이라고 하고, 이런 목적을 학교에서 스승과 제자 간의 교감 작용을 통해 달성하고자 한다. 그런데 이런 교육목적과 달리 학교 현장에서 주로 행하는 것은 지식 위주의 학습 활동이 중점 자리를 차지하고 있다. 이것은 밝힌 바 서양 학문이 근대 사회를 구축하는 과정에서 "아는 것이 힘이다"란 명제를 앞세워 인간이 아닌 자연을 탐구하는 대로 관심을 쏟아 교육 본래의 역할을 벗어난 데도 이유가 있다. 잘못된 교육을 바로잡기 위해서는 정말 인격 형성에 주안을 둔 가치와 신념과 꿈을 키우는 방향으로 나가야한다. 현재의 제도 안에서는 도덕, 윤리 교과가 그 역할을 거의 도맡다시피 한 상태이다. 도덕시험은 만점을 받는 학생이 행동하는 것은 그렇지 못한 기현상이 일어나고 있다. 주도적인 인간 교육 역할과 가르침이 긴요하다. 가치관과 세계관을 수반한 가르침은 인격체와의 교감이 필수적이다. 전형적인 사례로서는 인류의 4대 성인이 펼친 가르침이 지대한 본보기이다. 인격성에 바탕을 둔 영혼의 일깨움과 인생의 고뇌를 해소한 구원 메시지 등이 그러하다. 현직의 교사들에게 있어 성현의 전례 발자취 수준만큼

---

8) 『뜻으로 산 세월』, 유재식 저, 소정산고집 발행위원회, 1999, p.47.

기대할 수는 없겠지만, 가르침의 조건 형성과 방법과 목적적인 방향만을 계승하는 것은 가능하다. 그리하면 교사들도 소정의 교육목적을 달성할 수 있다. 인격과 신념을 수반한 일깨움과 가르침을 통해 교사는 학생에게 학문을 탐구하는 자세와, 진리를 대하고 일구는 길을 지침할 수 있다. 진리로써 이룰 수 있는 아름답고 정의롭고 참된 세계가 있다는 것을 보일진대, 그 소임은 참으로 만족한 것이다. 이것을 학교 현장에서 어떻게 구체화할 수 있는가? 그런데도 요즘은 오히려 스승으로서의 혼을 담은 가르침 역할이 사라지고, 원래의 교육목적과 거리가 먼 열린 교육, 자기 주도적인 학습, 배움 중심 학습 원리 등을 도입해 학생의 탐구 활동과 교우와의 관계성 관찰 등에 집중함으로써(선생님은 안내자 역할에 그침) 가르침의 주도 역할을 상실해 버린 모습은 안타까운 일이다. 교사 위주의 일방적인 주입식 교육이 교실을 잠들게 하고 배움에 대해 흥미를 잃게 만든 반성에서 비롯된 것이기는 하지만, 교육목적이 지식 전수와 습득(주지주의)이 아니라, 삶의 계도와 인격에 있는 한 현대 교육, 아니 미래 교육이 지향할 것은 결국 만 영혼을 일깨우고 감동케 해 구원으로 인도하는 스승의 가르침 방법으로 귀착해야 하고, 그것을 원리적으로 보편화해야 한다. 그러기 위해서는 교사가 먼저 **"스승의 가르침 사명 인식"**으로 만인의 본보기가 되도록 인격을 갖추어 교권을 주도적으로 확립해야 한다. 성인이 왜 성인인가 하면, 인류를 향해 뜻한 바 가르침을 사명으로 인식하고 삶을 바쳐 헌신해서이다. 인간은 살아가면서 많은 것을 경험하고, 배우고, 새로운 사실을 깨닫지만, 그렇게 해서 무엇이 될 것인가? "가르치는 자"가 되고자 함에, 그것은 하나님의 준엄한 인류 구원 의지를 자각, 감지, 수용했을 때이다. 하나님의 뜻을 받들어 진리를 가르치는 스승이 되는 것이 숭고한 인생 목적 수행이다. 그것은 벌써 삶의 본질을 한 차원 업그레이드시킨 것이고, 그것은 세상보다 더 높은 곳을 본 것이다. 영혼이 더욱 고귀하게 승화된 상태로서 만인의 성인화, 만인의 스승화가 현실적으로 정답이다.

"인간은 태어나면서부터 배우는 존재이지만, 때가 되면 반드시 가르치는 존재가 되어야 한다."[9] 존재하는 자로서 각자가 이루고자 한 수많은 인생 꿈과 목적이 있지만, 그런 삶의 성취를 통해 언젠가는 가르치는 자가 되어야 하고, 그를 통해 하늘이 부여한 인생적 소임을 다할 때 비로소 진리를 완성하는 자가 된다. 기대와 성취 목적을 가슴 깊이 품고 간절히 염원해야 하나니, 가르침의 본분을 자각해서 사명을 수행하는 것은 인류를 가르침으로 구원하고자 한 하나님의 뜻이고, 부여한 命이다. 그래서 天命之謂性이다. 천명은 태어나면서부터 부여된 것이고 선지된 것이다. 그런 **"스승의 가르침 사명 인식"**이 지난날에는 일부 깨어 있는 성현들에게서만 각성되었지만, 종말을 맞이한 지금은 만인 구원의 때라, 누구라도 하나님의 뜻을 상구(上求)해서 깨달은 스승이 되어 하나님의 뜻을 받든 가르침으로 만 인류를 구원의 문으로 이끌어야 한다. 하나님이 무엇을 이루기 위해 가르침의 사명을 부여하는 것인지 이유를 알고, 命을 받들어야 한다. "실로 전통 유교 사회에서 스승은 존귀하였다. 배우는 학생뿐만 아니라, 그 지방 백성까지도 스승을 믿었다."[10] 기독교 전통 안에서의 선지자, 예언자 역할과 다를 바 없다. 가르침으로 하나님의 구원 뜻을 대행하였다. 스승의 가르침 사명과 정신 맥과 전통은 결국 하늘의 뜻과 연결되고, 직분

---

9) 『불교를 알기 쉽게』, 서종범 저, 밀알, 1989, p.380.

10) 조그만 송사(訟事)가 일어나도 관헌(官憲)을 찾지 않고, 서당이 있는 마을이면 훈장(訓狀)을 찾아 해결함.-『한국 유학 사상과 교육』, 한국교육학회, 교육사연구회 편, 삼일각, 1976, p.129.

상 직결되어 있다. 이런 연유로 스승의 가르침은 대중적으로 인류의 영성을 깨우쳐 하나님에게로 인도할 수 있는 최고의 방법이다. 본분을 자각하여 가르침의 경륜을 펼치는 스승의 사명은 신성하다. 스승의 본분과 사명은 하나님이 命한 인류 구원 목적인 것이 확실하다. 하나님은 내 영을 만민에게 부어주는 일이 일어날 것이라고 하였고(요엘, 2: 28), 예수는 너희는 전 세계에 나가 모든 백성을 가르치라고 하였으며(막, 16: 16. 마, 28: 19), 바울은 예수 안에서 완전하게 되도록 모든 사람을 모든 지혜 가운데서 가르치라(골, 1: 27. 빌, 3: 17)고 하였다.[11] 하나님은 하나님에 관한 모든 것, 하나님이 행한 모든 것, 하나님이 이룰 모든 것을 백성이 알 길 원하였고, 또 알 수 있도록 역사할 것이라고 하였다. 이 뜻을 어떻게 받들고 누가 실행할 것인가? 천명을 깨달은 성현이 먼저 일어섰고, 이제는 가르침의 본분을 깨달은 이 땅의 스승이 일어서야 한다. 하나님의 영이 만민에게 스승의 혼을 불어넣는 방식으로 인류를 구원하고자 하였다. 그 가르침의 사명을 앞서 받든 선구자요 충실하게 뜻을 수행한 모범자가 인류의 4대 성인이다. 그만큼 오늘의 스승 된 자들은 부처의 숭고한 설법 의지, 예수의 복음 전파 의지, 공자의 가르침 태도, 소크라테스의 신념 어린 철학을 계승해서 가르침의 본분을 보편화시켜야 한다.

싯다르타는 출가를 결심하고 마부인 찬다카와 함께 성 밖으로 나가 한참을 달린 후에 찬다카에게 부왕 앞에 가서 아뢸 말을 했다.

---

11) 「코메니우스의 교사론 연구」, 김승겸 저, 연세대학교 교육대학원, 교육경영 및 평생교육, 석사, 2007, p.27.

"찬다카여, …… 나의 말을 이렇게 아뢰어라." "부왕이시어, 제가
출가한 것은 어떤 사람의 속임을 받거나 노여움과 원한으로 인한
것도 아니며, 또한 재물과 권력과 봉록이 적어 이를 구하고자 함
도 아니며, 천상에 나기 위해 부왕의 슬하를 떠나는 것도 아니옵
니다. 저는 세속적인 욕망이 없사오며, 오직 일체중생이 어둡고 미
혹해 삿된 길에서 헤매며 괴로워하는 것을 보고 광명이 되어 고통
을 구제하고자 함이오며, 세간을 이익되게 하는 법을 찾고자 출가
했습니다(『불본행집경』)."[12]

  가르침의 본분 사명을 자각한 석가모니는 증득한 이후 열반에 들 때까
지 중생을 구원하기 위해 설법으로 일생을 바쳤다. 자득한 覺者는 일체중
생을 미혹한 고통으로부터 구원하기 위해 세상 밖으로 나가 가르침을 본
분으로 삼아야 했다. 그것이 부처가 보인 스승으로서의 사명 메시지인 동
시에, 하나님이 부처에게 命한 선지자적 뜻이다. 이 연구도 마찬가지이다.
하나님이 가르쳐 길을 세웠듯, 이 연구는 그렇게 지침하여 인류를 하나님
앞으로 이끌어야 한다. 불교는 Buddha(覺者)의 가르침이듯, 오늘날 교단
에 선 선생님은 선생님의 가르침이 없는가? 왜 없겠는가? 단지, 본의와 가
르침을 통한 인류의 보편적 구원 의지를 깨닫지 못해서일 뿐이다. 사명을
각성할진대, 어떤 교사라도 가르침의 역사로 하나님의 창조 목적 실현에
동참하는 인류의 스승으로서 거듭나게 하리라.

---

12) 「위대한 교사로서의 석가모니」, 앞의 논문, p.21.

3. 스승의 인류 구원 사명

  "교육의 위대한 지침"이 인류의 보편적인 구원 목적에 있고, 스승의 궁극적인 가르침 초점이 인간의 영혼을 선도하는 데 있는 것은 그 이유가 무엇인가? 왜 교육이 송두리째 하나님이 부여한 명령 자체인가 하면, 하나님에게 있어 인간은 최고의 관심이고, 존재인 탓이다. 그만큼 하나님은 태초에 천지 만물을 창조하되, 인간을 한 중심에 두었고, 사랑한 인류를 보위하기 위해 모든 역사를 단행하였다. 그런 목적으로 인류를 창조하였지만, 그로써 모든 역사가 끝난 것은 아니다. 마치 부모가 자식을 낳아서 양육하듯, 보살피고 이끌어 종국에는 화합하고 일체화시키길 원하였다. 그만큼 인간은 하나님이 사랑한 최고의 가치적 존재로서, 뜻 안에 있는 자녀를 끝까지 책임져 수렁에 빠진 영혼을 건져내고자 하였다. 그런 창조 목적의 제일 정점에 선 것이 인류인 탓에, 예수그리스도가 뜻을 받들어 "너희는 천하에 다니며 만민에게 복음을 전파하라(막, 16: 15)"라고 하였다. 그 이유는 오직 한 가지, 하나님에게는 인간이 가장 소중한 존재로서 무엇 하나 잘못되면 안 되는 자녀이기 때문이다. 그래서 지상 최고의 목적체인 인류를 종말 상황으로부터 구원하기 위해 역사의 전면에 나서야 하는 것이 스승 된 자가 받들어야 하는 하나님의 명령이다. 하나님은 창조 이래로 오직 한 가지, 사랑한 인류를 위해 역사를 주관하였고, 가르침을 통해 방황하는 영혼을 선도하였다. 이런 인류 사랑과 한결같은 구원 의지를 이 땅의 스승들이 지고한 사명 의식으로 받들어야 한다. 인류는 지금 하나님의 뜻을 망각하고, 하나님의 품 안을 떠나 인생적으로 방황하고 있고, 영혼적으로 고통받는 아우성이 도를 넘어섰다. 이런 애통 상황을 직시함으로써 스승이 앞장서 위기를 극복하는 것이 바로 하나님의 뜻을 받든 **"스승의 인류 구원 사명"**이다. 옛 선지자들이 하나님의 뜻을 자각하고 일어섰듯, 이제는 스승이 역할을 대신해야 한다. 스승은 "진실을 말하고 진실을 지켜나갈 의무를 절감한 진정한 사회 정의의 기준으로서",[13] 하나님이 사랑한 자녀들의 비참한 현실을 외면할 수 없다. 깨어 있는 의식으로 피폐한 영혼을 가르침의 역사로 구원하고자 하는 사명감에 불타야 한다. 가르침을 인류를 구원하고자 한 세계적 사명으로 삼아야 하나니, 그리하면 하나님이 이루고자 한 인류의 보편적 구원 목적이 실현된다. 이 어찌 하나님의 뜻을 대행한 선지자적 소명이 아닌가? 스승이 인류를 구원할 사명을 자각하는 것은 하나님이 인류 역사를 통해 한시도 쉬지 않은 구원 섭리 대명을 받드는 것이다. 인류 구원 섭리는 어떤 시대적 상황 속에서도 추진되었고, 이어졌다. 연면한 역사 과정에서 구원 섭리를 수행한 수많은 주체가 세워졌는데, 그 역할을 오늘날은 스승이 통합적으로 주관해야 한다. 그것이 스승에게 내려진 하나님의 命이다. 하나님은 인류를 가르칠 스승을 천하 만민을 구원할 사명자로서 앞세웠다.

그만큼 스승의 인류 사회에 대한 기대 역할은 막중하거니와, 이것은 지난 역사 속에서 지속해서 추진한 하나님의 인류 구원 섭리 역사를 계승해서 완수하는 것이다. 즉, 불교적 전통은 수행하는 목적이 깨달음을 얻는 데 있지만. 그렇게 해서 독각(獨)하는 것만으로 수행한 존재 목적을 완전하게 달성하는 것은 아니다. 세상은 깨달은 자만 홀로 존재할 수 없고, 그렇게 구성되어 있지도 않다. 불교가 이루고자 한 최종 목표인 불국토를 건설하기 위해서는 성문(聲聞), 독각(獨覺)에 이어 보살(菩薩)=다른 이를 깨

---

13) 『실패한 교육과 거짓말』, 앞의 책, p.28.

닫게 함) 등 삼승을 행함으로써 실현된다. 불국토를 건설하기 위해서는 성문, 독각으로 깨달은 자가 미처 깨닫지 못한 자를 마저 깨우치게 해야 한다. 깨닫지 못한 자들을 방치하는 한, 이 땅에서의 불국토 건설은 요원하다. 이것이 곧 대승 불교의 보살 정신이자, 하나님의 보편적인 구원 섭리를 확대해 대행한 것이다. 그리고 더 나아가서는 인류 스승이 계승해야 할 통합적인 구원 사명 역할이기도 하다. 대승(大乘)이 주창한 보살의 가르침 정신은 정말 무엇인가? 모두가 깨달음을 구해서 중생을 교화하면 보살이 될 수 있다 함이고, 누구나 성불을 달성할 수 있다 함이니, 이것이 그대로 인류를 하나님에게로 인도하는 스승의 구원 역할이고, 부여된 사명이다. 인간의 깨침과 본의 자각에는 차이가 있는 탓에(頓・漸), 이런 조건을 극복할 수 있도록 하는 것이 스승의 가르침 역할이다. 그리하면 인류는 정말 한 영혼도 빠짐없이 구원될 수 있다. 전적으로 스승의 사명 인식과 사랑을 다 한 열정과 위대한 교화 가르침 탓이다. 왜 어리석음의 이 언덕에서 깨달음의 전 언덕(피안)으로 가는 가르침의 수레가 소승에서 대승으로 확대되고, 부처의 근본 가르침인 중생의 성불을 위해 노력한 일군의 지도자들이(보살) 나타났는가? 그리고 중생과 함께하는 보살의 길을 걸으면 결국 부처처럼 될 수 있다고 믿었는가?[14] 하나님의 보편적인 인류 구원 목적을 대승 불교가 수행한 것이다. 그 섭리 의지를 오늘날은 스승이 더 확대된 가르침 사명으로 계승해야 한다. 구원 섭리의 대행 역사는 불교의 전통 안에서만 있었던 것이 결코 아니다. 유교의 가르침, 기독교의 가르침, 성현의 가르침이 모두 그러하였다. 전통이 다른 문화권 안에서 각자가 인류 구원 섭리를 대행한 것이라면, 인류 사회가 지구촌을 이룬 오늘날에는

---

14) 「한 권으로 읽는 팔만대장경」, 대승삼장 편.-네이버.

스승이 사명 수행 배턴을 통합적으로 이어받게 되었다. 따라서 스승의 가르침은 역사상 인류 영혼을 가장 객관적, 합리적, 포괄적으로 구원하는 방법이다. 이 땅에서 중추적인 역할을 담당할 구원의 사도, 곧 하나님의 인류 구원 뜻을 자각해서 사명을 수행하는 스승의 세움 역사가 본격적으로 펼쳐져야 하리라.

제16장 스승 가르침론

1. 스승의 본, 성인

인류의 보편적 구원 대명을 수행해야 할 스승도 스승답기 이전에는 스승이 되기 위한 상구(上求) 과정, 곧 소정의 배움과 수련 과정을 거쳐야 하고, 누군가로부터 가르침을 받아야 하는데, 그분이 인류의 영원한 스승인 성현의 가르침이다. 만 스승의 本은 성인이니, "역사상 성인은 가르치는 사람, 곧 스승(교사)이었고, 성현들은 적어도 한때는 스승이었다."[1] 현재의 교사는 자격을 갖춘 전문적인 지식과 기능을 가르치고 있지만, 옛 성현들은 인류의 영혼을 일깨운 가르침의 역사를 펼쳤다. 그 전통 맥을 이어받은 오늘날의 스승들도 앞서 남긴 성현의 정신 혼과 교감하고 인격성을 본받아 존엄한 인류 교화 역사를 계승해야 한다. 이전까지는 성현의 말씀을 생명 있는 진리의 가르침으로 받들었는데, 시대가 변한 지금은 잊히고 사장되어 버렸다. 성현의 말씀은 영원한 진리로서 결코 헛되지 않나니, 그 말씀과 지혜와 교화 정신을 오늘의 스승들이 인류 영혼을 일깨울 생명의 진리로서 부활시켜야 한다. 교화 정신을 본받아 하나님이 사랑한 인류를 한 영혼도 빠짐없이 구원함을 시대적 사명으로 받들어야 한다.

성현의 말씀은 오랜 세월 속에서도 굳세게 전승된 진리로서 위대한 가

---

1) 『교사의 전문성』, 오욱환 저, 교육과학사, 2006, p.172.

르침일진대, "성인은 人心으로 萬心을 보고, 一身으로 萬身을 보며, 一世로서 萬世를 보는 분이다. 성인의 마음은 하늘의 뜻[志]을 대신하고, 성인의 입은 하늘의 말[言]을 대신한다."[2] 성인의 가르침이 남다른 것은 하늘의 뜻과 교감하고 소통해서 깨달은 말씀이기 때문이다. 하늘의 뜻을 알고 간파한 탓에 성인의 가르침은 차원이 다른 진리 세계를 지침한다. 성인의 사명은 만인을 향해 하늘의 뜻을 선포하고 만인을 위해 하늘의 뜻을 교화(가르침)한 데 있다. 성인이 세상 법도를 세우는 데 앞장선 것은 혼돈된 세상 질서를 바로잡아 인세를 구원하기 위한 하늘의 뜻이었다. 천의(天意)를 인지한 탓에 "성인은 양지즉천리(良知卽天理)를 구현하기 위해 밥 먹는 것조차 잊고 주어진 열정을 모두 바쳤다."[3] 천지 만물을 한 몸으로 여기는 仁의 정신을 몸소 구현하였으니,[4] 그것이 곧 하나님이 발현한 천지 창조 뜻으로서 천지 만물과 일체 되고 창조 뜻과 일치된 마음으로 천하를 교화하였다.[5] 이런 성인의 정신 경지를 오늘날의 스승들은 때가 되어 밝힌 하나님의 창조 본의를 받듦으로써 인류를 가르침으로 구원할 교화 역사에 앞장서야 한다.

그 성인의 가르침 중에서도 오늘의 스승 된 자가 본받아야 할 제일의 本은 살신성인(殺身成仁) 정신이다. 노자는 "성인은 無爲의 경지에 서서 말 없는 가르침을 행한다(不言之敎)"[6]라고 하였다.[7] 참으로 성인은 살아서

---

2) 「역사이해에 관한 기론적 고찰」, 김도종 저, 원광대학교 대학원, 불교학과, 박사, 1987, p.145.

3) 『전습록』, 하, 황직록.

4) 『주자와 왕양명의 교육 이론』, 앞의 책, p.168.

5) 『왕양명과 양명학』, 유명종 저, 청계, 2002, p.133.

6) 『노자 도덕경』, 제2장.

7) 『논어』, 위령공 편.

하늘의 뜻을 이루기 위해 가르쳤지만, 죽으면서도 하늘의 뜻을 이루고자 하였고, 죽음을 통해서도 하나님의 메시지를 전하고자 하였다. 그래서 공자는 인준하길, "뜻이 높은 선비와 仁한 사람은 살기 위해서 仁을 해치지 않고, 죽어서도 仁을 이룬다"[8]라고 하였다. 알다시피 부처는 6년간의 고행 끝에 깨달음을 얻었고, 이후로 열반에 들기까지 설법하는 데 모든 삶을 바쳤다. 마지막 숨을 거두면서도 중생을 향해 교화 메시지를 남겼다. 수행에 전념한 스님들이 깨달음은 얻었다고 하면서도 覺한 이후로 세상을 향해 가르침을 펼치는 데 적극적이지 않은 전통과 대조된다. 覺한 자는 반드시 중생을 향해 교화하기를 마다할 수 없는 가르침의 사명이 있다. 서양 정신의 시조인 소크라테스는 인류가 추앙한 성인인 바, "그의 신념 어린 죽음의 선택은 전 아테네 시민을 교육했을 뿐 아니라, 오늘날까지 인류를 교육한 가르침의 메시지를 남겼다."[9] 가장 강인한 살신성인 本은 십자가에 못 박혀 죽임을 당하면서도 인류의 죄악을 대속한 예수그리스도이다. 죽음이란 本을 통해 하나님의 뜻을 이루었다.

예수가 살아생전에 하나님의 뜻을 간파한 성인으로서 행한 주된 역사 형태는 말씀으로 하나님의 백성을 교화하는 일이었다. "복음서에서 예수가 '가르쳤다'라는 말이 담긴 구절은 총 54번 등장하는데, 이것은 예수가 공적 사역을 시작하면서부터 죽을 때까지 공생에 전반에 걸쳐 나타남을 보인 것이다."[10] 천국에 관한 메시지와 하나님의 인류 구원 뜻을 전하고 가르치는 것이 주된 사명 역할이었다. 부처란 명칭도 "모든 法의 진리를

---

8) 『논어』, 위령공 편.

9) 『교육의 역사 및 철학적 기초』, 앞의 책, p.55.

10) 『가르침과 배움의 철학』, 앞의 책, p.159.

깨닫고(自覺), 중생을 교화하는 각타(覺他)의 二行을 원만히 성취한 분이
란 뜻이다."[11] 즉, 스스로 깨달음과 동시에 다른 사람도 깨닫게 함이다. 자
각하는 과정도 중요하지만, 성인으로서 행한 주된 사명의 본업은 설법으
로 중생을 교화해 창조법을 전한 인류 구원 사명에 있었다. 이 교화 정신
을 받들어 창립된 불교는 Buddha(覺者)의 가르침인 바, 그를 통해 우리는
2600년 전, 한 탁월한 인격적 교육자(성인)에 의해 시작된 인류의 스승다
운 위대한 本을 볼 수 있다.[12] 성인의 교화 전통과 가르침은 비단 특정 믿
음을 가진 신앙인이 아니더라도 인생 삶의 위대한 本이 되거니와, "코메니
우스는 인간의 참된 스승인 예수그리스도를 본받아 그분의 삶을 따라가는
것을 교육으로 보았다."[13]

그러므로 하나님이 천지를 창조하고 인류 역사를 주관한 뜻을 알고, 교
육 위에 내린 준엄한 보편적 구원 목적을 자각한 오늘날의 스승은 "그 몸
이 바르면 명령하지 않아도 행하고, 그 몸이 바르지 아니하면 비록 명령을
내려도 좇지 않는다(『논어』)"라고 한 공자의 말씀처럼, 영원한 인류의 스
승 된 성현의 가르침과 교화 정신을 본받아 가르침의 역사 혼을 되살려야
한다. 하지만 옛 성인은 하늘의 뜻을 전하고, 진리를 구하여 새로운 문명
세계를 개창하기는 하였지만, 태초의 창조 목적이 그러하듯, 세계를 완성
하고 뜻을 구현한 것은 아니다. 수많은 영혼이 하나님이 강림한 역사 사실
을 몰라 분열되어 있고, 방황하는 삶을 사는 만큼, 이 땅의 스승들이 일어

---

11) 「대승불교의 불신관에 관한 연구」, 앞의 논문, p.34.

12) 「법화경의 교육 철학적 연구」, 앞의 논문, p.2.

13) 「코메니우스의 대교수학 연구」, 임용덕 저, 고려대학교 교육대학원, 교육사 철학, 석사, 2016,
p.31.

서 성인이 세운 법도를 통일하고, 완성해서, 하나님의 보편적인 인류 구원 섭리 목적을 실현해야 하리라.

2. 가르침의 본질

요즘 학생은 스승다운 가르침이 부족한 교육 환경 속에서 배움을 이어가는 안타까운 현실을 겪고 있다. 옛날에는 배움의 수수 방식이 스승의 말씀을 들어서 깨닫는 것이 전적인 과정이자 작용이었다. 참고할 교재마저 변변찮은 여건 속에서 오직 스승의 말씀을 받들고자 한 열정과 정성과 집중력으로 가르침에 의존하였다. 여기서 인격적 교감이 있었고, 가르침을 통해 스승이 쌓아 올린 차원적인 경륜이 함께 전수될 수 있었다. 깨달아 일군 놀라운 지혜와 차원적인 진리 말씀을 듣고 배울진대, 생명력 있는 정신 혼을 전수 받고 체감한다는 점에서 충분히 인생을 투신해서 받들 만한 가치가 있었다. 가르침을 본분으로 삼은 스승은 이런 측면에서 스스로 道를 구한 데 머문 독각(獨)자와는 차원이 다른 사명을 지녔다. 자신의 성불을 목적으로 수행하는 자와(소승), 타인의 성불을 돕기 위해 수행하는 자는(대승) 인생 본질이 다르듯, 깨우친 앎에 그치지 않고 타인까지 깨우치고자 하는 것은 전혀 평범하지 않은 위대한 본분이다. 제자를 깨닫도록 가르치는 데 스승의 예사롭지 않은 가르침의 본질이 있다. 스승은 자신이 터득한 앎을 제자에게 전달하는 데 그칠 수 없다. 지적했듯, 자신이 옳다고 여겨 정한 규정 틀 안에 학생의 행동 전반을 집어넣어 고치려고 해서는 안 된다. 가르침의 숭고한 본질은 진리 세계와 인생길에 대해 무지한 제자를 깨우쳐 장래를 열어 갈 수 있도록 길을 밝히는 것이다. 직접 깨달을 수 있게 하려고 지혜를 모으고 방법을 세워야 하는 것이 참 **"가르침의 본질"**이다. 이를 위해 스승은 제자 앞에서 먼저 자신이 어떻게 진리를 구하였고, 무엇을 깨우쳤고, 얼마만큼 이루었는지를 밝혀야 한다. 그러지 않고 가르치는 것은 스승다운 正道가 아니다. 자신은 이 같은 진리를 알고 세계를 알고 있는데, 여러분은 그것을 모르고 있다. 그래서 어느 단계까지 성취시키고자 한다. 혹은 자신은 이만한 단계까지 도달했는데, 목표를 세우면 어느 수준 이상까지 능가할 수 있게 되리라 등등. 예측할 수 있는 경지 세계를 실감할 수 있도록 해야 한다. 상호 교감과 소통으로 이해시킨 상태에서 가르침을 펼쳐야 한다. 교육의 위기를 거론할 때마다 흔하게 언급되는 말이 '스승 부재' 혹은 '학교는 있어도 스승은 없다'라고 하는데, 왜 수많은 교사가 학교에서 교육을 위해 헌신하고 있는데도 한탄스러운 비판이 있는가?[14] 이유는 오직 한 가지, 교사로서 자신의 앎을 전달하고 성취 여부를 평가하는 데만 전념한 탓이다. 배우는 자의 처지에서 어떻게 하면 이해할 수 있게 할 것인가에 대해 고심하고, 관심을 쏟는 데서 전수하는 것 이상의 인격적 교감과 진리혼, 제자 사랑이 더해진다.

언급했듯, 육조 혜능은 오조 홍인의 가르침 가운데서 단박에 自性을 見性한 깨달음을 얻었다고 고백하였다. 스승인 홍인 대사는 다른 사람이 눈치채지 못하게 가사(袈裟)로 문과 창을 가려서 정신적인 안정을 취할 수 있는 환경적 조건을 갖춘 후에 제자 혜능에게 『금강경』을 설파하기 시작했다. 그리하여 "마땅히 머무는 바 없이 그 마음을 내라(應無所住而生其心)"란 경문을 설파할 때 혜능이 그 자리에서 즉시 일체 만법은 자기의 성

---

14) 『전통 교육의 현대적 이해』, 앞의 책, p.48.

품을 떠나지 않는다(一切萬法不離自性)란 진리를 터득하였다. 그는 스승에게 "自性은 본래부터 청정한 것이고, 自性은 본래부터 生함과 滅함이 없으며, 自性은 본래부터 원만구족하며, 自性은 본래부터 동요가 없는 것이고, 自性은 본래부터 만법을 있는 그대로 나타내는 것입니다"라고 고하였다. 혜능은 스승의 가르침을 통해 과연 무엇을 단박에 깨달은 것인가? 전해진 일반적인 해석으로서 '應無所住而生其心'이란 경문 뜻은 외재(外在)한 일체 사물, 혹은 현상은 모두 허환(虛幻)한 것이므로 반드시 일체 사물, 혹은 현상에 미련을 두거나 집착하지 말고, 자기 마음이 가지고 있는 최고의 지혜를 체현하고 증오(證惡)하라는 것인데,[15] 혜능도 그런 뜻으로 이해했다는 말인가? 아니다. 혜능이 정말 見性했다는 사실은 스승에게 고한 본래 청정한 自性의 초월적인 특성을 통해 객관적으로 확인할 수 있다. 그것을 오늘날의 지성들은 확실한 기준을 세워 판단해야 한다. 과연 혜능은 "마땅히 머무는 바 없이 그 마음을 내라"라는 경문을 듣고 무엇을 단박에 깨친 것인가? 마땅히 머무는 바 없이 마음을 내라고 함에, 실존적 조건은 현실의 조건 안에서 성립할 수 없다. 바로 창조 이전에 천지 만물을 있게 한 근원 본체의 초월적, 차원적 특성을 깨달았다. 바탕 본체의 창조적인 특성을 일컬어 自性은 본래부터 생멸 현상과 무관했고, 본래부터 원만구족(통합성 본질체)했으며, 본래부터 동요가 없었다. 즉, 하나님이 천지 창조 역사를 단행하기 이전의 몸 된 본체란 사실을 꿰뚫었다. 이 연구가 여기서 더 강조할 것은 혜능이 창조 본체의 바탕 특성을 깨달을 수 있도록 한 홍인의 가르침 역할과 조건 조성이다. 홍인은 제자 혜능이 수행 정진한 증과로 깨달음을 얻을 수 있는 준비가 갖추어진 것을 감지하고, 일체의 조

---

15) 『육조대사 법보단경』, 앞의 책, p.66.

건을 고려한 상태에서 혜능이 깨칠 수 있는 여지만 남겨 둔 채 깨칠 수밖에 없는 외통수 길로 이끌었다. 마치 수수께끼의 결정적인 힌트를 주는 것처럼, 깨달음을 유도한 위대한 가르침을 펼쳤다. 그것은 살아 있는 시공간 안에서 스승 홍인과 제자 혜능이 정신적으로 교감한 스승의 계획된 가르침으로서, 성령의 역사가 함께한 정신 역사의 금자탑이다. 스승 홍인은 가장 무르익은 때에 제자 혜능이 자신보다도 더 큰 깨달음을 얻도록 잠재되고 충만한 영적 근기를 활짝 일깨웠다.[16] 이것이 위대한 스승의 가르침 역사이고, 스승이 지닌 위대한 **"가르침 본질"**이다. 제자는 스승에게 무엇을 구해야 하고, 스승은 제자에게 어떻게 가르쳐야 하는가? **제자는 스승에게 삶의 경험과 현실 속에서 인생의 지혜를 구하고, 스승은 제자에게 그 같은 지혜를 구하는 길을 가르치는 것이다.** 그것이 진정한 가르침의 본질이다. 하지만 이런 가르침을 제대로 적용하고 실현하고 있지 못한 것이 현실일진대, 궤도를 벗어난 교육 제도와 체제는 본령과 일치될 수 있도록 개혁되어야 하리라. 스승 된 자와 제자 된 자가 함께 뜻을 합쳐 본래의 교육목적에 맞도록 매진해야 하리라.

3. 사제동행 교감 문화

학교 선생님은 학생을 가르침의 대상으로 삼고 있지만, 오늘날 하나님으로부터 부름을 받은 스승은 전 인류를 대상으로 삼아 그들을 빠짐없이 깨우쳐 구원의 문으로 인도하기 위해 세움을 입은 사명자이다. 만 인류를

---

16) 『육조단경(조계의 불창)』, 채지충 저, 김현진 역, 두성, 1988, p.107.

제자로 삼고, 그들과 생사고락을 함께해야 한다. 원칙적으로 제자 없는 스승 없고, 천의를 받든 스승의 가르침 없는 인류 구원은 없나니, 예로부터 "가르치는 자와 배우는 자와의 만남이"[17] 가장 큰 정신 역사를 이루었다. 스승과 제자 간의 끊임없는 정신 교보를 통해 위대한 사도(師道)의 길이 개척되었다. 전통적인 사제 관계는 스승과 제자가 이상적인 목표를 향해 함께 나아간 동반자이지 일방적인 위계 관계가 아니었다.[18] 스승과 제자는 진리를 향해 공동의 목표를 성취하는 동행자 관계 형성 과정에서 진리에 대한 교감과 인격에 대한 공감을 자연스럽게 이루었다.

스승은 가르침을 통해 진리를 일구는 존재로서 평생을 진리와 함께, 제자와 함께, 가르침과 함께하면서 제자 앞에서 진리 세계를 선도하는 자로서의 모습이었다. 스승 자신의 인생 꿈을 자기 가슴이 아닌 제자의 가슴 속에 깊이 묻었다. 먼 인생길을 먼저 걸은 스승은 제자에게 하늘의 뜻을 받든 근본 된 도리를 가르쳤고, 인류가 나아갈 역사 방향을 지침했다. 이런 사제동행 교감 정신을 이어받은 오늘의 스승은 인류를 제자로 삼아 미래 역사에 있어서도 새로운 사제동행 교감 문화와 구원 문명을 창달할 수 있어야 한다. **"사제동행 교감 문화"**는 과거의 한때 있었던 한시적인 전통이 아니고, 미래 역사에 있어서도 계승되어 시대 정신에 맞게 부활해야 하는 것이 종말을 맞이한 현대인의 지상 과제이다. 그렇게 하기 위해서는 부름을 받은 스승이 먼저 하나님의 뜻에 따라 인류 영혼을 구원하기 위해 내림했던 옛 성인의 정신 혼을 사숙(私淑)한[19] 사제 관계를 구축해야 한

---

17) 『남명 조식의 교육 사상』, 앞의 책, p.7.

18) 『전통 교육의 현대적 이해』, 앞의 책, p.68.

19) 사숙 : "私는 私事로울 사 자요 淑은 밝을 숙, 사모할 숙 자이다. 사숙은 직접 가르침을 받지는

다. 마치 맹자가 공자를 사숙함으로써 직접 가르침을 받든 제자들보다도
더 스승의 가르침을 발전시킨 후계자가 되었듯, 사숙한 사제 관계 형성으
로 인류의 이상을 구현하는 것은 시대와 시공을 초월해서 계승해야 한다.
공자는 춘추 시대의 사상가이고 맹자는 전국 시대의 사상가이다. 공자가
세상을 떠난 것이 기원전 479년이고, 맹자가 태어난 것이 기원전 372년
이다. 맹자는 공자보다 107년 후의 사람이다. 그래서 공자의 손자인 子思
의 제자한테서 가르침을 받았지만,[20] 공자를 이은 아성(亞聖)으로써 성인
의 반열에 올랐다. 사숙을 통한 사제 관계 형성이 오늘날 가르침으로 구원
의 사명을 받든 스승에게 있어서도 이루어지지 못하리란 법이 없다. 인류
구원 사명과 교화 정신과 가르침 법을 전수 받아야 하나니, 그래서 성인은
뭇 스승의 영원한 本이다. 성인을 사숙하여 구원을 위한 위대한 가르침의
혼을 되살려야 한다.

　성인은 가르침으로 인류 문화를 선도하였고, 뜻을 받든 제자들에 의해
인류 문명이 새롭게 창조되었다. "베드로가 갈릴리호반에서 그리스도를
만났을 때, 아난(阿難)이 베나레스 숲속에서 석가를 만났을 때, 플라톤이
아테네 거리에서 소크라테스를 만났을 때, 안연(顏淵)이 곡부(曲阜)의 학
당에서 공자를 만났을 때, 그들은 모두 위대한 사명자로 다시 태어났고,"[21]
새로운 세계를 건설할 이상에 불탔다. "동서고금의 위대한 문화 전통이라
고 할 만한 것에서는 어디서나 탁월한 스승상이 본보기인 사제 관계를 형

않았지만, 스스로 그 사람의 인격과 德을 사모하고, 높이 우러러보며, 道와 진리를 본받아 배우
는 것이다."-『철학의 즐거움』, 앞의 책, p.138.

20)　위의 책, pp. 138~139.

21)　『때를 알아라』, 앞의 책, pp. 232~233.

성해 왔다."[22]

앞으로 도래할 새 시대, 새 질서, 새 문명도 성인의 가르침을 本으로 굳게 결속한 사제 문화를 주축으로 열어야 하나니, 인류 역사 가운데 교육이 담당한 역할은 전 시대의 문화를 후 시대에 전달한 것은 물론이고, 그 시대의 문화를 창달하고 이끈 핵심 동력이었다. 고대, 중세, 근대를 구분 짓는 데도 요인은 교육이 제공하였고, 교육 때문에 시대가 갈라졌다. 중세 사상은 기독교 사상을 바탕으로 그리스 철학을 섭취함으로써 융합한 사상이며, 사상과 문화를 형성한 몸통은 끊임없이 배출한 교육자와 교육의 힘에 의해서이다. 사상가는 교육을 통해 선도적인 정신 에너지를 산출하였고, 교육을 통해 문화 에너지로 승화, 확산시켰다. 인류 문화를 이끈 성인, 사상가가 동시에 문화 창달에 공헌한 교육자였다는 사실은 교육의 문화사적 기능을 대변한다. 새 문화를 창달하고 새 시대를 연 중심에는 언제나 스승과 제자 간의 인격적인 만남이 있었다. 인류 역사는 어쩌면 뭇 인간관계 중에서도 스승과 제자와의 만남이 이룬 교육사가 아닌가 할 정도로 **스승 없는 문화 계승과 스승의 가르침을 받든 제자 없는 문화 창달은 없었다.**

알다시피 플라톤은 소크라테스가 신념을 위해 독배를 마신 인격에 감화되어 그의 저술 가운데 스승의 이름을 도배하다시피 했는데, 그렇게 해서 이룬 사상이 서양 문명의 정신적인 기반을 이루었다. 사도들은 예수그리스도가 인류의 죄악을 짊어지고 십자가에서 죽음을 맞이하고 부활한 모습을 보고 기독교를 일으켜 세웠다. 공자는 제자를 삼천 명이나 두었다 하며, 부처의 제자들은 스승의 설교와 사상을 한마디도 헛되이 하지 않고 새

---

22) 『전통 교육의 현대적 이해』, 앞의 책, p.49.

겨 팔만대장경을 이루었다. **"사제 교감 문화"**가 사실상 오늘의 인류 문명을 있게 한 역사의 추진 원동력이었다. 인류 문화는 훌륭한 스승과 그 스승을 지극하게 공경한 제자들에 의해 전수되고 창조되었다. 공자나 예수나 부처나 소크라테스는 자체 저술은 남기지 않았지만, 스승을 존경해 마지않은 제자들에 의해 위대해졌다. 기반이 정말 어디에 있다고 생각하는가? 스승의 인격을 믿고 지극히 공경한 탓이다. 그렇게 받들지 않았다면? 오늘과 같은 인류 문화는 다시없다.

어찌하여 인류 문화가 스승과 제자 간의 전승으로 형성된 것인가? 부모와 자식 간에서는 이루어지기 어려웠는가? 부모와 자식 간에는 富가 이전되고 권력은 계승되었지만, 지혜로운 정신은 전달되지 못했다. 부모는 자식에게 왕관과 재산은 물려주었어도 가르침을 통해 정신문화는 창조하지 못했다. 부모는 자식에 대한 사랑은 지극하되 가르침에 대한 훈도(訓道)가 부족했다. 사랑은 소중한 것이지만, 사랑만 가지고서는 교육이 될 수 없다. 그래서 옛날 서당의 훈장은 제자에게 회초리를 들었다. 스승의 가르침은 엄정하나니, 자신들이 처한 현재의 방식으로 이해할 수 없다고 해서 거부할 수 없다. 마음을 다해 새겨야 스승과 제자 간에 새로운 문화를 창조할 수 있다. 거듭 강조해, 소크라테스의 제자인 플라톤은 서양 문명의 기틀을 이루었고, 맹자는 어릴 때부터 공자를 숭상해 사상을 발전시켰고, 유학을 후세에 전하는 데 큰 영향을 끼쳤다. 사도인 베드로나 바울과 같은 제자가 없었다면 오늘의 기독교는 없다. 방대한 불경은 부처의 사후에 말씀을 기억한 불제자에 의해 집대성되었다. 스승과 제자 간의 가르침과 배움과 인격적인 교호로 오늘의 학교가 다시 살아나고, 인류의 정신문명이 부활하며, 약속된 천국을 이 땅에서 건설해야 하리라.

제6편

신인 관계론

    인간은 창조물 중 최고로 드높여진 은총과 축복을 받았다고 자부하였지만, 어디까지나 하나님의 형상으로 지음 받은 최고의 피조물이란 믿음일 뿐이다. 神과 인간 간을 범접할 수 없는 종속 관계로 설정하였다. 여기에 결정적인 곡해가 있었다. 첫 단추를 잘못 끼운 신인 관계론은 아담과 이브의 후손을 모두 타락한 원죄자로 몰아 하나님과 인간 간을 원천적으로 이격시켜 버렸다.

제17장 개관

하나님이 태초에 직접 몸을 내어 천지 만물과 인간을 창조함으로써 하나님과 인류는 떼려야 뗄 수 없는 천륜(天倫)지간으로 맺어졌다. 그런데도 유구한 세월이 흐른 오늘날은 근본적인 뿌리를 잊어버리고 무도(無道)를 자행하고 있다. 하나님의 모습이 불분명한 만큼이나 인간과 하나님과의 관계가 명확하게 정리되지 못했다. 그런데도 창조 이래 한순간도 놓침 없이 하나님이 교육을 통해 인간의 의식을 개명시킨 것은 최대한 인류가 하나님의 뜻을 이해하여 신인 간 관계를 정상화하기 위해서였다. 그래서 이 연구는 "세계교육론"을 통해 섭리 뜻을 대행했거니와, 그 중차대한 역할로서 인류가 지난날 하나님을 잘못 안 무지를 깨우쳐, 어긋날 대로 어긋난 신인 관계를 회복하고자 한다. 그 목적을 실현하기 위해 이 연구는 크게 **"하늘 문을 여는 길"**과 **"하나님에게 이르는 길"**을 지침하고자 하거니와, 소통로부터 터야 하나님의 모습을 찾고 알아 함께한 길을 열 수 있다. 지난날 가로막힌 하늘 문을 열고, 하나님에게 이르는 길을 트는 것은, 이 연구가 교육론을 통해 수행해야 하는 지침 중 최고의 지침이고, 완수해야 하는 최종 목적이다. 이제는 모든 때가 당도했고, 이를 위해 길을 완수한 만큼, 인류를 하나님에게로 인도하기 위한 기반 작업으로서 모든 길을 지침하고자 한다.

무신론이 팽배한 현대 사회에서는 하나님과 인간과의 관계가 소원해질

대로 소원해져 버렸지만, 과거에는 그렇지 않았다. 동서양을 막론하고 하늘과 연관을 가지지 않은 문명이 없었다. 인류는 앞장서 하늘과의 긴밀한 교감 관계를 원했고, 인간이 가진 모든 것을 바쳤다. 사실상 "하나님은 인간에게 있어 제일 가까운 관계였다."[1] 믿음과 신뢰를 바쳤고, 적극적으로 다가가길 원했다. 제전, 제사, 제물로 하늘의 뜻을 살폈고, 신앙심도 굳세어 "善을 행하는 자에게는 하늘이 복으로써 이를 갚고, 不善을 행하는 자에게는 하늘이 화로써 갚는다"[2]라고 믿었다. 하지만 이런 신앙 관계가 정상적인가 했을 때는 재고할 여지가 있다. 소원만 한 것도 문제이지만, 긴밀하더라도 어떻게 관계를 맺고 있는 것인지를 따져보아야 했다. 관계 설정을 잘못한 탓에 그것이 신인 간을 소원하게 만든 원인으로 작용했다. 성경은 하나님이 태초에 인류를 자체의 형상대로 창조하였다고 밝혔는데도 이것을 수용한 기독교는 그 뜻을 잘못 이해해 결과적으로 본의와 크게 어긋났다. 인간은 창조물 중 최고로 드높여진 은총과 축복을 받았다고 자부하였지만, 어디까지나 "하나님의 형상으로 지음 받은 최고의 피조물이란 믿음일 뿐이었다."[3] 神과 인간 간을 범접할 수 없는 종속 관계로 설정해 버렸다. 여기에 결정적인 곡해가 있다. 첫 단추를 잘못 끼운 **"신인 관계론"**은 아담과 이브의 후손을 모두 타락한 원죄자로 몰아 하나님과 인간 간을 원천적으로 이격시켜 버렸다.[4] 주된 원인은 창조된 본의를 알지 못한 탓

---

1) 『한국 교육 철학의 새 지평』, 앞의 책, p.102.

2) "子曰, 爲善者 天報之以福 爲不善者 天報之禍."-『명심보감』, 계선 편.

3) 「코메니우스의 대교수학 연구」, 앞의 논문, p.31.

4) "기독교에서는 양심의 가책과 神에 대한 부채 의식이 결합하면서 인간은 神에 대한 무한한 부채, 즉 神에 대한 죄를 갚을 수 없을 정도의 죄인이라는 사상이 탄생함."-『니체의 도덕학 계보』, 한국 철학사상연구회 기획, 박찬국 글, 신영환 그림, 삼성출판사, 2007, p.85.

이다. 기독교는 피조물인 인간과 하나님을 확실하게 구별하였고, 하나님은 시공간과 세계를 초월해 있다고 하였다.[5] 본의를 모른 탓에 초월적인 창조주와 말미암은 인간 간에 연결된 고리를 찾지 못했다. 그래서 기독교 신앙 안에서는 신인 간이 도무지 하나 될 수 없다고 여겼다. 하나님은 창조주이고 인간을 피조물로 규정한 창조 교리 탓이다.[6] 이처럼 비정상적 관계를 끝내 파기시키고자 한 인간적인 몸부림의 역사가 르네상스 운동이었다고나 할까? "르네상스의 휴머니즘은 神 앞에 굴복하는 인간에 대한 거부 정신이다. 중세의 절대자 神에게 인간의 권리를 양도하고 인간의 주체성을 포기시킨 신본 사상에 대한 인간의 재확인 또는 인간의 재창조를 의미한다."[7] 또한 한편으로 신인 간의 관계를 끊고 인간만의 주체성을 내세운 것도 문제이다. 神人 간 관계를 단절시키고, 인간은 神이 아니라 자연으로부터 생겨났다는 방향으로 선회하고 말았다.[8] 악순환이 반복된 것은 역시 하나님을 바르게 볼 수 있는 안목이 없고, 하나님을 보았다고 하는 자들도 앎을 바르게 전달하지 못했다. 교육으로 지침하지 못했다.

역시 플라톤이 말한 동굴 안 죄수의 비유는 좋은 상징 사례이다. 나면서부터 어두운 동굴 안에 갇혀 생활한 죄수 중에서 한 명이 탈출에 성공하여 태양, 즉 善의 이데아는 보았지만, 동굴로 돌아가 동료들에게 자신이 본 세계를 알리는 데는 실패하였다. 마찬가지로 선천의 한계적 조건 가운데서도 하늘 문을 넘나든 사람은 있었지만, 역사상 소수에 불과했고, 본 것

---

5) 『사람이 알아야 할 모든 것, 철학』, 앞의 책, p.132.

6) 『최제우의 동경대전, 』, 한국철학사상연구회 기획, 김원열 글, 정우열 그림, 삼성출판사, 2007, p.55.

7) 『루소의 교육론 에밀』, 앞의 책, p.13.

8) 「순자의 교육 사상 연구」, 앞의 논문, p.24.

을 제대로 알리지도 못해 보편적인 이해가 따를 수 없었다. "모세와 바울은 직접 하나님을 만난 사람이고, 산 체험을 바탕으로 새로운 신인 관계를 정립하였다."[9] 하지만 더 나아가 체험한 사실을 기반으로 인류가 함께 걸을 수 있도록 길을 보편화시키지는 못했다. 경험한 역사적 사실이 너무 특별한 탓에 하나님이 존재하지 않아서가 아니고, 교화 노력과 이해 부족으로 신인 관계가 소원해져 버렸다. 보편화시켜야 신인 관계를 회복할 수 있고, 그렇게 해야 어긋난 인류 역사가 하나님의 뜻 안에서 정상화된다. 모든 백성이 성인의 경지에 이르고, 모든 중생이 아라한의 경지를 얻고자 염원한 것 같이,[10] 모든 인류가 구원될 수 있도록 천도문을 활짝 개방해서 하나님에게로 나아갈 大道를 마련해야 하리라.

---

9) 「모세의 신관과 바울의 신관 비교 연구」, 김상래 저, 삼육대학대학원 신학과, 성서신학, 석사, 1982, p.11.

10) 『성서와 한국민담의 비교 연구』, 박정세 저, 연세대학교 출판부, 1996, p.191.

제18장 하늘 문을 여는 길

1. 천문의 개방성

천국은 어디에 있는가? 세상을 善하게 살고 하나님을 믿다가 눈을 감으면 갈 수 있는 곳인가? 그렇게 하면 천국 문에 도달할 수 있는가? 하나님이 계신 하늘 문에 이르기 위해서는 어떻게 해야 하는가? 하늘 문(天門)을 열어야 하나님을 뵐 수 있고, 하늘 문에 이르는 길을 알아야 그곳으로 갈수 있는데, 하늘 문에 도달하는 길과 방법을 아는 자 누구인가? 하늘 문이 어디에 있고, 어떻게 가야 하며, 도달해서 문을 열기 위해서는 어떻게 해야 하는가를 세상 어디서 누구에게 물어보아야 하는가? 옛날 이스라엘 백성이 핍박받은 애굽 땅에서의 노예 생활을 청산하고 젖과 꿀이 흐르는 가나안 땅을 찾아갈 때는 모세란 영도자의 인도가 있은 것처럼, 오늘날 궁핍한 인류 영혼을 하늘 문으로 인도하기 위해서도 합당한 지침과 안내 역할이 필요하다. 모세처럼 지난 역사에서도 그 같은 역사가 없었던 것은 아니지만, 세계적인 여건상 일부 역사에 그친 탓에 대다수 영혼이 길을 찾아나섰다가 포기하거나 문 앞까지 당도했지만 열지 못해 실패하였다. 길이 험난해 모두가 자유롭게 넘나들 수 있을 만큼 활짝 개방하지 못했다. 역사상 하늘 문을 제대로 안내한 자가 없는 탓에 대다수 인류는 문이 어디에 있는지 알지 못했다. 그러니까 길이 차단되어 영혼들이 방황하고, 구원받는 자보다 버려지는 영혼들이 더 많았다. 지난날 처한 이 같은 문제 탓에, 이 연구가 모종의 길을 출발하였던 바, 그 길은 하나님을 향한 길이었고, 이르고자 한 길이며, 열고자 한 길이었다. 그리하여 바야흐로 과업을 완수한 이 연구가 가로놓인 장애를 넘어 인류 모두가 자유롭게 넘나들 수 있도록 하늘 문을 활짝 개방하고자 한다. 이것이 이 연구의 주제인 **"교육의 위대한 지침"**, 인류를 향한 최대의 지침이다.

그동안 하늘 문이 객관적으로 개방되지 못한 데는 여러 가지 이유가 있지만, 제일 큰 이유는 하나님이 어떤 분이고 거한 하늘이 어떤 곳인지 알지 못한 데 있다. 신앙인은 그렇다면 여기에 대해 얼마나 알고 있는가? 물어보면 체험한 역사가 제각각이고, 그것은 제 눈의 안경 격이다. 목회자는 하나님을 믿는 어린 양들을 어떻게 앞장서 인도했는가? 하늘 문에 이르는 길을 정확히 알고 있고, 하나님의 뜻을 온전히 알았는가? 믿음으로 기도하는 것 이외는 확인할 것이 없었다. 천지를 창조한 본의를 모르고, 인류 역사를 주관한 뜻을 알지 못한 지난날에는 누구도 하늘 문을 활짝 열 수 없었고, 이르는 길을 확실하게 알지 못했으며 진리, 세계, 역사 등 어떤 영역을 통해서도 목적을 이루지 못했다. 이 같은 조건을 한마디로 지적한다면, 신인 간에 차원이란 벽이 가로놓여 있는데, 이것을 볼 수 있는 눈을 개안하지 못한 것이다. 그러니까 노력은 해도 하나님의 모습은 보지 못했고, 보았다고 하는 자들마저 모습이 어슴푸레하였다. 이것은 선현들이 설파한 道, 이데아, 法, 空, 태극, 理氣란 근원 본체를 이해하지 못한 상태와 같은 조건이다. 깨달았다고 하는 자들도 직접 가로놓인 벽을 뚫지 못하였고, 가로막혀 있다는 사실조차 모른 탓에 존재한 세계만으로 이해하려고 하였다. 통창인 줄도 모르고 새가 날아들다가 부딪히는 것처럼, 하늘 문도 그런 차원 벽으로 존재했다.

종교 영역에서는 삶과 죽음, 神과 인간, 천국과 지옥 문제를 다루고, 이 것은 우리도 한 번쯤은 고민하는 문제이다. 그리고 이들 영역은 모두 세상 과는 다른 차원성과 깊이 연관되어 있다.[1] 그런데 누구도 이런 문제에 대 해 확실한 지침이 없었다는 것은 선천 하늘 전체가 지닌 세계관적 한계이 다. 覺者는 말하길, "空은 神이나 물질로, 또는 관념이나 언어로 실체화할 수 있는 것이 아니다. 현상 세계와 만물의 경계, 善과 惡, 有와 無, 陰과 陽 등 모든 이원화의 경계를 흔들고 녹여 사라지게 만드는 절대의 시점, 그것 이 空이다"[2]라고 했지만, 空이 현존재와는 차원이 다른 궁극적 실재라는 핵심은 간과하였다. 그것을 지적해야 누구라도 空을 인식하고 이해할 수 있는 길을 튼다. 天門도 마찬가지이다. 하늘 문은 우리와 같은 동일 공간 이 아니다. 차원의 장벽을 걷어내어야 비로소 볼 수 있다. 그런 사실을 모 르면 하늘 문을 열 수 없고 하나님도 뵐 수 없다. 세계의 무신성 판단도 알 고 보면 차원성을 간과함에 따른 한계 인식일 따름이다. 오늘날 하늘 문을 열고자 함에, 무신론 사상이 거대한 산으로 가로막혀 있지만, 그것은 결코 단단한 바위산이 아니다. 지극히 한시적인 세계관적 장애물이다. 원인을 제거하면 일시에 허물어진다. "1844년에 태어나 20세기로 접어드는 첫해 인 1900년에 죽은 니체는 자신의 시대를 일종의 과도기로 이해했다. 자신 의 시대에 와서는 자연과학, 인류학, 사회과학 등의 발달로 인해서 플라톤 적인 形而上學과 기독교의 이원론이 허구로 드러났고, 사람들도 더 이상 믿지 않게 되었다고 보았다. 이런 상태를 일컬어 '神은 죽었다'란 명제로

---

1) 『종교가 뭐예요』, 부르크하르트 바이츠 저, 신홍민 역, 양철북, 2009, p.뒤표지 글.

2) 『불교의 무아론』, 한자경 저, 이화여자대학교 출판부, 2006, p.7.

표현하였다."[3] 하지만 끝내 무너뜨릴 수 없는 바위산이 아니라는 것, 이유는 오직 한 가지, 神을 향한 안목이 하늘 문 앞에 있는 차원의 벽에 가로막힌 것이다. 불멸한 하나님은 누가 죽음을 선언했다고 해서 죽는 神이 아니다. 지극히 상징적인 명제이다. 기독교와 서양 문명 모두 차원의 벽을 보지 못한 한계성을 시인한 선언이다. 모세의 경우, 하나님을 영광 가운데서 뵈었지만, 모습을 숨겨 어떤 형상으로도 묘사할 수 없다고 하였다. 칸트도 선천적 이성 인식은 오로지 현상에서만 상관하고, 물 자체는 자체로 현실적이기는 하되, 우리에게는 인식되지 않는다고 하였다.[4] 물 자체란 무엇인가? 왜 칸트는 물 자체를 인식하지 못했는가? 물 자체 앞에 가로막힌 차원의 벽 탓이다. 알기 위해서는 방법을 달리해야 했지만, 그것이 서양의 지적 전통 안에서 불가능했다. 씨앗과 열매는 존재한 상태가 다른 것처럼, 창조된 결과체인 세계와 원인자인 神과의 관계도 그러하다. 그런데도 지난 역사에서는 통상 神과 인간을 같은 조건과 모습으로 보려고 하였다. 하지만 차원적인 차이는 분명한 것이다. 창조주 하나님은 무수한 생성 과정을 초월한 분이라 활동과 역사함이 앞서 있고(선재), 앞서 알고 (선지), 앞서 결정한다(선결). 초월적인 특성을 알고, 차원이 다른 조건을 통해서 하나님이 존재한 사실을 뵈올 수 있어야 했는데, 그렇게 시도한 자가 있었는가? 없으니까 하늘 문을 열기 어렵고, 이르는 길이 한정되었다. 현재 드러난 현상적인 모습과 이면의 본질 바탕은 존재한 형태가 다르므로, 그것을 구분해야 본질과 본체로 구성된 하나님의 모습을 보고, 하늘 문을 열어젖

---

3) 『니체의 도덕 계보학』, 앞의 책, p.24.
4) 「칸트 인식론에서 물 자체 개념에 대한 고찰」, 김민건 저, 고려대학교 대학원, 철학, 석사, 2007, p.2.

힐 수 있다. 이런 차원적인 하늘 문을 개방하기 위해 서양의 지성들이 다양한 추구로 접근 방법을 시도하였다. 수행을 쌓고 道를 구하고 깨달음을 얻고자 한 노력 등등. 이런 시도는 天門을 열기 위한 지상의 디딤돌 마련과 깊이 연관되어 있었다. 선현들은 알게 모르게 하늘의 문, 곧 하나님이 거한 차원적인 본향으로 나아갈 길을 개척한 것이라고 할 수 있다. 바로 그렇게 추구하고 시도한 방법을 오늘의 이 연구가 종합함으로써 누구라도 하늘 문에 이르는 길을 알고 문을 열 수 있게 하리라. 하나님이 뜻한 보편적인 구원 역사를 가일층 확대하리라.

10대 제자 중 한 사람인 수보리가 부처께 간절히 물었다.

> "희유하옵니다. 세존이시여, 여래께서는 모든 보살이 최고의 깨달음에 이르도록 바르게 가르쳐 주고 인도해 주십니다. 선남자, 선여인이 최고의 깨달음에 이르려면 마음을 어디에 두어야 하며, 그 마음을 어떻게 항복시켜야 합니까?"[5]

최고의 깨달음, 곧 궁극에 도달하는 길을 묻는 불제자에게 그 이르는 길을 가리킬 수 있는 자 누구인가? 무엇을 알고 가르쳐야 하는가? 차원이 다른 창조 지혜와 원리를 구하고, 그것을 아는 것이 최고의 깨달음이고, 지침해야 할 궁극적인 근원이지 않겠는가? 善의 이데아를 인식하고 최고의 깨달음을 얻는 것이 하나님에게 이르는 문을 열고자 한 인류사적 노력이라는 사실을 밝혀야 하늘 문이 불교를 신앙하는 이에게도 개방되고 유교적 가치를 추구하는 이에게도 개방되고 철학, 학문, 진리 탐구 등등. 어떤

---

5) 「금강경의 교육학적 해석」, 이은경 저, 춘천교육대학교 교육대학원, 초등교육 방법, 석사, 2002, p.10.

방법과 루트를 통해서도 하늘 문에 도달하게 된다. 하늘 문을 열기 위해 개척한 섭리 역사 일환이다. 차원적인 하나님을 보기 위해 예비한 개안 역사이다. 차원적인 안목을 확보하는 것이 그대로 차원적인 하늘 문을 여는 길이었다. 기독교인은 하나님이 창조주인 것을 믿거니와, 그런 하나님이 시공간을 초월하여 모든 문화와 모든 민족의 역사 위에서 역사하였을진대,[6] 섭리 발자취를 확인해야 한다. 하나님은 전지전능하고 무소부재한 창조주로서 오늘날 새로운 모습으로 강림한 진리의 성령이다. 그 하나님이 진리로 깨닫게 해서 차원의 벽을 뚫고, 거한 하늘 문을 활짝 개방해 만 영혼을 빠짐없이 인도하리라.

2. 신인 추구문

하나님을 아는 것이 곧 하나님이 거한 하늘 문에 도달하는 길이라고 하였듯, 하나님은 천지를 짓고 인류를 창조한 창조주이지만, 인간 자체가 인생의 추구 목적을 하나님을 아는 데 두지 않고, 하나님을 향해 두지 않는데 전격적으로 하늘 문을 열어줄 리 만무하다. 높은 가지에 달린 감은 맨손으로 딸 수 없다. 사다리를 놓거나 도구를 사용해야 한다. 세상 안에서는 세상적인 조건으로 방법을 강구해야 한다. 이 연구도 그처럼 인간적인 방법으로 길을 추구하였고, 목적과 방향을 하늘 문을 향해 두었다. 그리하여 길을 완수하고 지나온 길을 되돌아보니, 그렇게 추구한 것 일체가 하늘 문을 연 지상의 교두보 역할을 하였다. 이것이 이 연구가 밝히고자 하는

---

6) 『종교 철학』, 황필호 저, 철학과 현실사, 2002, p.365.

"길의 추구 원리"이다. 고스란히 근원 된 진리 세계로 인도되었고, 진리는 그대로 하늘 문을 안내한 지침이 되었다. 추구 과정에서는 굳게 믿었나니, 하나님에게로 가는 자에게 있어서 길은 멀었지만, 길을 가는 자에게 있어서 하나님에게로 가는 길은 가까워졌다.

> 인간 의지의 살얼음과도 같은 삶의 도정 속에서 부지기 어려운
> 고독과 유혹과 생명의 처절함을 극복하고, 하나님의 길을 가는 자,
> 그 정신은 영원하리로다.

　믿음 하나로 추구한 길은 분명 하나님을 향해 있었고, 하늘 문과 연결된 길이었다. 그러니까 종국에는 하나님과 하나인 합일 세계를 이루었다. 그래서 깨달은바, 하나님의 길을 가기 위해서는 인간 된 본질을 간직하는 것이 기본이다. 의와 믿음을 지키는 것이 하늘 문을 여는 디딤돌이 된다. 하늘 문에 이르기 위해서는 쉼 없이 추구해서 쌓아야 하지만, 쉼 없이 덜어 내기도 해야 한다. 덜어냄 요소에는 집착, 욕망, 무지가 있다. 불교에서 말한 계·정·혜(戒·定·慧)는 이 같은 비본질적인 요소를 제거하는 방법이다.[7] 욕망을 끊고 정진하는 것은 원래 가진 맑고 깨끗한 본성을 보기 위한 것이다. 하늘 문을 열기 위해서는 지난날 적용한 지혜와 방법을 모두 동원해야 한다. 見性한 본래 면목, 곧 현상계를 초월한 자아 모습은 존재 이전인 본질적 모습이다. 見性, 즉 궁극적인 실상이 차원의 벽을 꿰뚫고 하나님의 실상과도 일치하여 하늘 문(본체 세계)을 연 것이다.

　이처럼 인간은 하늘 문을 열 수 있는 합당한 길을 가야 하고, 정당한 추

---

7)　『중국 철학 에세이(2)』, 백민정 저, p.199.

구 과정을 거쳐야 하나니, **"하늘 문에 이르는 길"**은 바로 인간이 지상에서 쌓은 성덕의 바탕 위에 있다. 인간이 추구해서 쌓은 것 일체가 하늘 문을 여는 지상의 디딤돌이다. 길을 걷고 길을 지켜서 쌓아 올린 모든 것을 통해서이다. 타고난 본성을 지키는 것은 살아가는 인생의 기쁨이고, 보람이며, 나를 준 하나님에 대해 영광이다. 경건성과 거룩한 본성을 간직하고 지키는 그것이 후일에 하늘 문을 통과할 수 있는 자격 조건이 된다. 성덕은 자신이 쌓아 두려는 곳에 쌓이나니, 그 쌓음 저장소를 하늘에 두고 하늘에 근본을 쌓아라. 하늘에 쌓아야 모든 것이 온전하게 보존된다. 땅에 쌓은 재물은 종말과 함께 사라질 것이요, 땅 위에 쌓은 것은 결국 허물어짐이 있다. 진입할 차원 세계를 위해 忍을 쌓아라. 그 쌓임 상태를 낱낱이 감지하라. 기다림과 추구와 쌓고 쌓는 노력 없이 하늘 문이 절로 열리는 법은 없다. "구하라. 그리하면 너희에게 주실 것이요 …… 두드리라. 그리하면 너희에게 열릴 것이니……(마, 7: 7)" 하늘을 향해 추구하고 쌓고 직접 두드려야 천국 문이 열린다. 神性에 비해 이질 된 일면(태어나 자신이 형성한 아욕, 집착, 저지른 죄악)을 모두 덜어내고 접한 길로서 神性을 쌓아야 한다. 노력과 용기와 지혜가 필요하지만, 그를 통해 믿음을 쌓아야 종국에 하나님의 인도 의지를 깨닫게 되고, 하나님이 거한 문에 이를 수 있다.

인생은 연륜이 중요한 것이 아니라 근본이 중요하며, 인생의 추구 본질은 근본에 대한 주기적 반복이 아니라, 단계적 축적이다. 하늘에 근본을 쌓으면 主의 길이 열린다. 단계적인 진척 과정으로 外性(바깥의 온갖 장애 요소)을 일신해서, 그것을 발판으로 발돋움하면 굳게 닫힌 차원 문, 곧 하나님이 거한 하늘 문에 손이 가 닿는다. 誠, 孝, 仁을 바탕으로 한 덕성은 하늘 본성과 연결되어 있다. 하나님이 부여한 거룩한 품성이나니, 본성을 지키고 쌓고 추구하면, 그것이 하늘에 미치는 발판 역할을 한다. 덕을 쌓은 삶은 절대 헛되지 않다. 그래서 선현들은 하나님을 알지 못한 상태에서도 하늘의 권선징악(勸善懲惡)과 심판 역할을 굳게 믿었다. 심판뿐만이겠는가? 의와 덕과 믿음을 쌓은 자에게 하늘 문이 활짝 개방될 것이나니, 역동적인 신인 관계에 있어서 본성적 추구와 지킴과 쌓음 원리가 그것을 뒷받침한다. 의를 쌓은 자는 구원의 문으로 인도될 것이요, 죄를 쌓은 자는 심판의 문으로 이끌리리라.

3. 신인 동행문

동행(同行)이란 일정한 곳을 향해 길을 같이 가거나 함께한다는 뜻이다. 먼 인생길을 걷고 소통하면서 함께 걷기 위해서는 무엇보다도 뜻이 통하고 격의가 없어야 한다. 그리하면 오랜 세월 동안 함께 할 수 있다. 신인 관계도 그러하다. 본질적, 차원적으로 차이가 크다면 어떻게 동행할 수 있겠는가? 그런 상태라면 불가능한 것이 맞다. 신인 관계는 떼려야 뗄수 없는 사이라고 해도, 관점에 따라서는 다르게 생각할 수 있다. 차이에도 불구하고 동행할 수 있다는 사실을 세계관적으로 증명해야 하는데, 이것을 지난날 누구도 해결하지 못했다. 그래서 드높여졌던 인간 지위가 결국 나락으로 떨어져 버렸다. 기독교인은 神의 모상(imagodei)을 근거로 인간을 만물 중 제일로 내세웠고, 유교는 "식물이나 동물은 氣를 온전히 갖추지 못한 데 비해, 인간은 모든 성분의 氣를 갖춘 존재"[8]라고 하였다. 인간성을 완성해서 최고의 가치를 실현하려고 하였다.[9] "근세 들어 파스칼 (1623~1662)은 다른 동물과 달리, 인간은 생각할 수 있다는 점에서 존엄성을 인정했고, 칸트(1724~1804)는 도덕 철학을 통해 인간의 존엄성은 모든 보상을 넘어서는 것이고, 어떤 것도 이와 상응할 수 없는 고귀한 것이라고 하였다."[10] 하지만 스스로 자찬하면 무엇 하나? 神과의 관계는 여전히 불분명하고, 동행할 수 있을 만큼 조건이 개선되지 못했다. 이런 상태를 악용한 진화론은 급기야 우주에 있어서 인간의 위치를 비참할 정도로 끌어내렸다. "만물을 지배하는 주인이란 사상이 다윈 이후로는 사라져 버렸고, 자연환경에 맞서는 인간의 독자적인 지위마저 상실당하고 말았다."[11] 그것이 사실일진대, 神과의 동행 관계가 다시는 유지될 수 없다. 동행하기 위해서는 같은 조건과 가치를 공유하고 있어야 하는데, 균형이 무너졌다.

이런 결과 초래는 진화론이 서양 문명 안에서 구축한 관점인 만큼, 그들이 쌓은 오랜 지적 전통이 불씨를 지폈다. 한마디로 神의 창조자로서의 초월성과 내재자로서의 본체성을 연결하지 못했다. 지적했듯, 플라톤은 초월적인 善의 이데아계와 감각적인 현상계를 구분한 반면, 아리스토텔레스는 "초 절대적인 이데아 대신 사물 가운데 그것의 발전을 규정한, 내재하

---

8) 「코메니우스와 율곡의 교육론에 관한 비교 연구」, 앞의 논문, p.53.

9) 『한국 교육 철학의 새 지평』, 앞의 책, p.292.

10) 『오늘의 철학적 인간학』, 앞의 책, p.14.

11) 『떼이야르 드 샤르댕의 사상 입문』, N. M. 월디어스 저, 이홍근·이덕근 역, 분도출판사, 1971, p.74.

고 있는 形相이란 관념을 도입함으로써",[12] 이데아의 고유한 절대 영역을 허문 오판을 하였다. 이데아를 이성의 영역 안으로 끌어들인 탓에 이해할 수 있는 편리함은 도모하였지만, 그런 관점 탓에 절대 초월적인 하나님이 존재할 수 있는 공간이 사라지고 말았다. 전적으로 창조 메커니즘을 알지 못해서인데 다시 확인한다면, 절대 본체→창조 본체→존재 본체로의 이행 과정에서 창조 이후의 결과체인 존재 본체 안에 절대 본체와 창조 본체를 한꺼번에 몰아넣었다. 이런 조건 속에서는 창조 이전의 절대 하나님이 존재할 공간이 없어, 인간과의 동행 관계가 무산될 수밖에 없다. 그런데도 기독교는 세계관적 맹점을 해결할 생각을 하지 않았다. 무소의 뿔처럼 초월적, 인격적 유일 신관을 신앙의 최정수로 삼았다. 하나님은 세계와는 전혀 다른 실체라고 본 관점이 그것을 반대한 관점인 범신론, 동일성 철학, 신인 합일주의, 신비주의를 이단으로 몰아 공격하였다. 정면 돌파란 말이 있듯, 하나님이 세계 안에 내재한다고 한 범신론적 신관을 세계관적으로 극복해서 포용해야 했는데, 배척함으로써 신인 관계를 정상화할 기회를 놓쳐버렸다.

이것은 자체로 내세운 교리에도 모순된다. 하나님은 무소부재하고 세상 어디에도 임하여 역사한다고 하였지만, 그 실존적 근거를 어떻게 뒷받침할 것인가? 인류 역사와 함께하고 인류 영혼과 동행한 하나님을 설명할 길이 없다. 근대의 화이트헤드는 하나님과 세계에 대한 관계성과 내재성에 관해 말하길, "하나님은 위대한 초월자가 아니라, 자연 만물과 함께하는 위대한 동반자(과정 철학=범재신론)"[13]라고 하였다. 이런 진리 인식 부

---

12) 『체계교육사』, 앞의 책, pp. 46~47.

13) 『화이트헤드의 교육 철학에 관한 연구』, 김성호 저, 한신학교학원, 기독교교육, 석사, 2008, pp.

류를 어떻게 설명할 수 있을 것인가? 하지만 그도 아리스토텔레스처럼 하나님의 위대한 초월성을 거부한 것은 여전한 문제이다. 이것을 해결하기 위해서는 하나님이 태초에 천지를 창조한 메커니즘과 본의를 알아야 했다. 밝혀야 초월자인 하나님과 내재자인 하나님의 동시 실존성을 설명할 수 있다.

먼저 인간은 능히 하나님과 동행할 수 있는 본질적 조건을 타고났다. 그리고 그것은 인간이 태초에 어떻게 창조된 것인지에 관한 본의를 알면 이해된다. 누차 설명했듯, 인간은 하나님에 의해 無로부터 창조된 것이 아니다. 몸 된 본체에 근거해 창조되었다. 이것은 인간이 하나님과 같은 神적 본질에 바탕을 둔 신인 동행의 필수 조건을 충족시킨다. 하나님은 창조 역사 이전의 절대 본체자로서 초월적이지만, 동시에 본체를 이행시킨 탓에 세계 안에서도 내재하여 거할 수 있다. 세계는 온통 하나님의 화신 된 본체이다. 이것이 절대자이면서도 가장 간극 없이 세계와 동행할 수 있는 본질적 조건이다. 입체적인 실존 메커니즘을 알아야 초월적인 하나님과의 거리감을 극복하고 즉각 교감하고 즉각 구원받는다. **"신인 동행문"**을 활짝 개방할 수 있다. 동행하는 데 있어 장애물이 사라져 하나님과 함께한 지상 천국 건설과 보편적인 구원 목적을 달성할 수 있다. 정말 차원적인 탓에 하나님의 모습은 유사 이래 접견한 자가 소수에 불과했지만, 이제는 만물과 영혼이 하나님 안에 있고, 하나님과 함께한 탓에 어느 때보다 가까이서 영접할 수 있는 "지상 강림 역사 시대"를 맞이하였다.

이런 측면에서 "동양인은 특정 시대나 특정한 사람들의 관념에 그치지 않고, 마치 혈액의 성분처럼 하늘이 인간의 삶에 관여한다는 생각을 의식

60~61.

속에 녹여 내었고",[14] 사도 바울은 "너희 안에서 행하시는 이는 하나님이 시니(빌, 2: 13)"라고 하면서, 성도들을 일깨웠다. 동행한 탓에 인간으로서 는 초월적으로 인식할 수밖에 없지만, 하나님은 세계 전체를 한 몸으로 한 탓에 무소부재하여 초월적인 실존자로서 역사하여 임하고 계시할 수 있 다. 세계 자체로서 실존한 탓에 우리가 세계의 본질을 살아 숨 쉬는 세계 성으로 느껴 어느 곳, 어느 때에도 성령의 생명력을 감지할 수 있다. 세계 의 궁극성은 시와 때를 가리지 않고 드러날 수 있나니 어느 곳, 형태, 상태, 조건 속에서도 하늘 문은 열려 있다. 동학사상에서는 "吾心卽汝心"이라고 했다. 이것은 하나님이 인간에게 내재한다는 세계관적 전제 안에서 가능 한 명제이다.[15] 교세와 역사적인 전통 면에서는 모자람이 있지만, 신관 측 면에서는 천도교가 기독교보다 앞섰다. 세계 전체가 하나님의 몸 된 본체 안인 탓에 세상 어디서도 하나님에게로 나아갈 길이 있고, 하늘 문이 열려 있다. 성경은 하나님을 알고 경외하는 것이 지혜의 근본이라고 함에, 무엇 을 어떻게 알아야 지혜의 근본인지 막막함이 있었는데, 이제는 그것이 바 로 신인이 함께한 神性을 통해 가능할 수 있는 길이 트였다. 그리스의 철 학자들은 자기 자신을 아는 것이 지혜의 핵심이라고 여겼고, 노자는 자기 자신을 아는 것이 최고의 知라고 했다.[16] 하나님이 우리 안에 거주해서 동 행한 탓에 저지른 잘잘못을 우리가 알 듯 소상히 알고, 손수 지은 탓에 머 리카락의 수효까지 헤아린다. 하나님과 인간은 직결되어 있어 자신을 알 면 동행한 하나님도 안다. 모든 곳으로부터 하늘 문을 여는 길이 열려 있

---

14) 『주역의 교육 과정 이론』, 박채형 저, 성경재, 2003, p.89.

15) 『최제우의 동경대전』, 앞의 책, p.97.

16) "知人者智 自知者明."-『노자 도덕경』, 제33장.-『젊은이여 희망의 등불을 켜라』, 앞의 책, p.61.

되, 핵심 된 근본처는 어디까지나 인간이 지닌 본성 자체이다. 페스탈로치는 "인간의 자연을 하나님의 계시 장소로 고백하고, 하늘에 계신 하나님을 믿는 것과 자기 내면의 소리에 귀 기울이는 것을 하나로 보았다."[17] 이런 동행적 믿음과 삶을 통하여 인류는 차원이 다른 하나님과 영원히 함께할 수 있는 길을 튼다.

> 인간의 행동은 생각을 따르고, 생각은 영의 지침을 받으며, 영은 말씀의 인도를 받았으니, 어찌 하나님의 역사하심을 인간의 뜻대로만 되었다고 할 것인가? 보라, 하나님은 의롭다 한 이를 이기게 하시나니, 말씀으로 이룬 세상은 그것이 곧 천국이라. 믿음 안에서 말하노니, 모든 것은 뜻이니라. 모든 것은 뜻이니라.

하나님은 우리 밖에서 따로 우리를 지은 것이 아니다. 몸 된 본체로 지은 탓에 우리 역시 하나님의 몸을 이룬 구성 요소 자체이다. 만물과 영혼이 하나님 안에 있고, 하나님과 함께한 상태인데, 어디서 무엇을 따로 숭배하려고 하는가? 그래서 하나님은 곧 자신을 발견해 나감에 있고, 인간이 발견하는 가장 가치 있는 진리는 하나님이 함께한 자체 본성 속에 있다. 이렇듯 인류는 부여된 무한한 본성 속에서 하나님의 연면한 사랑과 구원 의지를 확인할 수 있어야 한다. 그렇게 하는 것이 하나님이 천지를 창조하고 함께하면서 인류 역사와 동행한 목적이다. 만물, 만상, 만 영혼이 최종적으로 귀의해야 할 궁극처가 하나님의 품 안이다. 창조 이래로 전 역사를 통해 하나님이 함께한 동행 발자취를 확인하게 되는 날, 인류는 비로

---

17) 『한국 교육 철학의 새 지평』, 앞의 책, p.129.

소 하나님의 창조 뜻을 이해하게 될 것이다. 역사, 그것이 그대로 하나님의 섭리 의지이므로…… 무수한 覺이 법신을 이루듯, 무수한 역사가 하나님의 창조 의지를 분열시켰나니, 그것이 곧 하나님이 동행한 증거이다. 그렇게 남겨진 발자취가 인류가 의식으로 각인하고 표출한 진리이다. **진리는 차원적인 하나님이 세계 속에서 분신 되고 인간 안에서 현신 된 몸 된 본체 자체이다.** 이것을 알면 인류는 정말 현실의 삶 속에서 하나님과 함께한 삶을 영위할 수 있다. 그 동행 神이 오늘날 이 땅에 강림한 보혜사 진리의 성령이다. 그리고 신인 동행 삶이 가능하게 된 역사가 성령의 시대 개막이다. 인류는 예나 지금이나 진리를 일구었고, 진리와 교감하고, 진리를 구현하고자 하였는데, 그것이 하나님이 함께한 신인 동행 역사이다. 그리해야 하나님의 뜻으로 분열된 세계 의지와 통합하고, 창조 본질과 하나 되어 天 · 地 · 人이 일체될 수 있다. 이생에서뿐만 아니고, 저승에서도 영원히 동행하게 되리라.

4. 신인 교감문

교감(交感)은 서로 접촉하여 소통하면서 사상이나 감정 따위를 함께 나누어 가진다는 뜻이다. 그렇게 하기 위해서는 가까이서 얼굴을 보고 대화할 수 있어야 하고, 원할 때는 언제나 만날 수 있어야 하며, 의식 수준도 비슷해야 하리라. 그런 상대가 누란의 위기에 처한 나라를 구하고자 전선에 뛰어든 전우도 아닌 것이, 道를 얻기 위해 함께 수행한 도반도 아닌 것이, 사랑의 감정을 나눈 연인도 아닌 것이, 창조주인 하나님과 피조물인 인간 사이라고 할진대, 신인 관계는 어떤 교감 조건을 갖추어야 하는가? 차원문을 틀 수 있는 길은? 길을 튼 자가 소수에 불과하였다. 이유는 교감 상대인 神을 제대로 알지 못했고, 대화를 나누고자 하는 마음조차 가지지 않았으며, 교감할 영적 능력을 스스로 갖췄다는 사실을 자각하지 못해서이다. 지금 이때 이 순간, 하나님에게로 나아가 자신의 마음을 고백하고 대화하고 싶다면 어떻게 해야 하는가? 기도하면 되는가? 물론 응답이 있을 수 있겠지만, 그런 방법은 대개 소통 방식이 일방적이다. 교감은 원할 때 서로가 감정과 의지와 뜻을 주고받는 것이다. 그런 교감 작용이 지난 역사에서 원활하게 이루어지지 못했다. 이것은 우편 수단이 불편한 과거 시대와 오늘날 첨단화된 통신 수단과 비교할 수 있다. 인간이 원할 때 하나님과 대화할 수 있어야 하고, 하나님이 원할 때 인간과 대화할 수 있어야 하므로, 그것을 이 연구가 지침하고자 하는 **"하늘 문을 여는 길"**이다. 상호 교감할 물꼬를 트기 위해서는 먼저 인간이 하나님과 대화할 수 있는 영적 구조와 능력을 지녔다는 사실을 알고, 삶을 통해 뜻을 감지하고자 노력해야 한다. 성경은 인간을 하나님의 형상을 닮은꼴로 창조하였다고 하였지만, 인간 자신이 정작 그런 모습을 보지 못하고, 모르니까 어떤 점이 닮은 것인지 유전적인 디엔에이를 찾지 못했다. 부자지간이라면 하다못해 발가락이라도 닮아야 하는데, 그것이 바로 하나님과 소통할 수 있는 영적 본성이다. 인간적인 조건에서 본다면 하나님은 인간과 같은 겉모습이 아니다. 하나님은 형상이 없는 분이다. 하나님의 본체는 영이다. 그렇다면? 하나님의 속 모습인 영적 본성을 이어받았다. 인간은 영민한 영성적인 존재라, 능히 가로놓인 시공간의 장애를 극복하고 하나님과 교감할 수 있는데, 지난날은 무지한 탓에 영적 본성을 사장시켜 버렸다. 영성은 정신 작용인 마음, 뜻, 의지, 인식, 의식 중 제일 상위 자리를 차지한다. 영적 능력을 본성적으로 지녔지만 단지 자각, 도야, 개발 여부에 따라 영민하거나 무딘 차가 생겼다. 이것을 하늘 문을 연 성령의 시대에는 빠짐없이 활성화해야 한다.

인간이 하나님과 교감할 수 있는 영적 능력과 정신 구조를 갖추게 된 것은 하나님이 뜻으로 인간을 창조해서이다. 무슨 말인가 하면, 아기가 태내에서는 탯줄을 통해 어머니와 연결되어 한 몸을 이룬 것처럼, 인간도 하나님의 몸 된 본체에 근거해서 창조된 탓에, 하나님과 소통할 수 있는 기관을 갖추었는데, 그것이 곧 뇌를 통한 정신 작용이다. 인간은 독립적으로 존재하지만, 하나님과 소통할 수 있는 탯줄, 곧 정신 작용 기관을 하나님이 사전에 구조화시켰다. 이것이 상시로 하나님과 교감할 수 있는 초고속 광통신망 체제 구축인 의식을 통한 교감 작용이다. 채널을 돌리면 원하는 프로그램을 시청할 수 있고, 주파수를 맞추면 원하는 방송을 들을 수 있듯, 마음으로 간절하게 하고 기력을 충천시켜 의식을 집중하면(기도, 염원), 영적인 뇌파가 자아 의지를 형성해(세계의식) 우주 가운데서 무소부재한 하나님의 뜻을 전달받고 수용할 수 있게 된다. 세계 작용 의지는 실로 광범위한 현상과 우주의 운행 질서에 까치 미쳐 실시간 살아 역사한 생명력과 숨결을 감지할 수 있다. 그것이 하나님과 대화를 가능하게 하는 인간의 영적 교감 작용이다. 인간은 모습만 하나님을 닮아 창조된 것이 아니다. 본질적으로 한 몸이라, 소통할 수 있게 구조화된 것인 만큼, 그것을 확인해서 실감해야 한다. 하나님의 말씀으로 존재한 인간은 의식 구조와 생의 의지가 모두 하나님의 뜻을 받들 수 있도록 구성되어 있다. 인간은 태어나기 이전부터 하나님의 뜻에 맞도록 창조된 의지체이고, 태어난 이후로는 하나님의 뜻을 받아들일 수 있도록 구성된 존재자이다. 인간이 있는 곳에 하나님이 있고, 하나님이 있는 곳에 인간이 존재한다. 창조와 함께 하나님과 교감할 수 있는 영적 능력을 부여받았다. 그것이 곧 모든 인지함이라, 존재한 자 누구라도 부름을 받은 종이고, 은혜 입은 자식이다. 뜻과 사랑으로 지음 받은 피조물인 만큼이나, 뜻과 사랑을 거부할 수 없는 생명체이다. 말씀으로 존재하는 고도한 영성체이다. 그런데도 이 같은 영성적 책무를 저버리고, 타고난 교감력을 사장한다면 삶의 결과가 어떻게 되겠는가? 육체가 시듦과 함께 영혼의 불씨도 함께 꺼져버리리라. 믿음의 길을 추구하고 간절한 마음으로 뜻을 구해야 하나니, 심원한 의식과 기도 행위 없이 하나님과의 교보는 곤란하다. 영력은 실로 무한하나니, 새벽하늘 빛나는 샛별의 꿈으로 간구하고 기도하면 언젠가는 하늘 문이 열리고, 하나님을 뵈며, 하나님과 대화할 수 있다. 인간의 뜻은 하늘로 통하고, 하나님은 그 뜻을 빠짐없이 감찰한다. 믿음의 길은 하늘로 통할 수밖에 없고, 하나님은 전 우주적인 역사로서 응답한다. 그것이 장엄한 뜻의 계시 역사이자, 성령의 임재 역사이다. 하나님은 시공간을 주도하기 때문에 지성이면 감천이라, 뜻이 동하면 나타남이 가능하다. 나타남 방식은 결코 한정적이지 않다. 하나님은 세계 운행 모두를 뜻의 전달 매개체로 삼았다. 하나님이 주관한 운행 질서는 한 치도 어긋남이 없으며, 운행 의지는 정교하다. 자연의 법칙 또한 주관 의지 안에 있어, 운행 질서의 일치로 드러난 결과는 결국 하나님의 뜻이다. 그래서 인간은 항상 깨어서 세계의 운행 의지를 살펴야 한다. 인간이 지닌 존재 조건을 발판으로 삼으면(추구, 정진, 기도, 헌신, 노력, 희생) 생명혼이 하나님이 거한 영속할 차원 공간으로 진입한다. 곧 신인 간 영적 교감이 일상화된다.

인간의 의식이 도달한 궁극, 그곳에 무시 이래의 시원이 있으니, 인간의 세계의식과 합치되는 그곳에 바로 神의 의식이 있다. 물질은 아무리 파고들어도 물질일 뿐, 존재한 로고스(정신 혼)는 없다. 존재하는 자로서 정신을 보고, 영혼을 보기 위해서는 주어진 존재 조건을 촉매(발판, 인내, 죽음)로 삼아 영혼을 영속한 세계 속으로 진입시켜야 한다. 그리하면 영혼이 영원성을 획득한다(믿음을 이룸). 차원적인 하늘 문으로 진입하기 위해서는 삶의 순간을 가속해야 한다. 정신 혼은 영원성을 생성시키는 자아 본질이다. 이런 믿음으로 이 연구가 일찍이 하늘 문을 열고자 길을 추구하였나니, 그것은 곧 영원 무구한 우주적 공간 속에서 하나님의 뜻(계시)을 받들 정신적 바탕을 마련한 것이다. 결과로서 하나님의 뜻이 길의 추구 정신 위에서 영원히 기여되었다. 지워지지 않는 교보 역사로 영원한 빛을 보았다. 정말 인간의 영적 본성은 창조 뜻으로부터 부여된 것이라, 믿음을 가지고 추구하면 신인 간이 교감할 수 있고, 종국에는 합일한다.

　　인간이 하나님과 소통함은 물론이고, 하나님도 시공간 안에서 원한 뜻을 인간에게 전달할 수 있는 것은 삼세 간을 초월할 수 있는 권능자인 탓이다. 하나님은 창조 역사에 관한 일체 정보를 본유하고 있다. 그것이 하나님이 창조주로서 만물과 인간을 몸 된 본체로부터 창조한 증거이다. 그만큼 하나님은 세계와 의식 안 어디서도 동시에 역사할 수 있다. 그 원리는 실로 세계의 본질 구조와 운위되는 시공간 특성과 인간의 인식 작용이 동시에 주효한 탓이다. 왜 인간은 초월적인 하나님과 교감하고, 시공간 안에서 공존하는가? 현재의 시공간이 지난 과거와 도래할 미래와 연결되어 있어서이다. 인식적으로는 삼세 간으로 구분하지만, 억겁의 세월과 무관하게 시공간 자체는 하나이다. 그래서 분열을 다하면 일시에 통합된다.

즉, 태초의 시공간이 현재의 시공간과 함께하고 있다. 시공간이 일축되는 만큼, 하나님이 삼세를 초월해 언제 어디서도 임재할 수 있다. 그래서 인간도 현존에서의 끊임없는 정진과 시공의 진입으로 하늘 문을 열고, 하나님과 만날 수 있게 된다. 기적과 창조와 부활의 역사는 과거의 시공간 안에서 이루어졌고, 현재의 시공간 안에서 이루어지고, 미래의 시공간 안에서도 무수하게 일어나게 될 하나님의 실존 의지 역사이다. 창조로 인한 모든 가능성은 세계가 한 몸, 한 뜻, 하나인 본질로 되어 있기 때문이다. 하나인 동시에 편재된 탓에 하나님이 주관한 의지 역시 때와 장소를 가리지 않고 깨어 있는 자의 영혼 위에 새겨진다. 이것이 기독교인이 신앙하고서도 밝히지 못한 하나님이 진리의 성령으로서 역사한 세계관적 바탕이자 교감 작용 원리이다. 하나님이 세상 위에서 어떤 형태로 존재하고, 역사하고, 임하였는가에 대한 정답이다. 신인 간 교감 원리 밝힘으로 지상 강림 역사의 개막이 가일층 현실화하리라. 현존한 세계 안에서 하나님을 영접하고 함께하는 역사를 이루리라. 가로막힌 지상 문을 열어야 하늘 문을 열고, 이 땅에서 하나님의 나라를 건설하게 되리라.

5. 신인 차원문

일반적으로 생각하고 있는, 우리가 흔히 말하는 차원이 다르다고 했을 때의 차원(次元)은 사물을 바라보는 생각이나 입장을 말하고, 한편으로는 기하학적 도형이나 물체 및 공간 안의 점을 인정하는데 필요한 독립 좌표를 나타내는 수를 뜻한다.[18] 나아가 이 연구가 말하는 神과 인간 사이의 차원성 구분은 창조주와 피조체와의 실존 조건 차이이기도 하고, 창조를 있게 한 본체 세계와 창조된 현상 세계가 지닌 특성을 의미하기도 한다. 그것이 어떻게 다르고, 또 구분되는가 하는 문제는 차치하고, 이 연구는 선천 하늘에서 극복하지 못한 차원성이란 장애물을 걷고 하늘 문을 개방해 하나님에게 이르는 보편적인 구원 목적을 달성하고자 한다. 지난날은 세계적 조건이 미비된 관계로 제약이 있지만, 그나마 맥을 이은 것이 믿음 작용이었다. 인간이 하늘을 믿었던 행위는 그야말로 굳게 닫힌 선천에서 하늘 문에 도달할 수 있었던 유일한 길이었다고 해도 과언이 아니다. 기독교 신앙은 이 믿음을 통해 하나님과의 소통로를 유지했거니와, 성경에서도 "믿음은 바라는 것들의 실상이요, 보지 못하는 것들이 증거니……(히, 11: 1)"라고 하였다. 하지만 굳은 믿음으로 어떻게 차원이 다른 하늘 문에 도달할 수 있는지에 관한 작용 원리를 밝히지 못한 것은 기독교 신앙의 한계이고, 전적으로 기독교 신학에 전가된 책임이다.

초대 교회에서 정통 교리를 수호한 신학자로 삼위일체론 사상을 주창한 테르툴리아누스(Tertullianus, 160~220)는 "불합리하기 때문에 나는 믿는다(Credo quia absurdum)"[19]라고 해, "믿음이란 인간 이성에 의한 합리적인 설명을 초월한 세계의 일이란 역설적 의미를 담았다. 믿음 작용에 합리적인 이성 작용 잣대를 들이댄 것은 서양식 사고 전통 전체가 지닌 문제이다."[20] 기독교인은 기도하면 하나님으로부터 구원된다고 믿지만, 역시 그

---

18) 다음 사전, 차원.

19) 다음 블로그, 유비쿼터스포유.

20) "합리적이란 이성에 합당하고 논리에 합당한 것, 즉 이치에 맞고 논리적인 것을 말함."-『내가

런 믿음 작용이 어떻게 하나님과 인간을 연결시키는 것인지에 대한 관계성은 밝히지 못했다. 그래서 하나님에게로 이르는 길이 보편화되지 못했고, 하나님의 모습이 객관적으로 드러나지 못했다. 결국, 만인이 자유롭게 드나들 수 있는 구원의 문이 개방되지 못하고 말았다. 믿음은 하나님이 거한 차원 세계에 이르는 무형의 의식 작용이고 기반 형성 작용인데, 그런 사실을 인식하지 못했다. 누차 지적했듯, 칸트는 인간으로서는 알 수 없는 물 자체란 차원 영역이 있다고 했거니와, 인간의 존재 조건과 인식 능력을 초월한 불가지 영역을 극복하는데 하나님에게로 이르는 접근로가 있다. 다시 말해, 인간이 존재하는 현상 세계와 하나님이 거한 하늘 세계 간에는 전혀 질서 조건이 다른 차원의 강이 가로놓여 있는바, 지난날은 믿음의 배로 건넜지만, 어떻게 건널 수 있는 것인가에 대한 원리 작용은 몰랐다. 이 연구는 이 같은 문제를 해결함으로써 바라만 본 저편 언덕을 만인이 빠짐없이 건널 수 있도록 크고 튼튼한 천도행 배를 마련하고자 한다.

이 연구는 일찍이 대책 없는 믿음의 배를 타고 강을 건넌 모험적인 항해를 불사한 적이 있거니와, 그런 행로 과정에서도 간절히 묵상하며 염원하였다.

> 내 마음을 다하여 궁극을 가는 길은? 무상의 마음으로 기도하옵나니, 하나님, 아버지의 영체가 이 길 위에 안주 되소서! 홀로 길을 가지만, 그렇게 길을 가는 목적은 진정한 하나님의 형체를 드러내고자 함이다.

아는 것이 진리인가』, 김창호 엮음, 웅진닷컴, 2004, p.1.

믿음을 가졌고, 길을 걸은 탓에 결과로써 얻은 것이 믿음은 곧 인간을 차원이 다른 곳에 존재한 하나님과 연결한 영적 교량 역할을 했다는 사실이다. 그런 믿음 작용 역할은 현 세계와 차원이 다른 영원의 세계를 선박이나 비행기로 실어서 연결한 것이 아니고, 믿음으로 형성한 보이지 않는 신념의 에너지대가 기력을 발휘해 도달하게 한 것이다. 이런 원리 적용으로 믿음이 주어진 장애를 넘어 하나님이 거한 세계에 이르게 했다. 믿음으로 생성된 무형의 에너지가 알게 모르게 인간의 의지를 이끌었다. 이런 믿음이 신념으로 존재한 의지를 작동시켜 차원이 다른 하늘 문을 열게 한 것이다. 믿음이 무형의 본질 세계를 꿰뚫었다. 믿음은 오히려 이해를 필요로 하는 중요한 작용이다. 왜 主 예수께서 "믿음이 적은 자들아(마, 8: 26)" 하고 꾸짖었고, 믿음을 가지고 구하라고 하였는가? 하늘 문을 열 수 없다고 단정하면 정말 길이 없고, 있다고 하면 정말 길이 있다. 이것은 단순한 신념의 有無 문제가 아니다. 마음과 의지와 의식 작용이 가능성의 有無 조건을 결정한다. 실체 현상과 거리가 먼 주관과 관념의 문제가 아니다. 믿음 작용이 끼친 존재 본질의 절대적인 영향 탓이다. 단지, 작용한 결과 현상이 무형이다 보니, 물질적 현상처럼 보고 감각으로 감지할 수 없는 것이 문제이다. 하지만 이것은 이율배반이다. 믿음 작용이 감각기관을 통해 보고 듣고 확인할 수 있는 것이라면, 믿음으로 인한 신념의 에너지대가 형성될 수 없다. 믿음은 순수한 본질적, 의지적, 의식적인 조건을 갖추어야 작용한다. 믿음 작용은 무형의 정신적 원리이다. 그런 작용을 일일이 확인할 수 없다고 해서 무시하는 것은 무지이다. 믿음의 힘은 위대하나니, 하나님도 간절한 마음 하나로 천지를 창조하였고, 부처는 가만히 눈을 감고서도 천리 밖을 내다보았다. 정신은 의지 세계, 마음 세계, 본질 세계를 주관하며, 영혼은 그런 정신 작용의 영역 안에 있다. 믿음으로 말미암아 구원된다고 함에, 그것이 곧 믿음이 지닌 정신 작용 원리이다. 물리적인 법칙 작용이 아니다. 이것을 만인이 알아야 한다.

인류가 이 땅에 쌓은 **믿음은 차원이 다른 하나님에게 이르는 문을 여는 지상의 존재 극복 기단이다.** 신인 간 상호 소통 토대이다. 또한, 하나님도 인간이 쌓아 올린 믿음의 기대가 없는 곳에서는 임할 수 없다. 믿음이란 기대는 인간이 하나님에게로 나가는 길인 동시에, 하나님이 인간에게 임하는 길이다. 향후의 인류 역사는 인류가 빠짐없이 하나님에게로 나아갈 굳센 믿음의 기대를 쌓아야 하고, 하나님이 지상 어디에도 강림할 수 있도록 만 인류의 기대를 함께 쌓아야 한다. 물질적인 제단이 아닌 믿음의 제단, 영혼의 제단, 의로운 정신 제단 말이다.

6. 신인 합일문

합일(合一)은 둘 이상의 서로 다른 것들이 합하여, 혹은 합쳐서 하나가 된다는 뜻이다.[21] 남자와 여자는 어떻게 합하여 한 몸을 이루는가(결혼)? 마음과 정과 뜻을 통해서 일체된 상태이다. 마찬가지로 神과 인간이 하나 되는 것은 神과 인간 간에 가로놓인 거리를 극복하는 것이 최상의 길이다. 첩첩이 가로놓인 문을 여는 길을 거쳤지만, **"신인 합일문"**은 인간과 하나님이 동화함을 통해서 나갈 수 있는 최고의 길이다. 천인합일 도달 경지라고도 하거니와, 인류 역사는 과거와 현재, 동양과 서양을 막론하고 神,

---

21) 다음 사전, 합일.

혹은 天과 합일하고자 한 연면한 추구 역사를 거쳤다. 거의 본능과도 같은 의지 추구 과정이었다고나 할까? 이유는 인간 자체가 하나님의 본체에 근거해 창조되었고, 영적으로는 소통하며, 무엇보다도 근본 바탕이 동일한 탓이다. 추호도 이질적인 요소가 있다면 합치거나 하나 될 수 없다. 神과 인간이 표면적으로는 창조주와 피조체로서 차이가 있지만, 창조된 연유를 따질진대, 존재한 뿌리는 어디까지나 하나님에게 있다. 그래서 현실적으로는 당장 한 몸을 이룰 수 없지만, 근원이 하나님에게 속한 이상, 언제든지 가능한 잠재력을 갖추었다. 본의를 의식한 동양에서는 예로부터 만물동근(萬物同根) 사상을 가졌고, 天人合一을 지향하였다. 진의는 하늘과 땅과 사람은 각각 질서가 다른 삼원(三元)이요, 삼극(三極)이지만, 결국은 하나의 대 존재로 돌아간다고 믿었던 것이다.[22] 이것은 한 본체로부터의 창조와 같은 뜻이다. 동근 창조론은 천인합일 사상의 근거이다. 창조된 탓에 한 본체가 삼원, 삼극으로 구분되었지만, 뿌리가 하나인 탓에 만물 일체와 천인합일을 가능하게 한다. 전체 속에 부분이 있고, 부분 속에 전체가 있는 창조 형태로서(호염 사상), 분열상의 조건만 제하면 본체 안에서 이미 하나이다. 이런 상태를 일컬어 중국 동진의 승려인 승조(僧肇, 384~414)는 『조론-肇論』에서, "천지는 나와 함께 같은 근본이며, 만물은 나로 더불어 하나의 자체이다."[23]라고 일갈했다. 통하고 일체 됨이 가능하다. 천지와 인간이 하늘로부터 창조된 탓에 天·地·人이 합일할 수 있고, 일체 될 수 있는 바탕이다.

---

22) 『젊은이여 희망의 등불을 켜라』, 앞의 책, p.121.

23) 「불교의 공관이 현대 교육에 주는 시사점」, 정혜정 저, 숙명여자대학교 대학원, 교육학, 석사, 1993, p.33.

인도인의 전통적인 종교 태도는 모두 범아일여(梵我一如)를 실현하기 위한 수행에 전념한 것인 바, 목표 역시 근본인 브라만은 우주 창조의 최고 원리이고, 아트만은 브라만의 현현이란 사상에 근거했다. 하나님의 몸된 본체에 바탕 된 창조 원리를 시사한 바, 인도인이 범아일여 사상을 근거로 하나님과 하나 되고자 한 의지 지향 목표이다. 유독 기독교에서만 하나님과 거리를 둔 상태에서 형상만 닮았다고 한 방식을 취하므로, 신인 간 거리를 좁히지 못한 문제가 있었지만, 이와 달리, 범아일여는 말 그대로 완전한 일치 방식이다. "우주적인 근본 원리로서의 범(Brahman)과 개인적인 최고 원리로서의 아(Atman)의 동일성 상태를 체득함으로써 차원적인 하늘 문을 열고, 하나님에게로 나아가고자 했다. 천도교의 종지(宗旨)인 시천주(侍天主), 사인여천(事人如天), 인내천(人乃天) 사상도 신인 합일과 만물 동근 사상에 근거한바, 하늘을 내 몸에 모셨다. 사람은 곧 하늘이라고 하였다.²⁴⁾ 神과 인간이 동화되어 하나 되는 삶을 지향하였다. 신인 합일 경지를 이루면, 신인 간의 거리가 없어져 구원 문이 활짝 열린다.

동서양이 다양한 역사를 통해 하나님과 하나 되고 합일하고자 한 노력은 어떤 문화 영역에서도 거부하지 못한 창조 역사 목적이고, 우주 생성의 귀결처이며, 인류의 본성적인 추구 의지이다. 天 · 地 · 人 만물과 인류 역사의 심원한 본질이다. 결코 인위적이지 않다. 인류 역사는 처음부터 하나님의 뜻 안에서 주관되었고, 하나님과 하나 되고자 한 길을 지향했다. 섭리 역사, 주관 역사, 구속한 역사 의지와 뜻을 깨닫는 곳에 인류 최고의 통

---

24) "시천주는 초월신인 天主를 인간이 至氣의 작용을 통하여 몸과 마음이 천주와 합일함으로써 천주의 가르침을 받는 경지로, 한울님과 인간의 불가분리성을 나타냄."-「수운 최제우의 시천주 사상에 나타난 교육 사상 고찰」, 이덕수 저, 한국교원대학교 교육대학원, 교육철학 및 교육사, 석사, 2004, p.47.

천문인 깨달음의 문, 영성문, 차원적인 하늘 문이 있다. 억지로 하나라고 주장하고 믿으라고 해서 될 일이 아니다. 본성적으로 자각하고 일군 역사 사실들이 정말 하나님이 천만년 전부터 구속하고 주관한 뜻일진대, 이 같은 天意를 깨닫는데 만사형통할 **"신인 합일문"**이 열린다. 그 문을 이 연구가 바야흐로 대인류를 향해 개방하고자 한다.

　창조 역사로 인해 본성적으로는 한 하나님으로부터 창조된 천지 만물과 인간이 하나님과 분리되고 구분되어 형태와 특성은 달라졌지만, 결국 합일하고자 하는 방향으로 나아갔다. 과정 없는 결과 없듯, 구함 없는 얻음 없고, 추구 없는 합일 없다. 그리하여 뭇 과정과 뭇 구함과 뭇 추구 위에 신인 간 추구 의지와 뜻의 합일이 있게 된 것은 생성된 바탕이 동질인 창조 본체로부터 말미암아서이다. 이런 일련의 사실을 발견하고 본의를 깨닫는 데 득도가 있고, 신인 합일 결과가 있다. 하늘 문을 여는 길과 열반에 이르는 길은 어렵지 않나니, 번뇌를 끊고 無明을 벗어나면 가능하다. 잠재된 무지로부터 본성(마음, 심성)을 밝히는 것은 神性을 감지하는 첫 단계이다. 왜 인간은 그토록 수양을 쌓아 본성을 밝히고, 본성을 완성하고자 하였는가? 그것이 곧 하나님의 거룩한 천성을 밝히는 길이었기 때문이다. 본성과 천성(神性)은 창조로 연결되어 있어 종국에는 일치한다. 이런 사실을 탐문과 추구로 확인하고자 했다. 창조된 구조를 밝히고 생성된 근원을 추적하는 과정이다. 무지로 인해 쌓인 허물을 걷어내고 의식과 의지와 본성을 신성하게 하면, 인류가 하나님과 함께한다. 지난날 쏟은 수행적 노력은 하나님과 하나 되고자 한 섭리 역사 일환이다. 이 연구는 지난 삶을 통하여 순간순간마다 세계를 인식하고 세계를 판단해서 하나님의 뜻을 구하고, 뜻을 이루고자 정열을 바쳤나니, 그렇게 쌓아 올린 뜻이 결국 하늘에 상달되고, 합일되었다. 한순간 깨닫고 보니 길을 통해 일군 뜻이 하나님의 뜻과 일치했다. 길의 추구 의지와 하나님의 인도 의지가 일치하므로, 하나님의 실체가 완전하게 드러났다. 어떻게 해서 이런 일이 가능한가? 소정의 과정을 통해 걸은 길의 본질을 각성함으로써이다. 이런 일치과정을 원리화함으로써 인류를 향해 **"신인 합일문"**을 활짝 개방할 수 있게 되었다.

성 아우구스티누스는 『신국론』에서 인류가 추구한 역사를 하나님 나라와 지상 나라로 구분하였다. 그중 지상 나라의 사명은 인류의 현세적 행복을 증진하는 데 있는바,[25] 인간을 위한 역사인 것 같지만, 사실은 하나님이 이루고자 한 이 땅에서의 궁극 가치인 창조 목적을 실현하고자 한 데있다. 세계 역사는 그 창조 목적을 이루고자 한 과정으로서, 하나님의 창조 뜻과 본체도 아울러 드러내고자 하였다. 즉, 인류가 추구한 뜻, 길, 인생역정, 의지, 업적, 문명은 모두 인간의 역사이기 이전에 하나님이 주관한섭리 역사이다. 인간은 왜 진리를 일구고, 세계를 탐구하고, 天의 뜻을 알고자 했는가? 그렇게 해야 하나님이 몸 된 본체를 드러낼 수 있기 때문이다. **인간이 진리 세계를 완성하고자 한 것은 하나님이 창조 세계를 완성하고자 한 뜻과 일치하고, 인간이 이 땅에서 이상 세계를 건설하고자 한 것은 하나님이 이 땅에서 지상 천국을 건설하고자 한 뜻과 일치한다.** 유교가격물치지로 활연관통하고, 불교가 수행으로 견성하고자 한 것은 차원이다른 본체계에 이르고자 함인 동시에, 하나님이 국한된 현상 세계에 본체를 드러내기 위한 역사이다. 하나님의 주관 역사는 결코 서양의 기독교 역사 안에만 있었던 것이 아니다. 서양은 결과적으로 하나님을 배척한 문명

---

25) 『서양 교육 사상사』, 앞의 책, 123.

이 되고 말았지만(진화론, 유물론, 무신론, 과학주의 등), 동양은 수행 문화로 하나님의 본체성을 일구었고, 일찍부터 天命을 인지해서 천인합일을 지향한 탓에, 동양 문명이 갖춘 진리적 여건을 기반으로 동양의 하늘 아래서 보혜사 하나님이 본체를 드러낸 지상 강림 역사를 완수하였다. 진리의 성령으로서 역사한 하나님은 모든 문명과 모든 역사와 모든 민족 위에 임하였고, 그것을 인류가 하늘의 뜻으로 감지하였다. 인류 역사가 하나님의 뜻을 이루는 방향으로 섭리되었다. 그 비밀스러운 뜻이 과연 무엇인가? 天意를 깨닫고, 天命을 받들고자 한 노력이 하늘 문을 열고, 하나님에게 이르는 길을 열고자 한 것이었고, 정열을 불사른 추구 의지가 하나님이 인류 역사에서 본체 모습을 드러내기 위한 역사 의지였다. 이것이 지난날 신인 간이 합작해서 수놓은 **"신인 합일문"** 본의이다. 지상에서 인류가 하늘 문을 열고자 한 뜻과 하늘에서 하나님이 인류를 위해 하늘 문을 열고자 한 뜻이 일치하였나니, 이 합일 뜻을 모든 역사를 통해 확인할 수 있다면, 인류 역사가 명실상부하게 하나님의 섭리 의지와 함께한 합일체 역사란 사실을 알게 되리라. 하나님과 함께할 만인 구원의 역사이리라.

제19장 하나님에게 이르는 길

1. 천도의 다양성

역사가 시작된 때부터 인류는 **"하나님에게 이르는 길"**을 찾아 나섰다. 하나님에게 이르는 것은 인류가 도달해야 할 최종 목적지이다. 그 길을 찾기 위해 인류가 선천 세월이 다하도록 수행을 쌓고 진리를 추구하고 믿음을 바쳤다. 길을 묻고 길을 찾고 길을 지켰는데, 그렇게 해서 누가 하나님에게 이르는 길을 찾았는가? 찾았다면 물어서 찾아갈 텐데, 정확한 안내와 지침이 없었다는 것은 아직도 하나님에게 이르는 길이 제대로 개척되지 못했다는 뜻이다. 아울러 하나님이 어떤 분인지 아는 자가 없었다는 뜻이기도 하다. 이에, 이 연구는 길을 알지 못한 이유가 창조된 본의를 알지 못한 데 있었다는 것과, 하나님이 본체를 드러내지 않았다는 사실에 두고 싶다. 하나님을 제대로 안 자가 지난 역사 안에서는 없었다. 이런 문제를 풀고자 이 연구가 일찍이 모종의 시험적인 길을 출발하였는데, 그렇게 한 주된 명제가 "길은 어디에 있는가"이다. 자신을 향해 묻고 세계를 향해 물었다. 하나님에게 이르는 길을 찾아서 헤매었나니, 그렇게 추구한 과정의 완수자답게 지금은 밝힐 것을 밝혀야 할 때가 되었다. 대인류를 향해 하나님에게 이르는 길을 지침해야 한다. 그리고 얼마나 정확하게 밝히고 알릴 수 있을 것인가 하는 것은 그동안 이룬 길의 성과로 결정되리라. 하나님에게 이르는 길을 안내하는 것은, 그것이 곧 인류를 구원의 문으로 인도하는 것이고, 이것은 길의 추구를 완수한 자로서 수행해야 하는 마땅한 역할이다. 사명 의식은 앞의 과정에서 밝힌 창조 본의 탓이다. 부족함은 있더라도 현재 상태로서는 역사상 최선을 다한 앎이다. 그렇게 판단하는 것은 이전까지는 하나님에 대한 앎이 부분적이라, 지침한 길 역시 편협하였지만, 이제는 세상 이치와 현상과 문화 형태 측면에서 **"하나님에게 이르는 길"**을 보편화할 수 있다. 불가능하다고 여긴 생각을 불식하고 인류가 개척한 모든 길을 통해 하나님에게 이르는 길을 펼치리라.

왜 선천에서는 지각 있는 선현들이 하나님에게 이르는 길을 다양하게 개척했지만, 정작 자신은 그 길이 하나님에게 이르는 길이었다는 사실을 몰랐는가? 하나님이 창조 본체를 드러내는 과정에서 절대 본체를 화신시켜서이고, 본체가 드러나기 전까지는 창조 본질이 분열을 완료해야 하는 경과가 필요했다. 이런 이유로 하나님의 본체가 다양하게 표현되었고, 하나님을 보는 눈이 다르게 되었다. 하나님에 대한 이해가 부족하여 각자가 달리 판단하였다. 하나님에게 이르는 길을 알았을 리 만무하다. 특히, 기독교는 하나님을 신앙한 종교답게 어떤 영역보다도 이르는 길을 정확하게 지침해야 할 사명을 지녔지만, 본의를 몰라 역할이 제한되었다는 것은 아이러니하다. 2천 년 역사 동안 오직 예수그리스도를 통해서만 하나님을 보고, 하나님에게 이르는 길을 지침했다고 할 수 있어, 예나 지금이나 미래 역사에 있어서도 보편적인 구원 목적과 배치된다. 신앙의 울타리를 쳐 놓고, 그 안에 있는 자들만 구원의 길을 안내하고 보장했다. 神은 계시를 통해서만 신앙으로 이해할 수 있다고 하였고(토마스 아퀴나스),[1] "성서

---

1) 『체육 철학』, 김대식 외 2인 공저, 앞의 책, p.41.

가 직접 우리를 神에게로 이끌어주는 책이라고 믿었다. 마르틴 루터는 神의 나라에 들어가는 조건을 갖추기 위한 유일한 길로서, 누구나 성서를 읽어 神의 가르침을 이성적 판단해 호소해 이해할 것을 주장했다. 이런 이유로 성서를 독일어로 번역한 성업을 이루기도 했다."[2] 루터의 주장과 노력으로 더욱 많은 사람이 성서를 읽을 수 있는 조건은 갖추었지만, 그를 통해 인류는 얼마나 하나님을 알게 되었고, 하나님에게 이르는 길을 명확히 했는가? 제한적인 조건은 여전했다. 오히려 유일 신앙을 독려해 하나님에게 이르는 길을 독점하는 데 이바지했다. 전적인 이유는 하나님의 절대 본체가 창조 역사로 인해 세상 가운데서 화신 된 모습으로 임한 사실을 알지 못한 탓이다. 절대적인 본체가 다양한 모습으로 현현된 과정을 알아야 유일성 신앙을 넘어 천지 만상과 현상을 통해 하나님에게 이르는 길을 다양하게 지침할 수 있다. **"천도의 다양화"** 근거는 하나님의 몸 된 본체가 세계와 멀리 떨어져 있는 것이 아니라, 만물을 구성한 직접적인 요소로서 인간의 본성에 내재하고 있다는 실존 사실을 통해서이다.[3] 이런 이유로 장자는 道가 똥이나 오줌에도 있다고 하였다. 그리해야 하나님이 창조의 근원 본체자로서 세상 가운데서 편만되고 무소부재한 조건을 충족시키는 道, 즉 **"하나님에게 이르는 길"**의 조건이 성립된다. 어디에서도 통하고 연결할 수 있게 됨으로써, 어떤 처지와 조건 속에서도 하나님을 인식하고 교감하고 뵐 수 있는 길을 열 수 있다. 이것은 기독교가 계시, 예수, 성서, 교회 이외에 하나님에게로 이르는 길을 폐쇄해 버린 것과 대조된다. 만상의 궁극 원인자인 하나님의 창조 본체를 간과하고 인식하지 못한 탓이다. 유

---

2) 『체계교육사』, 앞의 책, p.171.

3) 「플라톤과 주자의 기초교육론 비교 연구」, 앞의 논문, p.vi.

일 신앙의 울타리 안에서 중세 천 년 동안 신본주의를 일관시켰지만, 그 세월 동안 기독교가 얼마나 하나님에게 다가섰고, 나아갈 길을 텄는가 하는 것은 의문이다. 역사 위에서 하나님은 다양한 형태로 임하였고, 역사하였고, 계시하였나니 그런 만큼, 하나님에게 이르는 길도 다양하였다는 사실을 알아야 했다. 기독교가 개척한 길 이외의 또 다른 길 곧 제 신관, 形而上學, 유교, 불교를 통한 길 등등. 그 길을 마저 밝혀야 제 영역을 통해 **"하나님에게 이르는 길"**을 터 인류를 빠짐없이 구원할 수 있으리라.

2. 제 신관을 통한 길

지난 역사에서 지성들은 神을 바라보고 이해한 다양한 관념과 견해인 신관(神觀)을 내세웠다. 그런 관점을 통해 안내받은 인류는 얼마나 하나님을 온전히 보고, 하나님에게 이르는 길을 알 수 있었는가? 관점 자체가 난립하였고, 신관인 만큼 절대적인 신앙심을 요구하여 세계를 오히려 분란 짓고 말았다. 근본적인 원인은 밝힌바 창조된 본질이 분열을 완료하지 못했고, 하나님이 본체자로서 모습을 드러내지 못한 탓이다. 그래도 부분적이지만 진리적인 요소를 지니고 있다 보니, 그것이 하나님이 지닌 본성의 전부인 것으로 알았다. 이 연구는 이 같은 신관의 한계적 관점을 직시하여, 하나님이 보혜사 진리의 성령으로서 강림한 오늘날은 부족한 제 신관을 디딤돌로 삼아 하나님에게 이르는 길을 지침할 통합 신관을 구성할 수 있다. 하나님의 절대적인 본체도 역사 위에 임해서는 생성할 수밖에 없어, 동서 문명을 돌고 돈 말미에야 모습을 드러내어 섭리 역사를 완수하게 되었다.

지난날은 때가 이르지 못해 온전히 모습을 드러내지 못했고, 이런 부족함이 제 신관 형성에 영향을 끼쳤다. 무슨 말인가 하면, 상식적으로 이해하고 있는 기독교의 인격적 신관만이 절대적인 유일 신관이 아니라는 뜻이다. 아울러 인격성을 배제한 동양의 천관은 오히려 하나님과 무관한 신관이 아니다. 신앙인의 처지에서는 수용할 수 없는 견해이겠지만, 그럴 수밖에 없는 이유를 자각한다면, 기독교도 인격적 신관만이 유일하다는 관념을 버려야 보편적인 구원의 문을 열 수 있고, 본체적 천관도 의지적인 인격 신관을 수용해야 하나님이 동양의 하늘 아래서 진리의 성령으로서 역사한 연면한 발자취를 확인할 수 있다. 즉, 서양 기독교는 세계적 요소 중 神이 갖춘 본체성을 배제하고 인격화의 길을 걸었다면, 동양 본체론은 인격성을 배제한 理化의 길을 걸었다. 그래서 미래 인류 앞에 남겨진 제일의 지상 과제는 각자 구축한 神의 본체성과 인격성을 통합하는 것이다. 神의 모습을 완성하는 조건을 갖추는데 동서양이 선천 세월을 바친 섭리 역정을 거쳤다.

분열 역사로 점철된 지난날은 세계관적으로 대립하였지만, 그럴 수밖에 없는 이유를 안 지금은 세계를 완성하기 위한 분열 역사였다는 것을 이해한다. 특히, 동양의 "성리학은 동중서의 하늘 개념이 지닌 인격성을 제거하고, 태극이라는 개념으로 변모시키면서 자신들의 形而上學 체계를 구성한바",[4] 섭리 된 과정에서는 인격적인 하나님과 상관이 없는 것처럼 보이지만, 본의에 근거하면 태극화의 길이 하나님이 본체자로서 강림할 수 있는 역사를 예비한 것이다. 반면에 서양의 기독교 신관은 초월적인 신관을

---

4) 『중국 철학 이야기(2)』, 앞의 책, p.58.

끝까지 고집하고, 본체적 천관과 내재한 범신론적 신관을 배척함으로써 신학적으로 몰락하는 길을 걷고 말았다.[5] 서양은 르네상스 운동을 일으켜 대대적으로 신권 질서에서 탈출하였고, 니체는 神의 죽음을 선언하는 등 神과 결별하였다. 세계의 본질적인 요소를 배제하고 초월적인 인격 신관에 매달린 탓이다. 대표적인 사례로 갈릴레오의 종교 재판, 스피노자의 파문 등을 통해 적나라하게 노출되었다.

특히, 마테오리치가 동양 문명 깊숙이 파고들어 선교하는 과정에서 보인 천관 이해는 기독교가 가진 인격 신관의 편협성과 한계성을 적나라하게 노출시킨 역사였다. 천주(하나님)는 고전적(古典籍)에서 말하는 상제(上帝)라고 하여, 상제와 천주를 동일하게 본 것은 지극히 취사선택적이다. 원시 유학에서 나타난 주재적이고 인격적인 지고한 존재로서의 天과 上帝에 관한 이해를 바탕으로 선교의 길을 열고, 유학과 기독교가 접목할 수 있는 공통점을 발견한 것이라고 자찬했지만,[6] 사실은 유학이 지닌 본체론적인 요소는 보쌈해 던져버린 문제를 노출했다. 理적 구성 요소까지 포괄해야 했다. 마테오리치가 접목하고자 한 중국의 상제 개념(인격적 주재천)과 기독교 하나님을 동일시하기 위해서는 실로 동서 문명의 대주기 역사가 한 바퀴 휘돈 때를 기다려야 했다. 동양의 천관 문명과 서양의 인격신 문명이 본격적으로 만난 오늘날이 되어서야 하나님이 본체를 완성시킨 보혜사 진리의 성령으로서 강림할 수 있었다.

통합 신관의 완성 역사는 하나님이 목적을 가지고 천지를 창조하였고,

---

5) 『한국 교육 철학의 새 지평』, 앞의 책, p.18.

6) 「유학의 신관에 대한 기독교적 이해」, 윤용주 저, 호남신학대학교 신학대학원, 신학, 석사, 1998, p.35.

인류 역사를 주관한 것인 한 언젠가는 도래할 역사였다. 그런 이유 탓에 하나님이 시대와 문명을 넘나들면서 동시다발적으로 임하였다. 그 역사가 동양에서는 본체적 천관을 통해, 서양에서는 인격적 신관을 통해 이루어졌다. 그렇다면 성부 시대를 성자 시대로 전환시킨 예수그리스도의 신적 본질은? 말 그대로 성육신(聖肉身)화이다. 말씀이 육신이 되어 우리 가운데 거한다고 함이다(요, 1: 14). 예수그리스도가 절대 세계에서는 하나님의 본체이나 가시적 세계로의 출현을 위해 몸 된 본체가 변화를 입었다."[7] 즉, 예수는 하나님의 독자이기 이전에 하나님 자체이다. 단지, 세상 가운데 거한 탓에 화신 된 모습으로 현현한 것일 뿐이다. 현상화, 존재화, 육신화 된 이상, 세상의 분열 법칙과 생멸 법칙을 따를 수밖에 없지만, 부여된 神的 본질만큼은 불변한 하나님의 본체이다. 이런 화신 원리를 따른다면, 천지 만물이 하나님의 몸 된 바탕에 근거한 이상, 어떤 모습으로도 현현할 수 있다. 곧, 본체가 드러나지 못한 선천 하늘과 복음이 미치지 못한 타 문명권 안에서도 진리와 정의와 권선징악(勸善懲惡)의 주체자로서 임하였다. 인도인의 영혼 구원을 위해 부처로, 중국(동양)의 백성을 구원하기 위해 하늘의 주재자로, 사막의 이슬람인을 구원하기 위해 알라로서 화신하였다. 어느 한 곳, 어느 한 역사, 어느 한 영혼 위에서도 빠짐없이 임해서 구원 역사를 펼쳤다. 이런 전적 탓에 하나님이 강림한 오늘날은 어떤 진리, 종교, 문화, 역사, 신관을 통해서도 **"하나님에게 이르는 길"**을 열 수 있다.

프뢰벨은 『인간 교육』 첫머리에서 "만물 가운데는 영원한 理法이 작용하며, 또 지배하고 있다. 이 법칙은 외부인 자연계나 내부인 정신계나 양계를 종합한 생명계에서도 항상 동시에 명료하게 나타난다. 이런 법칙의

---

7) 「동양 종교와 기독교의 하나 신관에 대한 목회신학적 연구」, 앞의 논문, p.61.

근저에는 필연적으로 통일이 존재하고, 그 통일자가 곧 神이다."[8] 이런 관점, 곧 만유신론 신관을 받아들여 세계관화하는 것이 앞으로의 인류가 추진해야 할 방향이다. 지금 거한 시공간은 끊임없이 분열하지만, 밑바탕은 단절되지 않은 통합적인 본질체이다. 하나의 거대한 본체 존재란 사실이 의미하는 것은 세계 전체가 한 몸인 하나님의 본체 안이란 뜻이다. 만물과 만상이 몸 된 본체로부터 창조되고 주관 된 탓에, 세상 어디에도 하나님에게로 통하는 길이 가로놓여 있다. 이런 역사 기반 위에서 하나님이 이전과는 다른 새로운 모습으로 강림하였는데, 그것이 곧 거룩한 성, 새 예루살렘 성전에 임한 보혜사 진리의 성령이다. 그 하나님이 통합적인 본체자로서 강림하여 만 영혼을 빠짐없이 구원하리라.

3. 형이상학을 통한 길

하나님에게 이르는 길을 트는 것은 하나님을 인식할 수 있는 방법을 찾는 것과도 같아, 선천에서 주도 역할을 담당한 것이 철학 영역에서의 形而上學이다. 形而上學이 神의 본성을 규정하고, 神의 실체를 인식하며, 존재한 사실을 증명하려고 시도한 것은 살아 역사한 神을 체험하고 영접하고자 한 신앙인들 못지않다. 단지, 神의 본체를 확실하게 인식하고 증명하지 못한 것은, 주된 이유가 이성을 통한 사변적인 접근 탓에 관념적인 테두리를 벗어나지 못해서이다. 경험적인 접근이 주효한 것이었는가 하면, 그런

---

8) 「존 듀이의 교육목적에 관한 연구」, 하주철 저, 경성대학교 교육대학원, 교육행정, 1990, 석사, p.9.

것도 아니다. 覺者는 수행으로, 유교는 격물치지로, 신앙인은 기도로 체험하였지만, 하나님에게 이르는 길을 객관적으로 트지 못했다.[9] 공히 제3의 초월적 의지를 실감하지 못한 문제가 있다. 철학자가 形而上學적 추구로 **"하나님에게 이르는 길"**을 열고자 한 것도 마찬가지이다. 본체를 인식할 수 없는 관념의 선을 넘어서지 못했다. 하지만 이 연구는 하나님의 본체를 드러냄에 있어 지난날 풀지 못한 해결키를 휘어 쥔 만큼, 지금까지 개척한 形而上學을 근거로 하나님에게 이르는 길을 열 수 있다.

문제는 관념을 통한 인식인데, 하나님은 존재하지 않아서 증명하지 못한 것이 아니고, 이성이 지닌 인식 수단의 제한 탓에 길이 가로막혀 있었다. 이런 장애 요인만 제거하면 대로를 만난다. 지상의 어떤 존재와도 비교할 수 없을 만큼, 하나님은 확실한 인식으로 존재한다. 단지, 창조 역사로 인해 이행된 과정을 거친 탓에 분간하지 못한 것인데, 변화된 과정을 알면 하나님이 존재한 사실을 어떤 조건으로서도 거부할 수 없다. 인간은 모든 사실을 판단할 수 있는 지적 능력을 갖추었다. 파스칼이 강조한 것처럼, 생각의 위대함을 말하지 않더라도 사고력은 동물들과 구분된 인간의 존재 특성이다. 확실한 존재는 확실한 인식으로 뒷받침되고, 확실한 인식은 더 이상 의심할 수 없는 실질적인 조건으로 뒷받침된다. 이런 '방법적 회의'로 데카르트가 근대 철학을 수립하였다. 그렇게 확실한 인식으로 뒷받침할 하나님의 존재 근거는? 바로 창조이다. 창조된 사실만큼 확실한 결과적 근거는 없다. 곧바로 하나님이 존재한 사실로 직결되나니, 그렇게 판단할 수 있는 관점에 창조 본의가 있다. 그런데도 기독교는 창조된 사실만

---

9) 神을 직접 체험하는 것(종교적)과 사변적인 이성으로 神의 존재성을 추리하는 것은 다르다. 전자는 수행적, 의지적 추구이고 후자는 철학적, 지적 추구로서 접근 방법이 다름.

알고 창조된 본의를 모른 탓에, 만 역사를 통해 하나님에게 이르는 길을 지침하지 못했다. "오직 하나님만이 진리의 主이며, 인간에게 진리를 들려주는 주체"[10]라고 믿었지만, 진리의 성령으로서 만상 위에 임하고 역사한 사실은 알지 못했다. 그들이 보아야 할 것을 보지 못하고, 알아야 할 것을 알지 못한 것은, 서양의 지적 전통이 관념으로 궁극적 실체를 궁구한 역사와 무관하지 않다.

이 같은 "지적 전통의 첫 출발이라고 할 수 있는 고대 그리스 철학에서는 우리의 감각이 도리어 착오를 일으킨 모든 원인이라고 여겼고, 이성의 순수성만이 진리를 파악할 수 있는 원인이라고 생각했다. 물론 근대 들어 영국의 경험론자들이 사유에 대한 감각의 우월성을 주장했지만",[11] 이성을 진리 인식의 수단으로 삼은 전통은 이후에도 계속 이어졌다. 이성을 통한 궁극적 실체 추구는 엘레아학파의 영향을 받은 플라톤 철학에서 본격적으로 형성되었다. 경험 세계보다 완벽하고 시공에 따라 변하지 않는 관념 체계로부터 현상계와 구분된 이데아 세계를 도출하였다.[12] 하지만 플라톤이 이데아계가 이성을 통해서만 인식된다고 하여 관념성을 벗어나지 못한 것은 문제이다. 차원이 다른 이데아계를 사고적으로는 추리하였지만, 직접 인식할 수 있는 길은 트지 못했다. 이런 문제가 **하나님에게 이르는 길**을 트는 데서도 걸림돌로 작용했다. 이데아계가 진정으로 존재하는 불변한 실체인 것은 맞고, 만상을 이룬 이상적인 모체인 것도 맞지만, 직접 체득하는 길을 트지 못했다. 그래서 관념론이다. 왜 이성을 통한 인식

---

10) 『고대 그리스의 교육 사상』, 앞의 책, p.312.

11) 『체육 철학 사상 연구』, 조쟁규 저, 문학창조, 2000, p.174.

12) 「노자의 도에 대한 본체론적 이해 비판」, 앞의 논문, p.10.

수단이 이데아계와 거리가 멀었는가 하면, 사변적 논리와 결정성을 가늠하는 분석성과 사실 여부를 따지는 합리성의 기준이 현상계의 분열 질서를 따른 탓이다. 정작 이데아계는 분열 질서, 결정 질서를 초월해 있는데, 이성으로 가늠한 것은 머리로서만 이상적인 집을 짓는 것과 같다. 관념의 집을 서양 철학이 전통적으로 이었다. 즉, 성 아우구스티누스는 "인간은 神의 선물인 이성적 인식을 통해 세계를 이해하며, 나아가서 진리를 인식할 수 있다고 하였다."[13] 존재와 현상 조건에는 맞지만, 神에게는 그렇지 않은데, 그들은 이런 사실을 알지 못했다.

이성을 통해 神을 인식하고자 한 한계는 "캔터베리의 대주교인 안셀무스에게서 두드러진다. 신앙은 인식에 앞서 존재하는 것으로, 신앙은 이성에 선행한다고 보았다. 믿기 위해 알려는 것이 아니고, 알기 위해 믿는다고 한 명제를 통해 神의 존재를 논증하는 데 힘썼다. 이렇게 해서 스콜라 철학이 시작되었고, 이 철학은 보편 논쟁에서 시작해서 보편 논쟁으로 끝을 맺었다."[14] 하지만 이성에 선행한 신앙 역시 주된 목적은 이성을 통해 신앙을 이해하기 위함이다. 신앙과 이성을 일치시키는 데 전력을 쏟았다. 그런데도 이성은 아쉽지만, 본체를 들여다볼 수 있는 눈을 가지지 못했다. 이런 문제의식이 중세 시대 400년간을 온통 보편 논쟁으로 수놓게 하였다. 하나님을 향한 신앙은 초월 세계로 나가는 길을 트는 것이다. 즉, 이성이 아닌 다른 방법을 마련해야 했다. 그런데도 전제 조건은 앞세웠지만, 해결하는 방법은 여전히 이성을 통해서였다.

이에, 초기에는(11~12세기) 보편, 즉 神은 개체의 진정한 본질이요, 개

---

13) 『서양 교육 사상사』, 앞의 책, p.127.

14) 위의 책, p.99.

체에 선행해서 실재한다고 한 안셀무스의 주장이 우세하였다(보편 실재론). 하지만 그 주장은 맞더라도 개체에 선행한 본체를 직접 드러내고 확인하는 방법을 찾지 못해(관념론), 중기에는(13세기) 현실적 조건과 타협한 개념론, 즉 보편이 실재하기는 해도 개체에 선행하는 것이 아니라, 개체 안에 있다(토마스 아퀴나스)는 주장이 우세하였다. 그리고 말기(14~15세기)에는 보편은 개체 속에 공통되는 것으로 생각되는 명목일 뿐이고, 실재하는 것은 오로지 개체라고 한 유명론(오컴)을 통해 결국 스콜라철학은 보편의 빈껍데기만 남기고 끝을 맺었다.[15] 오랜 논쟁 과정을 거쳤지만, 이성을 수단으로 해서는 보편의 본체성을 증명하는 길을 트지 못했다는 결론이다. "이성에 의한 신앙의 철저한 합리화"[16] 시도는 보편적인 본체와의 거리감을 자인한 격이다. 다시 말해, 본체의 선험적, 통합적인 실재성을 파악하지 못했다. 이것이 후일 서양인들이 과학 문명을 개척하는 데는 크게 이바지하였지만, 오늘날에 이르러 진화론, 유물론, 무신론 등, 본체 뿌리를 잃게 하여 세계관적 몰락을 자초하였다.

　이성 작용의 인식 수단으로서는 形而上學을 사변적으로 구축한 神의 개념 구축에서도 여실하게 나타났다. 아리스토텔레스는 神을 우주 만물의 제일 원인(第一 原因), 즉 스스로는 움직이지 않으면서 다른 것을 움직이는 궁극 원인으로 규정했지만, 이것은 논리에 의한 사고적 추적이므로, 관념적인 가늠으로서는 神의 차원적인 본체성을 실감할 수 없다. 헤겔도 『정신 현상학』을 통해 '절대정신' 운운했지만, 절대 혼은 현상적 질서 안에서

---

15)　위의 책, p.99.

16)　"사람은 무엇보다도 먼저 기독교의 비의(祕義)를 믿어야 하겠으며, 나아가 신앙한 바를 이성에 의하여 이해하도록 노력하지 않으면 안 될 것이다(안셀무스)."-『학문과 예술』, 앞의 책, p.68.

는 존립할 수 없고, 관념적인 규정으로서는 神의 본성에 대한 초점을 더욱 흩트릴 뿐이다. 스피노자는 神을 "무한한 속성을 가진 실체로서"[17] 정의하였지만, 무한성은 오히려 神을 향한 인간 인식의 가능성을 무산시킨 것이다. 그렇게 해서는 어떤 形而上學적 개념 규정으로서도 "하나님에게 이르는 길"을 틀 수 없다. 神이란 개념 자체가 본체성을 결여한 관념화 인식일 뿐이다. 그렇다면? 形而上學으로 도달한 궁극적인 실재 개념 위에 하나님의 창조 본체가 안주해 있다는 사실을 입증하면 된다. 선천의 形而上學으로서는 불가능했지만, 이제는 가능하다. 하나님이 지상에 강림한 증거이다. 쪼그라든 풍선은 바람을 불어넣으면 부풀어 오르듯, 과거에는 神 관념이 그야말로 개념적인 껍데기로 남아 있었지만, 지금은 진리의 알맹이로 가득 채울 수 있다. 왜 종교는 으뜸가는 가르침인가?[18] 천지를 창조한 하나님의 실체성과 진리성을 대변한 탓이다. 아무리 神을 체험하고 모습을 보았어도 말로써 표현하고 개념으로 규정하는 것은 결국 形而上學을 통한 관념이다. 그래서 지난날은 관념적인 추구로 개념적인 틀을 잡은 상태이지만, 정작 본체를 안주시키지 못한 탓에 진리로서 확증하지 못했다. 그런데 지상 강림 시대를 맞이한 지금은 하나님을 향한 形而上學적 기반을 모두 마련한 상태이다. 본의로서 밝힌 본체만 안착시키면 하나님이 확실하게 확증되고, 하나님에게 이르는 길을 활짝 열 수 있다. 지침을 따르면 하나님이 어떤 분이고, 어디에 있는지 알고 찾아갈 수 있다. 찾아가는 것뿐만이겠는가? 누구라도 하나님에게 이르는 길을 지침하는 스승이 될 수 있으리라.

---

17) 『체육 철학』, 김대식 외 2인 공저, 앞의 책, p.45.
18) 「주자의 교육사상에 관한 고찰」, 앞의 논문, p.7.

4. 유교를 통한 길

이탈리아 예수회 성직자로서 중국에 최초로 천주교를 전파한 마테오리치(1552~1610) 신부는 동양의 天, 유교의 天觀을 기독교적 신관에 따라 수용해서 선교 목적을 달성하고자 『천주실의(1603)』를 저술하였다. 그리고 몇 세기가 지난 지금 동서양의 지성들은 동양의 天을 이해하는 데 있어 어떤 변화 과정을 거쳤는가? 먼저 근대화를 달성한 서양이 동양 사회를 침탈하는 과정에서 포교를 빌미로 동양의 천관을 이해하고자 했지만, 힘의 균형이 무너진 이후부터는 더 이상 그럴 필요가 사라졌다. 천관을 하나님과 연결하고 무지를 깨우쳐 동양의 영혼을 하나님에게로 인도하고자 한 것이 아니고, 무력을 앞세워 식민지화하기 위한 수단이었다. 하지만 밝힌 본의에 근거해 동양의 천관을 밝히고자 하는 것은 순수한 목적에서 동양의 영혼을 구원하기 위해 유교를 통해서도 하나님이 역사하였고, 하나님에게 이르는 길을 예비한 것이란 사실을 논거로 두기 위해서이다. 마테오리치를 비롯한 지성들이 동양의 천관(유교)과 기독교 신관을 연관 짓지 못한 것은 선천 역사가 지닌 세계관적 한계이다. 동서양의 문화적 전통과 사고방식과 가치관과 역사가 이질적인 만큼이나 천관과 신관 역시 그러하였다. 그러나 오늘날은 세계가 가까워지고 문화적, 사상적 교류가 활발해 천관과 신관을 소통시키는 것은 인류 사회가 하나님을 중심으로 하나 되어 인류를 구원하고자 한 창조 섭리 일환이다. 이런 목적과 대의에 근거해서 하나님은 동양의 백성들, 곧 그렇게 가치를 추구하고 헌신한 유교의 백성들까지도 마저 구원하기 위해 만세 전부터 역사하였으니, 그것이 곧 천관을 통한 소통로 마련 섭리 역사이다. 지난날은 어떤 지성도 깨닫지 못했지만, 동양 사회를 지배한 유교적 전통도 결국은 하나님을 향한 믿음의 추구 행위였고, 이곳에도 **"하나님에게 이르는 길"**이 개척되어 있었다. 눈을 크게 뜨고 다시 살펴보면 온통 창조 의지, 창조 원리, 창조 논리로 채워져 있다. 동양의 선현들도 기독교인 못지않게 하늘에 이르는 길을 밝히고, 길을 트기 위해 학문을 탐구하고, 본성을 일구고, 道와 理를 궁구하였다. 전제하건대, 유교적 전통은 선천의 어떤 영역보다도 하나님에게 이르는 길을 구체적으로 개척한 정신사적 업적을 남겼다. 기독교는 하나님을 믿음으로 신앙했던 것이지 이르는 길을 튼 종교가 아니다. 이것을 지성들이 통찰해서 확인할 수 있는 안목을 가져야 한다.

하늘을 향한 길의 개척은 공자의 천관으로부터 발단되었다. "공자가 믿은 天은 추상적인 사변의 존재가 아니다. 인간의 구체적인 仁의 실천으로 합일할 수 있는 존재였고, 인간에게서 멀리 떨어져 있는 것이 아니라, 가장 비근(卑近)한 데서부터 정성을 다하여 하늘이 부여한 덕성을 닦으면서 天命을 회복하면 하늘과 하나가 되는 천인합일 자리에 이르게 된다"[19]라고 하였다. 이런 천관이 하나님과 무슨 상관이 있고, 하나님에게 이르는 길의 제시냐고 반문할지 모르지만, 그렇게 생각하는 것은 기독교 신관을 절대적 기준으로 삼는 관점 탓이다. 그 차이는 벌써 창조된 본의로부터 시작한다. 창조론 안에 이미 한계성이 도사리고 있어 신관에도 영향을 미쳤다. 기본적으로 기독교는 창조를 근거로 한 초월적 신관이지만, 유교는 내재적 신관이다. 두 신관은 끝내 이행 창조에 의해 조화를 이루어야 하는바, 이유는 하나님이 창조주로서 세상 질서에 대해 초월적인 동시에 내재적인 탓이다. 그런데 이에 반한 기독교는 초월성이란 벽을 허물지 못해 하

---

19) 「유학의 신관에 대한 기독교적 이해」, 앞의 논문, p.21.

나님에게 이르는 길을 구체적으로 양산하지 못했고, 유교는 오히려 쉬웠다. 유교의 天은 과연 무엇인가? 내재한 하나님의 동양식 이름이자 표현이고, 교감해서 이룬 일체의 논거 자체이다. "無로부터의 창조"가 아닌 "본질로부터의 창조"가 공자로부터 발단된 유교의 天이다. 공자는 有한 창조관에 근거해 天은 절대 초월적이지 않고, 추상적이지 않으며, 인간의 구체적인 仁의 실천으로 합일할 수 있는 존재라고 갈파하였다. 하나님에게 이르는 길의 정확한 루트를 이미 꿰뚫었다. 여기서 仁이란 무엇인가? 기독교에서는 하나님을 본받아 하나님처럼 온전하라고 한 것이고, 유교에서는 하나님의 이상적인 품성을 대변해서 仁·義·禮·智·信이라고 하였다. 仁한 본성은 天으로부터 주어진 탓에 인간이 본유한 상태이다. 그래서 仁을 실천해서 仁한 본성을 회복하고 가치를 구현하면 천인합일, 곧 하나님과 일체 되는 경지에 도달한다고 믿었다. 하늘에 이를 수 있는 방법적 실천과 가능한 조건을 확실하게 제시하지 않았는가? 그 길은 전혀 어렵지 않았다. 자신이 지닌 가장 비근한 데서부터 정성을 다해 하늘이 부여한 덕성(하나님 자체의 이행된 존재 본체이기도 함)을 닦으면 본래 하나인 인간 본성과 하나님의 본성이 일치되는 방식으로 신인 간에 가로놓인 이질적 장애를 걷고, 합일할 수 있다. 이처럼 공자 이래로 개척한 天道를 바탕으로 유교가 **"하늘에 이르는 길"**을 계속 보완해 나갔다.

후일에는 길이 두 갈래로 갈라졌지만, 천관의 본질성과 내재성에 바탕을 둔 근본적인 골조 영역은 벗어난 경우가 없었다. "天을 인격적 존재로 인식하는가, 또는 天道처럼 일종의 법칙성 유로 인식하는가에 따라서 철학의 성격이 유교의 테두리 안에서 다른 방향으로 나아갔다. 즉, 선진 시대 공자, 맹자 이후의 유교는 인간 내면에 작용하는 천인합일의 경지를 추구하였다. 이런 사고를 더욱 진전시킨 성리학은 天을 理라는 만물의 궁극적 실체로 파악하였고, 그것이 곧 인간 내면의 性으로 부여되어 실재한다는 이론을 발전시켰다."[20] 이 같은 역사 갈래 중에서 유교의 天을 따로 분리하는 것은 天이 가진 창조적 본성을 이해하지 못해서이다. 창조주 하나님은 오직 하나인 본체로부터 천지 만물을 지었고, 창조한 만상 가운데서 역사하기 위해 화현되었다. 다양한 모습으로 현현함에, 이를 근거로 이후에는 다시 하나로 통합할 수 있는 안목을 가져야 한다. 창조주인 탓에 하나님은 의지적, 인격적인 神으로서만 존재할 수 없다. 이유는 절대 본체자인 하나님이 창조 역사로 인해 이행되었다는 사실 때문이다. 무슨 말인가하면, 천지는 無로부터 창조된 것이 아니고, 하나님이 품은 뜻과 지혜를 반영하였고, 그것이 천지 만물을 이룬 법칙과 이치로 결정된 탓에, 하나님이 의지적 인격체를 넘어서 창조 원리의 理적 본체자로서도 현현하고 인식될 수 있었다. 그래서 유교에서 말한 理도 결국은 하나님의 몸 된 창조 본체를 드러내고, 시사한다. 그래서 선진 유교가 인격적인 주재천으로 **"하나님에게 이르는 길"**을 개척한 것과, 성리학이 理를 만상의 궁극적 근원으로 본 것은 모두 하나님에게 이르는 길을 개척한 것이다. 세계의 理적 본성은 그대로 하나님의 창조 본성 자체이다. 유교가 걸은 양 갈래 길이 하나님에게 이르러 하나 된다. 이런 신관은 더 나아가 서양의 기독교 신관과 동양의 천관까지 통합하는 관점이기도 하다. 仁·義·禮·智·信을 천지지성이라고 한 것은 하나님의 거룩한 본성을 지극화한 것이다. 天의 품성화(유교)는 神의 인격화(기독교)와 동격이다. 하늘의 뜻을 天命으로 인식한 것은 하나님의 인격적 의지체의 반영이고, 天을 理로 인식하고, 理를

---

20)　위의 논문, p.37.

만물의 궁극적 실체로 파악한 것은 창조 원리를 반영한 것이다. 그리고 理가 인간의 본성으로서 실재한다고 한 것은 몸 된 본체로부터의 창조 역사를 뒷받침한 인식이다. 유교는 분명 기독교 창조관과는 다르지만, 사실상 천지 창조 역사를 진리적으로 보완한 각론 역사를 펼친 격이다. 하나님이 천지 만물을 창조한 구체적인 각론 역사를 유교가 본성을 통해, 덕성을 통해, 理의 내재성을 통해, 天命 의지를 통해, 자세하게 논거를 폈다.

판단하건대, 맹자는 공자의 천관을 계승해서 동서양 역사를 통틀어 가장 명확하게 하나님에게 이르는 길을 가리킨 위대한 성현이다.

> 맹자가 말하길, "그 마음을 다하는 자는 그 본성을 아니, 그 본성
> 을 알면 하늘을 알게 된다(『맹자』, 진심 상)."

맹자는 본성을 아는 것이 하늘을 아는 것, 곧 하늘로 통하는 길이라고 하였다. 맹자가 밝힌 길이 아니고, 이 연구의 판단인데, 이런 인식은 정말 어떻게 해서 하나님에게 이르는 길을 지침한 것이 되는가? 하나님이 인간의 본성 안에 내재한 탓이다. 그래서 마음을 다해 본성을 알면, 본성을 통해 하나님의 창조 뜻과 창조 원리를 알고, 하나님이 본체자로서 내재한 사실을 확인할 수 있다. 마음을 다한 방법으로 창조의 본래 면목을 알고, 본래 면목을 통해 하나님을 안다. 이런 연결고리를 확인하기 위해서는 이전에 "본질로부터의 창조" 사실을 알아야 하고, 본의에 근거해야 창조를 통해 이어진 마음→본성→天으로의 연결고리를 찾을 수 있다. 이런 이유 탓에 맹자는 "자기의 마음을 보존하여 자기의 性을 기르는 것은 天을 섬기

는 방법이라고 하였다."[21] 그 본성이 바로 善性이다. 善性인 이유를 알면 天心을 알고, 天心을 알면 天意를 안다. 맹자가 말한 천인합일 실천 경로는 그대로 天에 이르는 길로서 창조주인 하나님에게 이르는 길로 승화된 다.[22] 그래서 지난날에는 天을 "비인격화함과 동시에 만물 속에 있고, 또 인간 속에도 존재한다고 보고, 인간 내부에 있는 天의 본성을 天性이라고 하였다. 바탕이 천성인 탓에 인간 본성은 지극한 善이라, 이런 사실을 일컬어 성선설이라고 하였고, 일반적으로 범신론적인 전통을 계승한 것으로 여겼다."[23] 본성의 천성화와 내재화와 성선화에 대한 인식만으로는 앞뒤가 잘려져 있어 이해하기 어렵지만, 본의에 근거하면 창조를 통해 어떻게 바탕이 되고 연관된 것인지 확인할 수 있다. 단순히 범신론 유로 분류해서 넘겨버릴 수 없다. 궁극적인 측면에서 범신론은 창조된 본의를 충분히 반영한 신관 상태이다. "페스탈로치는 인간의 본성을 神의 계시 장소"[24]라고 하였는데, 그것은 초월함과 동시에 내재함이 가능한 창조 메커니즘을 알아야 입체적인 해석을 할 수 있다. 창조 역사에 관한 논거를 유교가 확실히 하였다. 태극(창조 본체)은 統體一太極인 동시에 各具一太極으로서 화현 된바, 하나님의 본체 바탕이 개개사물을 구성한 본질, 곧 존재한 바탕이 되어서 내재한 방식으로 구현되었다. 통체일태극인 동시에 각구일태극이란 모든 사물이 각각 독립된 一太極을 갖추었다는 뜻으로, 하나님이 창조 원리에 근거해서 인간 본성에 天性을 부여한 근거이다. 이런 본의 실마

---

21) 『동양 윤리 사상의 이해』, 앞의 책, p.71.

22) 「유학의 신관에 대한 기독교적 이해」, 앞의 논문, p.19.

23) 위의 책, p.63.

24) 『한국 교육 철학의 새 지평』, 앞의 책, p.199.

리를 맹자가 붙들었다. 즉, "인간이 가진 사단(仁, 義, 禮, 智)은 하늘이 내게 준 것이고, 내가 본래 가지고 있는 것이며, 모든 사람이 다 가지고 있다."[25]

비슷한 논거로 『대학』에서는 "明德을 천하에 밝히고자 하는 자는 먼저 修身을 해야 한다"[26]라고 하였다. 부여된 천성의 품성화인 덕성을 修身을 통해 닦으면 明德, 즉 최고선인 至善(明德)을 밝히게 되고, 그것이 하늘에 이르는 디딤돌이 된다. 가장 인간적인 본성 바탕과 조건으로 "하나님에게 이르는 길"을 개척한 것이 유교이다. 덕성은 天性이라, 하나님과의 교감으로 合一할 수 있는 제2의 天道 루트이다. 기독교는 하나님에게 이르는 조건으로서 믿음을 요구했지만, 유교는 至善한 明德을 밝혀야 한다고 한 덕성 구현을 요구했다. 明德을 밝혀 본성 그릇을 깨끗하게 닦아야 진리가 머물고, 道가 머물고, 하늘의 命이 임할 수 있다. 덕성을 쌓으면 하늘에까지 미치므로, 그것을 기반으로 성의(誠義)를 전달하는 방식이 유교식으로 천국에 도달하고, 하나님에게로 이르는 길을 튼다. 그런 만큼, 天의 덕성을 쌓는 것도 중요하지만, 방실(放失)된 善性을 되찾아 지키고 보전하는 것을 더한 修身의 기본으로 삼았다. 仁은 사람의 마음이요 義는 사람의 갈 길이다. 하늘의 길을 찾기 위해서는 놓인 마음을 구하는 것(求放心)도 중요하지만(『告子, 上』), 놓인 마음을 잃어버리지 않는 것은 더욱 중요하다.[27] 하나님에게 이르는 길을 가기 위해서는 하나님에게 이르는 길로부터 어긋난 길을 가지 않는 것이다.

---

25) 「맹자의 교육 사상 연구」, 조선경 저, 경희대학교 교육대학원, 중국어교육, 석사, 2007, p.55.

26) 『학문과 예술』, 앞의 책, p.206.

27) 『동양 윤리 사상의 이해』, 앞의 책, p.70.

『중용』 제22장에서는 인간이 성실한 덕성을 갖추어야 하늘과 통할 수 있다고 하여 天道 길을 더욱 명확히 하였다. 인간은 마땅히 하늘의 道인 성실함을 본받아야 한다. "오직 천하의 지극한 정성만이 그 性을 다할 수 있고, …… 가히 천지의 화육을 도울 수 있으며, 천지와 더불어 참여할 수 있다. 誠에서 人性, 인성에서 物性, 물성에서 천지에 도달한다." 기도, 믿음을 통해서만 인간의 뜻이 하나님에게 전달될 수 있는 것이 아니다. 지극한 정성, 마음, 도덕적 품성, 닦은 덕성으로도 가능한 길을 열 수 있다. 성실은 하늘의 道라, 길을 벗어나면 아무것도 이룰 수 없다. 이것이 유교가 개척한 天에 이르는 길이다. 나아가 도달한 상태까지 확인할 수 있는 경지 조건도 제시하였다. 조식 선생은 敬義를 학문과 수신의 주체적인 원동력으로 삼았다. 敬과 義란 덕성을 기반으로 학문과 수신을 병행해야 道를 얻고, 궁극적 가치를 실현할 수 있다고 믿었다. 이유는 학문을 통해 아는 것으로서는 부족하므로, 학문으로 쌓아 올린 모든 것을 의지적으로 하늘의 뜻과 일치시키고자 한 것이다. 그것이 곧 천인합일 경지이다. 인식적인 앎의 단계를 넘어서 의지적으로 의기투합해야 하나니, 그런 단계에 이르면 활연관통한다. 人性과 物性과 天性을 한꺼번에 꿰뚫는다. 하나님이 한 의지, 한 본성, 한 마음(뜻)으로 천지를 창조한 탓에 하나님의 본체 바탕도 그처럼 걸림 없이 초월적이다. 敬義와 덕성으로 닦은 의식으로 하늘에 이른다는 말과 같다. 『주역』의 乾卦 文言에서는, "무릇 대인은 천지와 더불어 그 德을 합하고, 일월과 더불어 그 밝음을 합하고, 사시와 더불어 그 질서를 합하고, 귀신과 더불어 그 길흉을 합한다. 하늘보다 앞서도 하늘을 어기지 못하며, 하늘보다 뒤져도 하늘의 때를 받는다"라고 하였다. 덕성을

통해 天으로 가는 길을 열었다.[28]

다음으로는 인간과 우주에 두루 내재한 理를 밝힘을 통해 가일층 **"하나님에게 이르는 길"**을 논리적으로 구체화했다. 즉, "주리론에서는 우주의 도덕적 원리가 인간에게 내재하여 있다는 믿음을 가졌고, 나아가 모든 인간이 도덕적 원리를 인지할 가능성을 고무하였다."[29] 내재한 원리와 당연 이치로 존재한 이유를 밝히면, 천지 본성의 됨과 부여한 하늘의 뜻을 알 수 있다고 믿었다. 이전에는 들어도 몰랐지만, 이제는 그를 통해 하늘을 향한 길을 찾을 수 있도록 안목을 개진해야 한다. 즉, "천하의 物에 이르면 반드시 그러한 까닭과 마땅한 준칙이 있으니, 이른바 理이다."[30] 천하의 物은 그냥 존재한 것이 아니라 창조되었고, 따라서 그러한 까닭과 마땅한 준칙, 곧 창조 법칙으로 존재한다는 뜻이다. 이것은 무수한 세월을 담보로 지극한 우연의 연속으로 생존 경쟁과 자연 선택이 이루어졌다고 설명한 진화론과 대조된다. 나아가 기독교가 이유 불문, 천지를 하나님이 창조하였다고 한 선언과도 비교된다. 주자가 격물의 대상인 理를 所以然之故와 所當然之則으로 구분해서 설명한 것은 창조 역사의 필연성을 인식한 것이다. 천지는 그 같은 법칙을 근거로 창조되었다. 단지, 선천 우주론인 탓에 창조한 주체 의지를 밝히지 못한데 아쉬움이 있을 따름이다.[31] 그래도 所以然하고 所當然한 본성을 아는 것은 결국 하늘을 아는 데로 연결된다.[32] 理를 통해서도 천지를 있게 한 하나님을 알 수 있다는 뜻이다. 그

---

28) 「유학의 신관에 대한 기독교적 이해」, 앞의 논문, p.19.

29) 「혜강 최한기의 지식론과 교육론」, 이우진 저, 교육사학연구, 11집, 2001, p.97.

30) 『대학혹문』, 권1.

31) 「주자의 격물치지에 나타난 공부론 연구」, 앞의 논문, p.63.

32) 「퇴계의 교육사상 연구」, 앞의 논문, p.23.

理가 다름 아닌 天에서 나왔다. 인간이 "理를 궁구하여 다하면, 그 理가 天임을 안다. 理를 구하기를 다하여 天으로 나아가는 길, 곧 性=理=天"이란 창조 등식이 성립된다.[33] 性卽理, 마음의 본체는 天理이다(心卽理) 등등. 일련의 등식은 지난날 가진 최선을 다한 노력으로 유교가 **"하나님에게 이르는 길"**을 소통시킨 위대한 天의 개척로이다. 하나님이 유교의 백성까지 마저 구원하기 위해 진리의 성령으로서 역사한 예비 구원로이다. 이것은 理를 통해 하나님이 인간의 본성과 함께한 탓이다. 본성 창조 메커니즘으로 하나님은 기독교를 통해 인격적인 의지체로서 뜻을 전달한 역사 못지않게, 천지 본연의 근원자로서 의지를 전달하였고, 그것을 유교인이 하늘이 부여한 天命으로 인지해서 받들었다. 天命을 거스를 수 없다고 여긴 것은 기독교의 하나님에 대한 절대 신앙 의식과 같다. 동양인은 天命을 인식하고, 天命을 받들어 수행하는 것을 삶의 최고 가치이자 궁극적인 사명으로 여겼다. 그런 의지적 실천과 삶을 투신함으로써 하늘의 뜻과 일치하고, 일체 된 완전한 합일의 길을 트고자 하였다. 하늘과 통하고자 한 길이 아니고 무엇인가? 이처럼 하늘의 뜻을 자각하고 하늘의 뜻과 소통해서 天命을 받든 자가 바로 성인이다. 君子의 道는 天命을 자각하는 道이다.[34] 그 天命이 오늘날이라고 해서 주효하지 않을 수 있겠는가? 현대인 역시 하늘의 엄중한 天命을 받들 수 있어야 한다. 그리고 그 길은 전혀 유일하지 않다. 본의에 근거한 지침을 따를진대, 이 땅의 어떤 문화와 전통과 역사 된 조건을 통해서도 제민을 구원하고, 제 영혼을 구원하는 天命을 받들 수 있어야 한다. 그리해야 위대한 인생 역사, 인류 역사가 펼쳐진다. 사실상 세

---

33) 「소학의 덕 교육론 연구」, 오석종 저, 서울대학교 대학원, 국민윤리, 박사, 1999, p.61.

34) 『역경과 사서』, 이현중 저, 역락, 2004, p.232.

상 어디에서도 하나님에게로 나아갈 天路는 마련되어 있나니, 그중 하나에 **"유교를 통한 길"**이 있다.

5. 불교를 통한 길

　기독교 신앙을 가진 이들은 불교를 일컬어 무신론 종교로 폄하하고, 불교에서는 오랜 수행을 쌓고 깨달음을 얻은 스님들조차 하나님을 공개적으로 인정하지 않고 있다. 세계적인 종교로서 체계적으로 교리를 구축하고 있고, 인류의 정신사를 주도한 전통과 역사를 가진 양 종교는 미래의 역사에 있어서도 계속 이어져야 할 인류 공통의 지적 유산이다. 그런데 문제는 두 종교의 정점에 있는 하나님과 부처님으로 인해 갈라진 절대 신앙이다. 하늘 위에 두 개의 태양이 떠 있지 않은 것처럼, 신앙 대상이 언제까지 대립한 상태로 있을 수는 없다. 믿음을 지키고 善을 행한 영혼들이 한 영혼은 하나님의 품 안에 안기고, 한 영혼은 부처님의 품 안에 안길 수 없다. 너와 나의 출생처가 같다면 귀의처도 같을 텐데, 그 길을 지침하는 현생에서의 신앙 길은 갈라져 있는가? 그래서 이 연구는 부처를 신앙한 중생들까지도 하나님에게로 인도해야 하는 天路 통합 과제를 짊어졌다. 전제한 대로 세상 무엇을 통해서도 하나님에게 이르는 길은 트여 있다고 한 만큼, **"불교를 통한 길"**에 있어서도 예외는 없다. 인류의 정신적 고뇌이기도 한 지혜 실마리를 어떻게 풀어헤칠 것인가? 결론은 부처님=하나님이란 등식을 성립시키는 것이기도 한데, 불가능하다고 여긴 것은 본의를 알지 못한 한계성 인식이고, 오늘날 이 연구가 가능성을 논거로 펴고자 하는 것은,

보혜사 하나님이 진리의 성령으로서 역사하여 *佛法*을 완성한 탓이다. 알고 보면, 불교에서 말한 *法*의 화신인 *法身*은 선천 하늘에서 하나님이 진리의 성령으로서 현현한 섭리 역사 이외에 아무것도 아니다. 그것이 바로 그것인데, 때가 이른 인식 부족 탓에 달리 이해해서 판단했다. 불교는 화신된 하나님의 역사이고, 부처님은 화신 된 하나님의 절대 인격체로서 불교만큼 지난 역사에서 하나님의 보편적인 구원 섭리를 충실히 이행한 종교가 없다. 기독교는 유일 신앙을 고수한 탓에 하나님의 구원 섭리를 폭넓게 구현시키지 못했다. 반면에 불교는 *佛法*을 통해 오히려 교리상으로 하나님에게 이르는 기반인 본체적 디딤돌을 마련했다. 단지, 마지막 점안 과정에 해당한 창조 *因*을 깨닫지 못해 법신의 완성체인 미륵불이 보혜사 하나님으로서 탄강한 사실을 알지 못한 것뿐이다. 여기에 불교의 한계와 공적이 함께 자리한다. 주어진 한계선을 넘어서야 하고, 다음을 볼 수 있어야 불교가 어떤 영역보다도 앞장서 **"하나님에게 이르는 길"**을 열 수 있다. 문턱 앞까지 이른 단계로서 본의만 깨달으면 중생들이 그야말로 모두 성불(승화)할 수 있고, 그것은 그대로 하나님에게 이르는 *天路*를 트는 것이다. 지극히 불교적이면서도 *佛法*이 한편으로는 창조된 실상을 적나라하게 대변했다. 그 법신이 진리의 성령으로서 펼친 치열한 섭리 역사를 확인할 수 있다면, 부처님=하나님이란 등식 주장도 큰 거부감 없이 받아들일 수 있다.

기독교는 천지 만물이 하나님으로부터 창조된 피조체란 사실을 말로써 단정하였다. 하지만 불교는 피조된 실상을 구체적인 법설로 피력했다. 곧, 삼법인(三法印)이 그것이다. "제행무상(諸行無常)은 모든 존재가 끊임없이 변한다는 뜻으로, 일체 만유가 그렇게 변하고 있는 현상적 특성을 설파한 것이고, 제법무아(諸法無我)는 모든 사물이 실체가 없다는 뜻으로, 일체 만유가 어느 것도 영구불변의 고정된 실체가 아니라고 하였다."[35] 그리고 제행무상과 제법무아를 깨달으면 해탈에 이르는데, 그러한 정신세계인 열반 적정은 모든 모순을 초월한 고요하고 청정한 경지이다. 현상 세계의 온갖 제약과 고통을 극복하고, 본체 세계에 진입한 상태이다. 그런데도 우주 만유의 참모습[眞相]을 無常과 無我로 본 것은 창조 본체를 꿰뚫지 못한 데 이유가 있다. 궁극적 가치와 단절된 상태이다. 하지만 수돗물은 수압으로 꽉 차 있는 탓에 수도꼭지만 틀면 물이 쏟아지듯, 불교는 현상계의 실상을 정확히 인지한 탓에 최종 물꼬인 창조 마개만 따면 한꺼번에 본체계의 실상을 꿰뚫게 되는데, 그것이 곧 무상과 무아를 극복한 초월 본체 세계이다. 또한, 불교 교리의 뿌리에 해당한 연기의 이치는 그야말로 "만유의 현상적 존재 방식이다."[36] 칸트는 물 자체를 인식할 수 없다고 하면서도 물 자체의 엄연한 존재성을 인정한 것처럼, 부처가 교설한 연기적 실상은 연기의 뿌리에 해당한 空的 본체의 창조적 특성을 적나라하게 시사한 역설을 지녔다. 이런 佛法에 근거해서 이 연구는 하나님이 역사한 창조 실마리를 줄줄이 엮어낼 수 있다. 연기에 근거한 윤회 고리는 이승과 저승을 막론하고 더 이상의 창조 역사가 없다는 사실을 말한 것이고, "본질로부터의 창조" 역사를 뒷받침한다. 연기법은 현상적 방식과 실상을 통찰함으로써 이면의 창조적 실상을 명확히 드러낸 覺說이다. 세상의 이치와 절차는 그대로 창조와 연관되어 있고, 연원한 것이다. 이런 사실을 정확히 확인해서 이해할 수 있다면 부처님=하나님이란 등식 성립 조건을 법설 어디서도 차고 넘치게 찾아낼 수 있고, 그것이 곧 覺者들이 佛法을 근거로

---

35) 『불교의 교육 사상』, 앞의 책, p.29.

36) 위의 책, p.48.

"하나님에게 이르는 길"을 개척한 것이다.

그러므로 불교가 수행을 쌓아 깨달음을 얻고자 한 견성 목적과 추구 방향은 그 본질이 명확하다. 見性하면 본래 모습을 볼 수 있고, 본래 모습을 보면 창조된 본체를 확인할 수 있으므로, 그것은 그대로 하나님에게 이르고자 한 불교식 길이다. 불교=기독교이고, 부처님=하나님이라는 것이 대결론이다. 그 같은 대로를 열기 위해 불교가 예비한 것이 곧 '一切衆生佛性'이란 신앙이다. 하나님의 구원 섭리 역사를 따른 것으로써, 악인과 여성을 막론하고 성불할 가능성을 보증한 것은 위대한 구원 교설이다. 성불의 길을 활짝 개방함으로써 하나님에게 이르는 길을 불교 전통 안에서도 마련한 것이고, 하나님의 백성이 될 자격을 부여한 절차이다. 그 가능성의 근거 밑바탕이 곧 몸 된 본체로부터의 창조에 있다. 하나님과 인간은 창조 본체를 근거로 직결되어 있다. 세상에 가로놓인 모든 길을 통하여 하나님에게 이를 수 있는 근본적, 필연적 조건이다. 동시에 불교가 공언한 성불의 가능성 조건이기도 하다. 佛性은 곧 창조성이며, 창조성은 인류 모두가 본유한 탓에 사실을 알고 깨닫기만 하면 즉시 견성하고 성불할 수 있다. 보면 알 수 있는데 단지, 볼 수 있는 조건을 갖추는 데 어려움이 있었다. 본래면목을 보기 위해서는 둘러싼 껍질을 깨뜨려야 하며, 그것이 바로 번뇌의 굴레이다. "여래장의 본원은 眞如이며, 본성은 자성청정(自性淸淨)하여 온갖 공덕을 구비하고 있다. 여래장이 번뇌의 굴레를 벗어던진 상태가 곧 法身이다."[37] 여래장이란 하나님의 본체와도 같아, 자신을 있게 한 원모습으로서의 창조 실상이다.[38] 그 모습을 보기 위해서는 수행이란 절

---

37) 「대승기신론의 인간 이해와 교육학적 의의」, 앞의 논문, p.78.

38) "진여자성(眞如自性)은 본래부터 항상 그대로 청정하나, 다만 망념이라는 방해물이 앞을 가로

차가 필요하고, 가려진 장애 요소를 제거하는 수단이 수행이다. 그렇게 장애를 제거하고 나면 비로소 본체가 드러난다. 이처럼 번뇌를 끊고 열반을 증득하는 길로서 부처는 八正道를 지침하였다. 眞如 自性을 보는 것은 창조 본성을 보는 것이고, 창조된 실상을 아는 것이다. 수행자가 세속의 망념과 번뇌, 우상, 편견을 제거하고 진여 본성을 보고자 한 것은, 그렇게 해야 창조된 본성을 두 갈래 세 갈래로 보지 않고 한 마음, 한 뜻, 한 본체인 하나님의 실상 자체를 볼 수 있기 때문이다. 모든 것은 근본으로부터 닦아야 했나니, 그 근본 모습이 곧 진여 자성이고, 하나님의 창조 본체이다. 기독교는 하나님과의 교감에 있어 인간이 저지른 죄악이 최대의 걸림돌이었듯, 불교는 성불의 길을 가로막는 번뇌를 제일 걸림돌로 보았다. 번뇌와 죄악을 제거하지 않으면 보리 열반을 성취할 수 없고, 하나님에게도 이를 수 없다.

수행을 통하여 불교도는 마치 기독교인이 하나님으로부터 구원을 얻고자 한 것처럼 깨달음을 얻고자 하였는데, 이런 열망은 구원을 얻고자 하는 노력과 다를 수 없다. 방법은 달랐어도 하나님에게 이르고자 한 목적의 방향은 같다. 원효는 "현실적 生의 숱한 다양성과 특이성에도 불구하고, 내면적인 동질성과 궁극적인 동체성을 확인하고 회복할 수 있는 一心의 원천으로 돌아가는 것이 깨달음이라고 했다."[39] 이 연구는 부처가 깨달음의 길을 가리킨 것은 인류가 현상 세계와는 차원이 다른 본체계에 이르는 길을 튼 것이라고 했다. 다시 강조해, 차원이 다른 하나님의 존재 실상을 보는 길인 동시에 초월적인 본체 세계에 도달하는 길이기도 하다. 성불은 다

막아서 알지 못하고 있다."-「육조 혜능의 새로운 선」, 김태완 저.

39) 「원효의 교육 사상」, 양예승 저, 조선대학교 교육대학원, 역사교육, 석사, 1983, p.30.

른 말이 아니다. 覺하면 심즉시불(心即是佛)이다. 장애를 거두고 無明을 깨치면 인간의 본성이 하나님과 같은 본질체로서 승화된다. 함께할 수 있는 차원으로 존재한 본질이 동질화된다. 이것이 성불을 갈망한 불교 신앙의 위대한 메시지이다. 그 근거와 이유는 오직 하나, 인간 본성이 창조 본체에 바탕이 되어서이다. 깨달으면 부처가 된다. 견성하면 一心이요, 한 본질체로 돌아간다. 하나인 뜻에 따라 천지가 창조되었듯, 하나인 하나님의 뜻 안에서 모든 창조 法이 나왔다. 그래서 覺하면 만법을 보고, 만법을 보면 하나님을 본다. 見性은 성불의 길이고, 성불은 하나님과 하나 되는 길이다. 너와 나, 나와 부처, 부처와 하나님이 바탕 면에서 동일한 사실을 볼 수 있는 눈을 가지는 것이 覺의 필수 전제 조건이다.

> "그러므로 알라. 모든 만법이 다 자기의 몸과 마음 가운데 있느니라. 그런데도 어찌 자기의 마음을 좇아서 진여의 본성을 단박에 나타내지 못하는가? …… 마음을 알아 自性을 보면 스스로 부처의 道를 성취하나니, 당장 활연히 깨쳐서 본래의 마음을 도로 찾느니라."[40]

왜 자성은 만법을 다 갖추고 있는가? 왜 진화론과 대척된다는 사실을 간파하지 못하는가? 이미 갖춘 탓에 수행자는 모습을 보는 것이 관건이었다(見性). 견성성불은 단박에 이루어진다. 왜 그런가? 교통 체증이 심하면 속도를 낼 수 없지만, 앞길이 훤히 뚫려 있으면 시원하게 달릴 수 있다. 흔히 돈오돈수 돈오점수 운운하지만, 깨달음이 단박에 주어지는 본질적인

---

40) 『돈황본 육조단경』, 앞의 책, pp. 174~175.

이유는 본성이 본래 일체를 갖추고 있어서이다. 그래서 수행을 쌓은 도상에서는 번뇌란 장애에 부딪혀 길이 더디지만, 극복해서 본체계에 도달하면 마치 훤히 뚫린 고속도로에 진입하는 것처럼, 속도감 있게 만법과 한꺼번에 통한다. 돈오란 말 그대로 수행을 쌓은 자가 한 의식으로 차원이 다른 본체계에 도달한 증과이다. 한순간에 대오하고 활연관통하는데, 그것은 하나님의 창조 본체에 도달한 증거이기도 하다. 본체계에 도달하면, 일체가 트여 있어 일시에 관통한다. 그래서 돈점이란 견성을 통하면, 확인한 창조 본체의 구조가 나타나고, 본래 면목이 無明에 가려졌던 실상이었다는 사실을 안다. 본체의 통체 구조가 현상계의 분열 구조와는 차원이 다른 초월 실상을 직시했다. 이것이 하나님의 창조 본체이고, 존재한 하나님의 본체 특성이다. 결론으로서 견성성불은 불교도들이 수행이란 방식을 통해 하나님에게 이르는 길을 튼 것이고, 종말의 때에 불교도들까지 마저 구원하기 위해 하나님이 만세 전부터 예비한 구원의 길이다.

　이로써 이 연구는 **"교육의 위대한 지침"**을 위하여 서두에서는 교육으로 지침해야 할 근원처인 만물, 만상, 만 영혼의 출생처와 귀의처를 밝혔고, 지금은 구체적 방향인 하나님에게 이르는 길을 지침하였다. 이 모든 근원처와 제시한 지침을 교육이 역량을 발휘해 실행해야 하리라. 교육의 역할과 사명 수행이 지상의 디딤돌이 되어 하늘 문을 활짝 열고, 하나님에게 이르는 길을 보편화시켜야 인류가 하나님에게로 나아가는 데 있어 걸림이 없고, 하나님이 인류 역사에 등단하는 데도 걸림이 없으리라. 일찍이 증거한 지상 강림 역사가 바야흐로 현실화할 것인데, 그것이 이어서 저술할 "세계교육론" 결론인 『교육의 위대한 말씀』이다. 어떤 논거와 어떤 증거보다도 하나님이 인류를 향해 직접 역사해서 지침하고 가르침이 "세계교육론" 결론으로서 대단원에 걸친 대미를 장식하리라. 이 과제는 매우 중요하고, 이제 막 자각한 준엄한 사명 인식이기 때문에, 다시 시간을 두고 준비해서 집필할 때를 기다리리라.

세계교육론 총서 목차

■ 약력

1957년 경남 진주 출생. 진주고등학교 졸업(47회). 경상대학교 사범대학 체육교육과 졸업. R.O.T.C.(19기) 임관. 서남대학교 교육대학원 졸업. 1984년 3월 1일, 교직에 첫발을 내디딤. 2020년 8월 31일, 정년을 맞아 퇴임함. 자아와 세계에 대해 눈떴을 때부터 세상의 분파된 진리에 대해 의문을 품고 "길은 어디에 있는가"란 명제 하나로 탐구의 길에 나서 현재까지 다수의 책을 저술함(총 42권).

■ 주요 논문 및 저서

『길을 위하여 1』(1985), 『길을 위하여 2』(1986), 『벗』(1987), 『길을 위하여 3』(1990), 『세계통합론』(1995), 『세계본질론』(1997), 『세계창조론 서설』(1998), 『세계유신론』(2000), 『작은 날개를 펴고』(2000), 『환경은 언제나 목마르다』(2002), 『자연이 살아가는 동안』(2003), 『세계섭리론』(2004), 『세계수행론』(2006), 「진로 의사 결정유형과 발달 수준과의 관계」(2006), 『가르침』(2008), 『세계도덕론』(2008), 『통합가치론』(2008), 『인간의 본성 탐구』(2009), 『선재우주론』(2009), 『수행의 완성도론』(2009), 『세계의 종말 선언』(2010), 『미륵탄강론』(2010), 『용화설법론』(2010), 『성령의 시대 개막』(2011), 『역사의 본질 탐구』(2012), 『세계의 섭리 역사』(2012), 『문명 역사의 본말』(2012), 『세계의 신적 본질』(2013), 『지상 강림 역사』(2014), 『인식적 신론』(2014), 『관념적 신론』(2015), 『존재적 신론』(2016), 『본질로부터의 창조』(2017), 『창조성론』(2017), 『창조의 대원동력』(2018), 『창조증거론(1, 2)』(2019), 『길을 가며 가르치며 생각하며』(2020), 『교육의 위대한 사명』(2021), 『교육의 위대한 원리』(2023), 『교육의 위대한 실행』(2023), 『교육의 위대한 지침』(2023)

세계교육론 총서 제4권

교육의
위대한 지침

세계교육론 세부 각론

초판인쇄 2023년 6월 30일
초판발행 2023년 6월 30일

지은이 염기식
펴낸이 채종준
펴낸곳 한국학술정보(주)
주 소 경기도 파주시 회동길 230(문발동)
전 화 031-908-3181(대표)
팩 스 031-908-3189
홈페이지 http://ebook.kstudy.com
E-mail 출판사업부 publish@kstudy.com
등 록 제일산-115호(2000. 6. 19)

ISBN 979-11-6983-461-2 93370